ABITUR 2016

Original-Prüfungsaufgaben mit Lösungen

Mathematik GK

Berlin

2012–2015

CD-ROM

STARK

2. ergänzte Auflage
www.stark-verlag.de

Inhalt

Fortsetzung siehe nächste Seite

Sitzen alle mathematischen Begriffe? Unter
www.stark-verlag.de/mathematik-glossar/
finden Sie ein kostenloses Glossar zum schnellen Nachschlagen aller wichtigen Definitionen mitsamt hilfreicher Abbildungen und Erläuterungen.

Die CD-ROM enthält Übungsaufgaben im Stil des Zentralabiturs sowie die Original-Prüfungsaufgaben von 2007 bis 2011.

Jeweils zu Beginn des neuen Schuljahres erscheinen die neuen Ausgaben der Abiturprüfungsaufgaben mit Lösungen.

Autoren:

Sabine Flohrer:
Lösungen zur Abiturprüfung Berlin/Brandenburg 2012, Aufgaben 1.2 und 2.2;
Lösungen zur Abiturprüfung Berlin/Brandenburg 2013, Aufgaben 1.2 und 2.2;
Lösungen zur Abiturprüfung Berlin 2014 und 2015;
CD: Übungsaufgaben 1, 5, 12; Lösungen zur Abiturprüfung Berlin 2007 bis 2009;
Lösungen zur Abiturprüfung Berlin/Brandenburg 2010, Aufgaben 1.2 und 2.2;
Lösungen zur Abiturprüfung Berlin/Brandenburg 2011, Aufgaben 1.2 und 2.2

Dr. Klaus Rösiger:
Lösungen zur Abiturprüfung Berlin/Brandenburg 2012, Aufgaben 3.1 und 3.2;
Lösungen zur Abiturprüfung Berlin/Brandenburg 2013, Aufgaben 3.1 und 3.2;
CD: Lösungen zur Abiturprüfung Berlin/Brandenburg 2010, Aufgaben 3.1 und 3.2; Lösungen zur Abiturprüfung Berlin/Brandenburg 2011, Aufgaben 3.1 und 3.2

Dr. Eckhard Rösler:
CD: Übungsaufgaben 3, 9–11

Hans-Ulrich Rübesamen:
Lösungen zur Abiturprüfung Berlin/Brandenburg 2012, Aufgaben 1.1, 1.1 (CAS) und 2.1;
Lösungen zur Abiturprüfung Berlin/Brandenburg 2013, Aufgaben 1.1, 1.1 (CAS) und 2.1;
CD: Übungsaufgaben 2, 4, 6– 8; Lösungen zur Abiturprüfung Berlin /Brandenburg 2010, Aufgaben 1.1, 1.1 (CAS) und 2.1; Lösungen zur Abiturprüfung Berlin /Brandenburg 2011, Aufgaben 1.1, 1.1 (CAS) und 2.1

Vorwort

Liebe Schülerinnen und Schüler,

dieses Übungsbuch ist die ideale Hilfe bei der Vorbereitung auf das **Zentralabitur 2016** für den **Grundkurs in Berlin** im Fach **Mathematik** .

- Sie erhalten im ersten Teil des Buches wichtige **Informationen** über Inhalt und Aufbau der Prüfungsaufgaben für das Abitur 2016. Dies ermöglicht Ihnen, sich gezielt auf die Abiturprüfung vorzubereiten. Darüber hinaus finden Sie viele **Hinweise und Tipps**, die Ihnen helfen, effektiv und erfolgreich an die Lösung der Prüfungsaufgaben heranzugehen.

- Der zweite Teil enthält die **Original-Prüfungsaufgaben 2012 bis 2015**. Damit können Sie sich ein genaues Bild davon machen, wie die Prüfung in den letzten Jahren ausgesehen hat.

- Auf der CD-ROM finden Sie die **Original-Prüfungsaufgaben 2007 bis 2011** sowie eine Auswahl von **Übungsaufgaben** im Stil des Abiturs zu den Lernbereichen Analysis, Analytische Geometrie/Lineare Algebra und Stochastik.

- Die Original-Prüfungsaufgaben sowie einige der Übungsaufgaben sind zusätzlich mit **separaten Tipps zum Lösungsansatz** versehen, die Ihnen Hilfestellungen für die Lösung der Aufgabe geben. Wenn Sie mit einer Aufgabe nicht zurechtkommen, schauen Sie deshalb nicht gleich in die Lösungen, sondern nutzen Sie schrittweise die Lösungstipps, um selbst die Lösung zu finden.

- Zu allen Übungsaufgaben und Original-Prüfungsaufgaben wurde **eine vollständige, ausführlich kommentierte Lösung mit allen erforderlichen Rechenschritten** erstellt. Sie ermöglichen Ihnen, Ihre Lösung eigenständig zu kontrollieren und die Rechenwege Schritt für Schritt nachzuvollziehen.

Sollten nach Erscheinen dieses Bandes noch wichtige Änderungen in der Abitur-Prüfung 2016 vom LISUM Berlin-Brandenburg bekannt gegeben werden, finden Sie aktuelle Informationen dazu im Internet unter www.stark-verlag.de/pruefung-aktuell.

Die Autoren wünschen Ihnen für die Prüfungsvorbereitung und für das Abitur viel Erfolg!

Stichwortverzeichnis

Das Stichwortverzeichnis ist gegliedert in die drei Lernbereiche **Analysis**, **Analytische Geometrie** und **Stochastik**. Es beinhaltet für jeden dieser Bereiche jeweils Stichworte mit Seitenverweis auf die Aufgabenstellung oder Lösung einer Aufgabe.

I. Analysis

II. Analytische Geometrie

III. Stochastik

Hinweise und Tipps zum Zentralabitur 2016

Die zentrale schriftliche Abiturprüfung im Fach Mathematik

Die Grundlagen für die von Ihnen zu bearbeitenden Prüfungsaufgaben sind der Rahmenlehrplan für die gymnasiale Oberstufe und die Einheitlichen Prüfungsanforderungen in der Abiturprüfung (EPA). Die zu überprüfenden Kompetenzen sowie die inhaltsbezogenen Prüfungsgegenstände ergeben sich aus den dort genannten abschlussorientierten Standards und den fachlichen Inhalten.

Prüfungsrelevante Themen

Zusätzliche Berücksichtigung finden die Kettenregel für ganzrationale innere Funktionen und Abstandsbestimmungen Ebene – Ebene und Gerade – Ebene.
Nicht gefordert werden die Wiedergabe von Beweisen von aus dem Unterricht bekannten Sätzen, das Herleiten von aus dem Unterricht bekannten Regeln, das Verwenden des bestimmten Integrals als Grenzwert von Ober- und Untersummen, das Bestimmen von Flächeninhalten und Rotationsvolumina durch infinitesimale Ausschöpfung, die Rekonstruktion eines Bestandes durch infinitesimale Summation, die Nullstellenbestimmung durch Intervallhalbierung, Plausibilität des Hauptsatzes an diskreten Beispielen und Potenzfunktionen mit Exponenten, die nicht Elemente der natürlichen Zahlen sind.

Aufbau und Bearbeitung der Prüfungsaufgaben

In jedem der drei Themengebiete Analysis, Analytische Geometrie/Lineare Algebra und Stochastik ist genau eine Aufgabe zu lösen, wobei der Prüfling jeweils die Wahl zwischen zwei gleichwertigen Aufgaben hat. Die Wahlmöglichkeiten sind in folgender Tabelle dargestellt:

Aufgabestellung 1	**Aufgabenstellung 2**	**Aufgabenstellung 3**
Der Prüfling hat die Wahl zwischen	Der Prüfling hat die Wahl zwischen	Der Prüfling hat die Wahl zwischen
Analysis Aufgabe 1.1	**Analytische Geometrie/ Lineare Algebra** Aufgabe 2.1	**Stochastik** Aufgabe 3.1
oder	oder	oder
Analysis Aufgabe 1.2	**Analytische Geometrie / Lineare Algebra** Aufgabe 2.2	**Stochastik** Aufgabe 3.2

Alle Aufgaben in den drei Themengebieten und auch die jeweils zur Wahl stehenden Aufgaben sind voneinander unabhängig. Jede einzelne Aufgabe jedoch ist inhaltlich zusammenhängend und in mehrere Teilaufgaben gegliedert. Üblicherweise beginnen die Aufgaben mit den dem Anforderungsbereich I zugeordneten Grundaufgaben. Es empfiehlt sich immer, die Aufgabe zunächst vollständig zu lesen, da Zwischenergebnisse gelegentlich auch in nachfolgenden Aufgabenteilen enthalten sein können.
Aufgabenteile, die dem Anforderungsbereich III zugeordnet sind, finden sich meist am Ende der jeweiligen Aufgabe. Nur, wenn es der Zusammenhang erfordert, können sie auch schon früher eingegliedert sein. Wenn sich die Möglichkeit bietet, wird die Aufgabe so formuliert, dass eine praktische Anwendung des mathematischen Sachverhaltes beschrieben wird.

Für die Bearbeitung der drei Prüfungsaufgaben stehen **210 Minuten** zur Verfügung.
Darin enthalten sind 30 Minuten, in denen die Aufgaben gelesen werden können und eine Wahl zwischen den beiden Aufgaben in jedem Themengebiet getroffen werden kann.

Für die Frage, welche **Hilfsmittel** bei der Prüfung zugelassen sind, ist entscheidend, ob die Abiturprüfung ohne oder mit Verwendung eines Computer-Algebra-Systems (CAS) bearbeitet wird.
Grundsätzlich sind folgende Hilfsmittel zugelassen:

- Nachschlagewerk zur Rechtschreibung der deutschen Sprache
- Formelsammlung, die von der zuständigen Senatsverwaltung bzw. dem zuständigen Ministerium für die Verwendung im Abitur zugelassen und an der Schule eingeführt ist

Für die Bearbeitung **ohne CAS** sind folgende Hilfsmittel zugelassen:
Taschenrechner, die nicht programmierbar und nicht grafikfähig sind und nicht über Möglichkeiten der numerischen Differenziation oder Integration oder dem automatisierten Lösen von Gleichungen verfügen.

Für die Bearbeitung **mit CAS** sind folgende Hilfsmittel zugelassen:
Für die Bearbeitung der Abiturprüfung können ein PC oder folgende Geräte Anwendung finden:

Texas Instruments	TI-83 Plus, TI-89 Titanium, TI-92, TI-Voyage, TI-Nspire
Casio	Casio Algebra FX 2.0 Plus, FX 9860 G, Classpad 300
Sharp	EL-9650, EL-9900
Hewlett-Packard	HP 50 G

Grundsätzlich gilt, dass die Benutzung weiterer Software über das CAS hinaus nicht zugelassen ist.

Zur Bewertung der Prüfung

Grundlage für die Bewertung der Prüfungsarbeit ist ein Erwartungshorizont, in dem die Verteilung von Bewertungseinheiten (BE) verbindlich vorgegeben ist.

Für die drei Aufgaben, die der Prüfling zu bearbeiten hat, werden insgesamt **100 Bewertungseinheiten** nach folgender Verteilung vergeben

- Aufgabenstellung 1 (Analysis): 40 BE
- Aufgabenstellung 2 (Analytische Geometrie/Lineare Algebra): 30 BE
- Aufgabenstellung 3 (Stochastik): 30 BE

Zum Umgang mit diesem Buch

Das Buch enthält auf einer CD-ROM **Übungsaufgaben** auf Grundkursniveau. Sie sind entsprechend den drei Lernbereichen Analysis, Analytische Geometrie und Stochastik gruppiert und bereiten Sie gezielt auf das Abitur vor. Eine gute Orientierung zu Inhalt, Aufbau und Fragestellung einer typischen Prüfungsaufgabe geben Ihnen die **originalen Abiturprüfungsaufgaben** ab 2007, die sich zum Teil auf der CD-ROM und zum Teil im Buch befinden.

Zu allen Übungs- und Prüfungsaufgaben finden Sie im Anschluss an die Aufgabenstellung komplett ausgearbeitete **Musterlösungen** mit Erläuterung des Lösungswegs. Darüber hinaus sind in allen Originalprüfungsaufgaben und einigen Übungsaufgaben zwischen Aufgaben und Lösungen separate **Tipps und Hinweise** zu sämtlichen Teilaufgaben eingefügt, die Ihnen helfen, die Aufgaben **möglichst selbstständig** zu lösen. Für die Vorbereitung auf die Prüfung ist es wichtig, dass Sie versuchen, allein mit der Aufgabenstellung zurechtzukommen. Nutzen Sie daher immer zuerst die Tipps, wenn Sie bei der Lösung der einzelnen Teilaufgaben ins Stocken geraten. Sie erhalten dann einen **Denkanstoß**, der Ihnen weiterhilft. Gehen Sie dabei schrittweise vor, d. h., lesen Sie den jeweiligen Tipp erst bei Bedarf.

Die Musterlösung dient zum einen zur **Kontrolle**, ob Sie die Aufgabe richtig und vollständig gelöst haben, zum anderen gibt Sie Ihnen eine **ausführliche Hilfestellung**, wenn Sie trotz der Tipps Schwierigkeiten bei der Bearbeitung haben (Tipps und Kommentare sind durch das Symbol ✎ am linken Textrand gekennzeichnet). Sie sollten Ihr Lern- und Übungspensum so planen, dass Sie am Ende Ihrer Prüfungsvorbereitung in der Lage sind, die Aufgaben weitgehend ohne Hilfestellung zu lösen.

Tipps zur Vorbereitung und Bearbeitung der Prüfungsaufgaben

Prüfungsvorbereitung

- Bereiten Sie sich **langfristig** auf die Abiturprüfung vor und fertigen Sie sich eine Übersicht über die von Ihnen bereits bearbeiteten Themen, Inhalte und Verfahren an. Teilen Sie die Inhalte in sinnvolle Teilbereiche ein und legen Sie fest, bis wann Sie welche Teilbereiche bearbeitet haben wollen.
  Es ist zweckmäßig, alle schriftlichen Bearbeitungen dieser Aufgaben übersichtlich aufzubewahren, das erleichtert spätere Wiederholungen.
- Verwenden Sie während der Prüfungsvorbereitung grundsätzlich die **Hilfsmittel**, die auch in der Prüfung zugelassen sind. Prägen Sie sich wichtige Seiten in Ihrer Formelsammlung ein und nutzen Sie Ihren Taschenrechner mit allen Funktionen.
- Benutzen Sie zur Prüfungsvorbereitung neben diesem Übungsbuch Ihre **Unterrichtsaufzeichnungen** und das Lehrbuch.
- Oft ist der Zeitfaktor ein großes Problem. Testen Sie, ob Sie eine Aufgabe in der dafür vorgegebenen Zeit allein lösen können. **Simulieren Sie selbst eine Prüfungssituation.**
- Gehen Sie optimistisch in die Prüfung. Wer sich gut vorbereitet hat, braucht sich keine Sorgen zu machen.

Bei der Prüfung

- Nutzen Sie die zur Verfügung stehenden 30 Minuten zum gewissenhaften Lesen.
- Treffen Sie in dieser Zeit auch eine gut überlegte Entscheidung zur Aufgabenwahl, sodass Sie im Verlauf der Prüfung nicht zu einer anderen Aufgabe wechseln müssen.
- Falls Sie später dennoch die Aufgabe wechseln möchten, vermerken Sie **eindeutig**, welche Aufgabe als Prüfungsleistung ge- und bewertet werden soll.
- Beachten Sie, dass in manchen Teilaufgaben **„Zwischenlösungen“** angegeben sind, die Ihnen als Kontrolle dienen bzw. mit denen Sie weiterarbeiten können.

- Es ist hilfreich, wenn Sie bei der Analyse der Aufgabenstellungen wichtige Angaben oder Informationen (z. B. gegebene Größen, Lösungshinweise) **farbig markieren**.
- Um den Lösungsansatz zu einer Aufgabe zu finden oder die gegebene Problemstellung zu veranschaulichen, kann das **Anfertigen einer Skizze** nützlich sein.
- Achten Sie auf die **sprachliche Richtigkeit** und eine **saubere äußere Form** Ihrer Lösungen (vgl. Abschnitt „Zur Bewertung der Prüfung")

Lösungsplan

Aufgrund des Umfangs und der Komplexität von Aufgaben auf Abiturniveau empfiehlt es sich, beim Lösen systematisch zu arbeiten. Folgende Vorgehensweise hilft Ihnen dabei:

Schritt 1:
Nehmen Sie sich ausreichend Zeit zum **Analysieren** der Aufgabenstellung. Stellen Sie fest, zu welchem Themenbereich die Aufgabe gehört. Sammeln Sie alle Informationen, welche direkt gegeben sind, und achten Sie darauf, ob evtl. versteckte Informationen enthalten sind.

Schritt 2:
Markieren Sie die **Operatoren** in der Aufgabenstellung. Diese geben an, was in der Aufgabe von Ihnen verlangt wird. Vergegenwärtigen Sie sich die Bedeutung der verwendeten Fachbegriffe.

Schritt 3:
Versuchen Sie, den Sachverhalt zu veranschaulichen. Fertigen Sie gegebenenfalls mithilfe der Angaben und Zwischenergebnisse aus vorherigen Teilaufgaben eine **Skizze** an.

Schritt 4:
Erarbeiten Sie nun schrittweise den **Lösungsplan**, um aus den gegebenen Größen die gesuchte Größe zu erhalten. Notieren Sie sich, welche Einzel- bzw. Zwischenschritte auf dem Lösungsweg notwendig sind. Prinzipiell haben Sie zwei Möglichkeiten, oft hilft auch eine Kombination beider Vorgehensweisen:
- Sie gehen vom Gegebenen aus und versuchen, das Gesuchte zu erschließen.
- Sie gehen von dem Gesuchten aus und überlegen „rückwärts", wie Sie zur Ausgangssituation kommen.

Bei diesem Schritt wird dann sukzessive die **Lösung dargestellt**.

Schritt 5:
Falls möglich, suchen Sie nach geeigneten Möglichkeiten, das Endergebnis zu **kontrollieren**. Oftmals sind bereits Überschlagsrechnungen, Punktproben oder Grobskizzen ausreichend.

Anhand der folgenden **Beispielaufgabe** werden diese Schritte veranschaulicht:

Gegeben ist die Funktionenschar f_k mit $f_k(x) = kx^3 + 4x^2$; $k \in \mathbb{R}$, $k \neq 0$. Ihre Graphen seien G_k.

a) Ermitteln Sie Koordinaten und Art lokaler Extrempunkte von G_k.

b) Zeigen Sie: Eine Stammfunktion der Schar f_k hat die Gleichung

$$F_k(x) = \frac{k}{4}x^4 + \frac{4}{3}x^3.$$

Berechnen Sie den Inhalt der Fläche, die von G_{-1} und der x-Achse eingeschlossen wird.

Lösungsvorschlag für Teilaufgabe a:

Schritt 1:

- Themenbereich: Kurvendiskussion einer Funktionenschar
- Der Funktionsterm weist einen Parameter k auf. Dieser Parameter bereitet jedoch beim Rechnen keine Probleme, solange er nicht im Nenner, unter einer Wurzel usw. steht. Er wird ganz normal wie eine Zahl behandelt.
- Der Definitionsbereich ist nicht angegeben, daher wird $\mathbb{R}$ als der größtmögliche angenommen.

Schritt 2:

- Der Operator „Ermitteln Sie“ bedeutet, einen Lösungsalgorithmus anzuwenden, um die gesuchten Punkte angeben zu können.
- Unter Extrempunkten versteht man Hoch- oder Tiefpunkte.

Schritt 3:

Eine Veranschaulichung ist aufgrund des Parameters k nur schwer möglich. Anzahl, Art und Lage der Extrempunkte können zudem von k abhängen. Eine Skizze ist daher wenig sinnvoll.

Schritt 4:

Ausgehend von der gegebenen Funktionenschar werden mögliche Extremstellen berechnet und damit Art und Lage der Extrempunkte bestimmt:

- $f_k(x)$ ist ein Polynom und lässt sich trotz Parameter leicht ableiten (Summenregel, Faktorregel, Potenzregel):

  $$f_k'(x) = 3kx^2 + 8x$$

  Die Nullstellen der Ableitung sind mögliche Extremstellen:

  $$3kx^2 + 8x = x \cdot (3kx + 8) = 0 \overset{k \neq 0}{\Leftrightarrow} x_{E_1} = 0 \vee x_{E_2} = -\frac{8}{3k}$$

- Ob tatsächlich Extremstellen vorliegen, lässt sich durch Einsetzen in die zweite Ableitung überprüfen:

  $$f_k''(x) = 6kx + 8$$

  $$f_k''(0) = 8 > 0 \Rightarrow \text{Minimum bei } x_{E_1} = 0$$

  $$f_k''\left(-\frac{8}{3k}\right) = 6k\left(-\frac{8}{3k}\right) + 8 = -8 < 0 \Rightarrow \text{Maximum bei } x_{E_2} = -\frac{8}{3k}$$

- Um die Lage angeben zu können, braucht man noch die y-Koordinate. Dazu werden die Extremstellen in den Funktionsterm $f_k(x)$ eingesetzt:

  $$f_k(0) = 0$$

  $$f_k\left(-\frac{8}{3k}\right) = k\left(-\frac{8}{3k}\right)^3 + 4\left(-\frac{8}{3k}\right)^2 = -\frac{512}{27k^2} + \frac{256 \cdot 3}{3 \cdot 9k^2} = \frac{256}{27k^2}$$

- Ergebnis:

  $$\text{Tiefpunkt } (0 \mid 0) \text{ und Hochpunkt } \left(-\frac{8}{3k} \,\middle|\, \frac{256}{27k^2}\right)$$

Schritt 5:

Um das Ergebnis zu überprüfen, könnte man die Funktion f_k für ein gewähltes k skizzieren. Dazu muss eine Wertetabelle erstellt werden, was hier zu zeitaufwendig ist.

Lösungsvorschlag für Teilaufgabe b:

Schritt 1:

- Themenbereich: Flächenberechnung mithilfe eines Integrals
- Es ist die Funktion, die Stammfunktion und der Parameterwert $k=-1$ gegeben. Weiter ist implizit gegeben, dass die Funktion mindestens zwei verschiedene Nullstellen hat, weil der Graph eine Fläche mit der x-Achse einschließt.

Schritt 2:

- Der erste Operator ist „Zeigen Sie", das bedeutet, dass Sie die Aussage mithilfe von Berechnungen bestätigen sollen. Die Funktion und die zugehörige Stammfunktion sind dabei gegeben.
- Um zu zeigen, dass F eine Stammfunktion von f ist, kann entweder f integriert (man beachte die Integrationskonstante) oder F abgeleitet werden; es muss dann $F'(x)=f(x)$ gelten. Da das Bilden der Ableitung im Allgemeinen leichter ist, bietet es sich bei einer solchen Aufforderung an, die Stammfunktion abzuleiten.

  $F(x)=\frac{k}{4}x^4+\frac{4}{3}x^3$

  $F'(x)=kx^3+4x^2 \quad \Rightarrow \quad F'(x)=f(x)$
- Der zweite Operator in der Aufgabe ist „Berechnen Sie", das bedeutet, dass Sie das Ergebnis durch Berechnungen erzielen sollen.

Schritt 3:

Nutzen Sie die Lage des Hochpunkts und die Vorgabe $k=-1$, um den Graphen zu skizzieren.

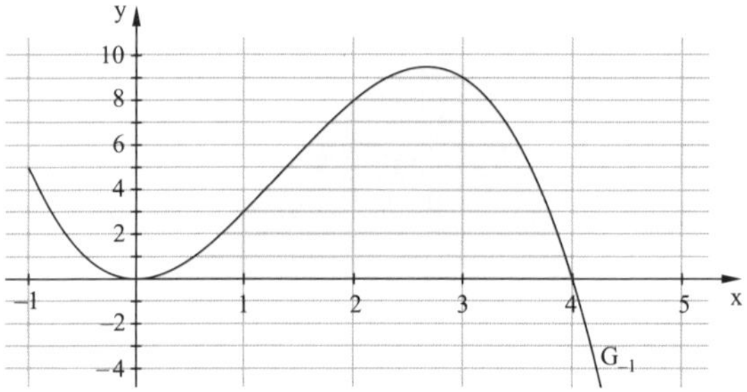

Schritt 4: Vom Gegebenen zum Gesuchten

Aus der Aufgabenstellung wie auch aus der Skizze aus Schritt 3 ist zu erkennen, dass Sie für die Bestimmung der Fläche die beiden Nullstellen brauchen:

$$-x^3+4x^2=0 \quad \Leftrightarrow \quad x^2(-x+4)=0 \quad \Leftrightarrow \quad x_1=0 \vee x_2=4$$

Für die Berechnung der Fläche benötigen Sie die Stammfunktion der Funktion, die angegeben ist:

$$\int_0^4 f(x)\,dx=[F(x)]_0^4=\left[-\frac{1}{4}x^4+\frac{4}{3}x^3\right]_0^4=-\frac{256}{4}+\frac{256}{3}=\frac{256}{12}=\frac{64}{3}$$

Schritt 4: Vom Gesuchten zum Gegebenen

Um die gesuchte Fläche zu berechnen, benötigen Sie die Stammfunktion der Funktion, die angegeben ist:

$$\int_{x_1}^{x_2} f(x)\,dx=[F(x)]_{x_1}^{x_2}=\left[-\frac{1}{4}x^4+\frac{4}{3}x^3\right]_{x_1}^{x_2}$$

Für die Berechnung des Integrals benötigen Sie die Integralgrenzen. Diese sind die Nullstellen der Funktion, wie Sie an der Skizze aus Schritt 3 erkennen können.

$$-x^3+4x^2=0 \;\Leftrightarrow\; x^2(-x+4)=0 \;\Leftrightarrow\; x_1=0 \vee x_2=4$$

Damit ergibt sich für das Integral:

$$\left[-\frac{1}{4}x^4+\frac{4}{3}x^3\right]_{x_1}^{x_2}=\left[-\frac{1}{4}x^4+\frac{4}{3}x^3\right]_0^4=-\frac{256}{4}+\frac{256}{3}=\frac{256}{12}=\frac{64}{3}$$

Schritt 5:
Um die Größenordnung des Flächeninhalts abzuschätzen, können Sie in der Skizze die Kästchen abzählen, die von dem Graphen und der x-Achse eingeschlossen werden. Man erhält ca. 21 Kästchen, das passt gut zu dem errechneten Wert.

Hinweise und Tipps zum Lösen von Abituraufgaben mit CAS-Rechnern

Damit Sie die mit den Rechnertechnologien verbundenen Vorteile auch effektiv nutzen können, sind hier einige Hinweise für das Lösen von Abituraufgaben mit CAS-Rechnern[1] aufgelistet. Diese erfolgen exemplarisch für den **TI Voyage 200**.

1. Wegen der geforderten Gleichwertigkeit der äußeren Bedingungen ist der bei der Prüfung verwendete Taschencomputer **vor dem Beginn des schriftlichen Mathematikabiturs** durch **ein RESET** in einen für alle Abiturienten einheitlichen Ausgangszustand mit leerem Arbeitsspeicher zurückzusetzen. Dieses RESET sollten Sie bereits spätestens am Vortag zu Hause vornehmen. So können Sie wichtige Dateien von Ihrem Taschencomputer auf einen PC übertragen und abspeichern, um sie später wieder zur Verfügung zu haben. Bei der Gelegenheit sollten Sie auch den technischen Zustand Ihres Taschencomputers überprüfen, eventuell neue Batterien einsetzen oder die Akkus aufladen. Schaden kann es auch nicht, wenn Sie Ersatzbatterien für den Prüfungstag bereithalten.

2. Empfehlenswert ist es auch, jede neue größere Aufgabe mit dem im Bildschirmausdruck angezeigten Befehl **NeuAufg**[2] zu beginnen. Dadurch werden alle aus einem Buchstaben bestehenden Variablen und der Bildschirm gelöscht, sodass es nicht so leicht zu Missverständnissen bei der Verwendung dieser Buchstaben im Zusammenhang mit der neuen Aufgabe kommen kann.

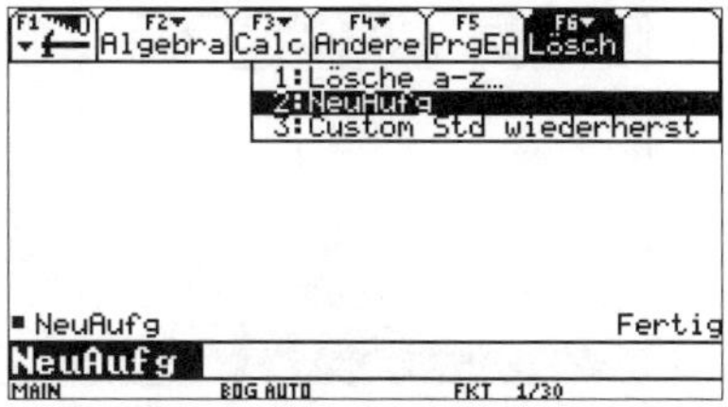

   Ebenso ist es möglich, für jede neue Aufgabe einen entsprechenden Unterordner anzulegen[3] und zum Bearbeiten der Aufgabe in diesen Unterordner zu wechseln[4]. Dies hat den Vorteil, dass Sie die einmal gespeicherten Funktionen auch zu einem späteren Zeitpunkt immer zur Verfügung haben, da die Variablen sich nur auf den aktuellen Ordner beziehen.

---

1 Diese Hinweise haben keinen Anspruch auf Vollständigkeit und können das Handbuch nicht ersetzen, sollen aber auf Sachverhalte hinweisen, die erfahrungsgemäß einigen Schülern Probleme bereiten.

2 [HOME]; [F6]; 2: (engl: Newprob)

3 [VAR-LINK]; [F1]; 5: Verzeichnis anlegen (engl.: Create Folder)

4 [MODE] 2: akt. Verzeichnis (engl. Current Folder)

3. Beim Abspeichern z. B. von Ableitungsfunktionen mit Parametern muss man **„dynamische Definitionen vermeiden“**.

Beispiel:
Für $f(x) = k \cdot x^2$ ist bekanntlich die 1. Ableitungsfunktion $f'(x) = 2k \cdot x$ und damit gilt für die 1. Ableitung von f an der Stelle k: $f'(k) = 2k^2$.
Der Taschencomputer gibt bei folgendem – **falschem!** – Vorgehen aber den Term $f'(k) = 3 \cdot k^2$ an.

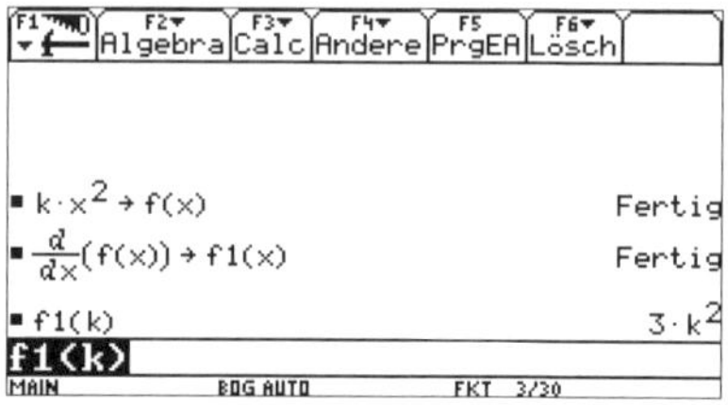

Woran liegt das? Speichert man wie im Beispiel nur die Vorschrift zum Bilden der 1. Ableitung unter dem Namen $f_1(x)$ ab, so rechnet der Taschencomputer erst den Wert von f(x) an der Stelle x = k aus und bildet davon die 1. Ableitung nach k:
$f(k) = k \cdot k^2 = k^3$ und damit $f'(k) = 3k^2$.
Man vermeidet dynamische Definitionen, indem man immer erst den Term der Ableitungsfunktion ausgeben lässt und den Funktionsterm dann (ggf. unter Verwendung der [ANS]-Taste) unter einem geeigneten Namen abspeichert, wie es für dieses Beispiel gezeigt wird.

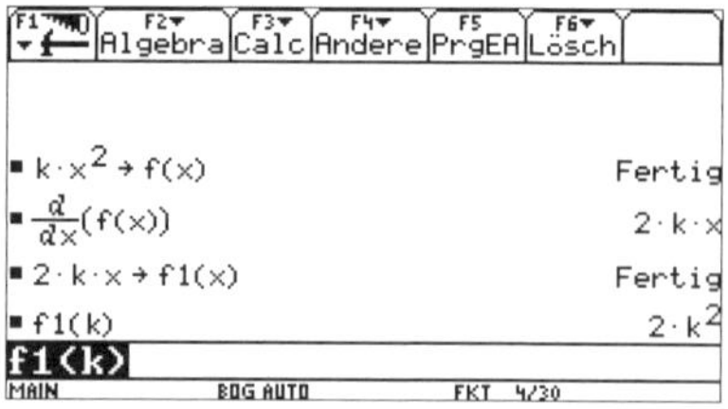

4. Es kommt nicht oft vor, aber man kann es nicht völlig ausschließen, dass der Taschencomputer an seine **technischen Grenzen** stößt. Deshalb sollte man **Warnhinweise** des Rechners **ernst nehmen** und versuchen, die **Lösung auf einem anderen Lösungsweg abzusichern[5].**

Beispiel:
Die Lösungen der Gleichung $\sin(x) = e^x$ werden mit dem Taschencomputer auf algebraischem Wege ermittelt.

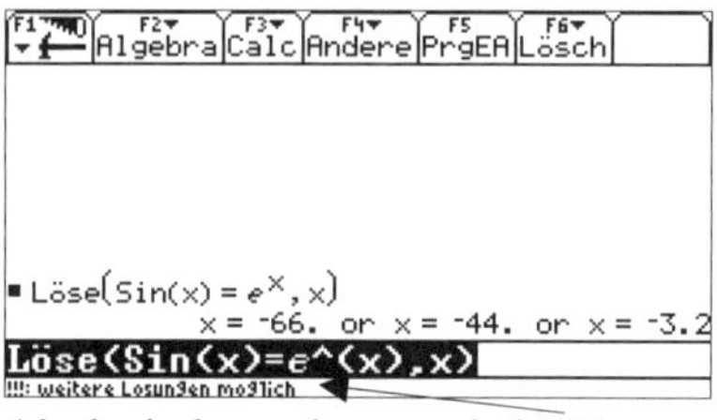

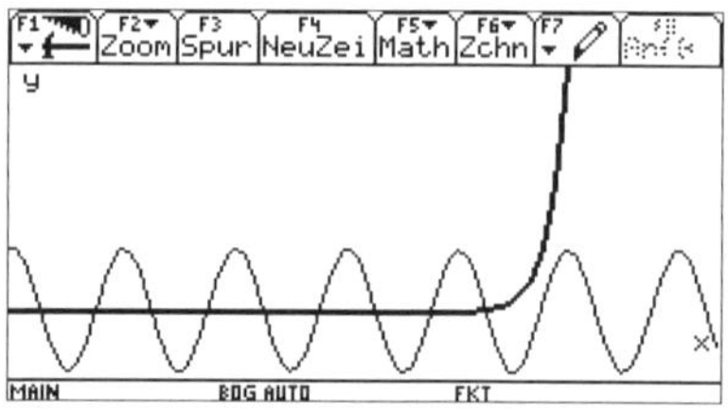

Algebraisch werden nur drei Näherungslösungen ermittelt, aber es wird eine Warnung „weitere Lösungen möglich“ angezeigt. In der grafischen Veranschaulichung erkennt man, dass es mehr als drei Lösungen geben muss. Durch inhaltliche Überlegungen (Periodizität der Sinusfunktion und asymptotisches Verhalten der e-Funktion bezüglich der negativen x-Achse) wird klar, dass es sogar unendlich viele Lösungen dieser Gleichung gibt.

5. Auch wenn der Taschencomputer keinen Warnhinweis anzeigt, kann die **Kontrolle auf einem anderen Lösungsweg** helfen, Fehler zu vermeiden, die z. B. durch falsche inhaltliche Überlegungen oder Eingabefehler entstehen können.

---

5 Nicht jeder Warnhinweis ist berechtigt.

Beispiele:

a) Es soll die Gleichung der Tangente t an $f_k(x) = k \cdot x^2$ in $P(1; f_k(1))$ ermittelt werden.
Durch inhaltliche Überlegungen kommt man zu der Tangentengleichung $y = t_k(x) = 2k \cdot x - k$.
Man sollte es nicht versäumen, dieses algebraisch ermittelte Ergebnis anhand einiger Beispiele grafisch zu verifizieren.

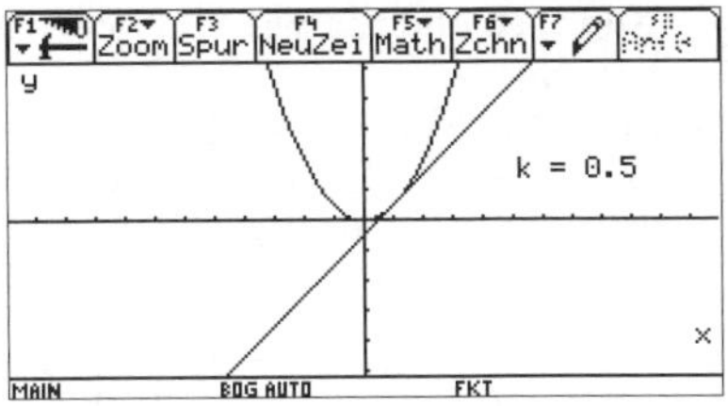

b) Die Funktion $y = f(x) = \frac{(x-5)\cdot(x+3)}{x+4}$ soll auf lokale Extrempunkte untersucht werden.
Sie besitzt genau zwei lokale Extrempunkte. Die grafische Darstellung[6] zeigt aber nur einen lokalen Tiefpunkt an, obwohl die Funktion auch einen lokalen Hochpunkt besitzt. Der Nachweis über die Existenz und Anzahl aller lokalen Extrempunkte gelingt letztlich nur mithilfe algebraischer Methoden.

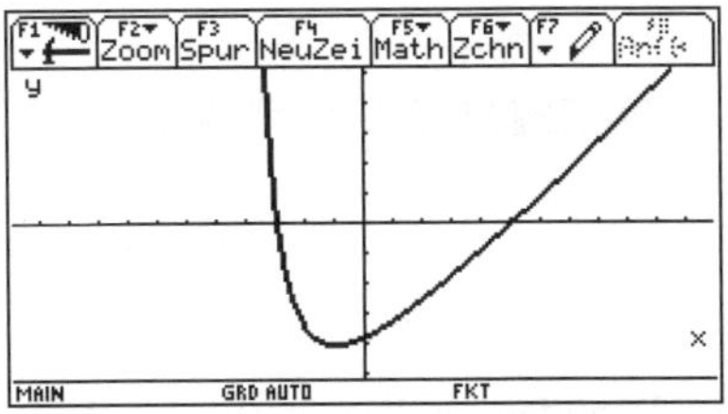

6. Rechnungen lassen sich weitgehend an den CAS-Rechner übertragen. Das spart Zeit und vermeidet Rechenfehler. Sie sollten stets sehr **sorgfältig die Eingabe** in den Rechner **kontrollieren,** um Eingabefehler zu vermeiden. Auch bei der Auswahl der Variablenbezeichnungen muss man aufpassen, dass keine rechnerinternen Überschneidungen entstehen.

Beispiel:
Es führt zu einem Fehler, innerhalb ein und derselben Aufgabe die Variable t gleichzeitig als Parameter für den Ortsvektor eines Punktes D(t) und außerdem als Bezeichnung eines anderen Objektes wie einer Geraden zu verwenden.

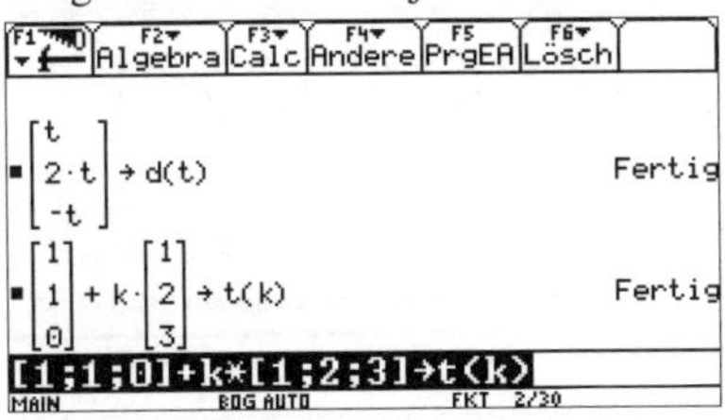

Die Fehlermeldung kommt dadurch zustande, dass der Rechner bei d(t) für t die Eingabe einer Variablen oder Zahl erwartet, aber t hier als ein Vektor abgespeichert ist.

6 Dies ist natürlich abhängig von den eingestellten Fensterparametern.

7. Um Rundungsfehler zu vermeiden, sollte man die **Zwischenergebnisse** direkt **über Kopieren und Einfügen** im weiteren Rechengang **nutzen.**[7]

   Beispiel:
   Eine Stadt hatte 70 000 Einwohner im Jahr 2000, im Jahre 2006 sind es 85 000. Unter der Annahme, dass exponentielles Wachstum vorliegt, soll das Jahr berechnet werden, in dem sich die Bevölkerungszahl gegenüber dem Jahr 2000 verdoppelt hat.
   Aus dem Ansatz ergibt sich ein exakter Wachstumsfaktor oder ein als Dezimalbruch angegebener Faktor mit vielen Nachkommastellen.

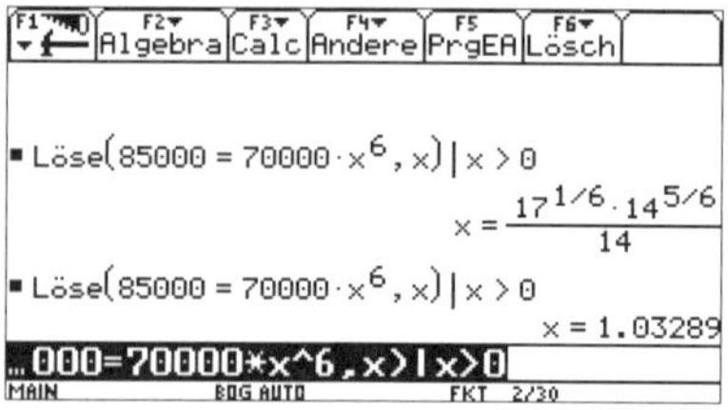

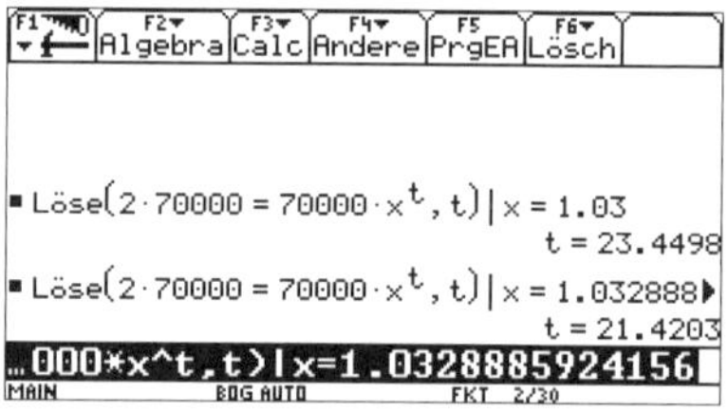

   Man ist versucht, mit einem gerundeten Wert weiterzurechnen, beispielsweise hier mit x = 1,03. Mit diesem gerundeten Zwischenergebnis erhält man eine Abweichung von fast zwei Jahren gegenüber dem Ergebnis, das aus dem nicht gerundeten Wert entsteht.

8. Weil der Taschencomputer Ihnen viel Arbeit abnimmt, kann es passieren, dass Ihre Lösungsdarstellung zu knapp ausfällt. Gewöhnen Sie sich beizeiten daran, den Lösungsweg immer so zu notieren, dass er von anderen gut nachvollzogen werden kann. **Kommentieren Sie Ihre Lösungsansätze, notieren Sie Zwischenschritte und nehmen Sie in der Antwort immer Bezug auf die gestellte Aufgabe.** So haben Sie eine nachträgliche Kontrolle, ob Sie wirklich alle gestellten Aufgabenteile bearbeitet haben. Eventuell ist es dann auch möglich, bei der Korrektur Folgefehler anzuerkennen. Selbstverständlich trägt eine saubere und übersichtliche Darstellung des Lösungsweges zu einem positiven Gesamteindruck Ihrer Abiturarbeit bei.

9. Für TI-Voyage200 und TI-89-Titanium gibt es seit dem Sommer 2005 das **Betriebssystem 3.10.**
   Unter anderem bietet dieses Betriebssystem den Vorteil, Gleichungssysteme auch in vektorieller Form zu lösen. Solche kommen beispielsweise in der Analytischen Geometrie häufig vor.

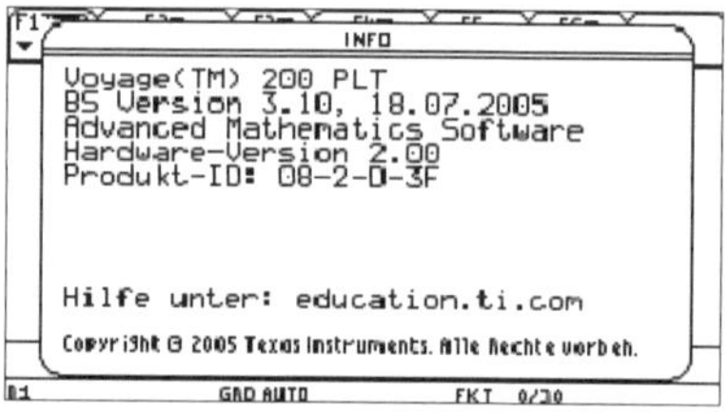

   Beispiel:

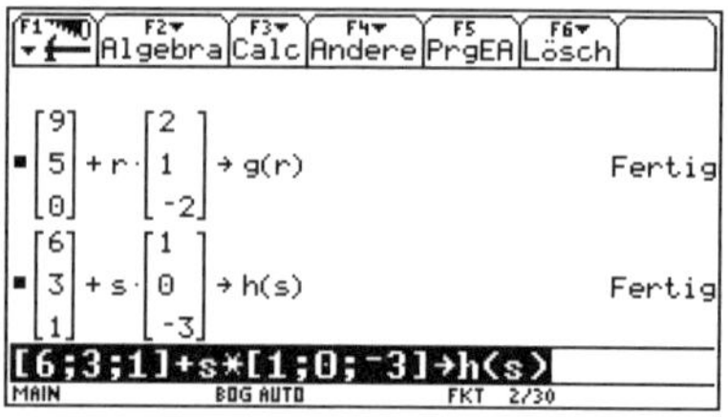

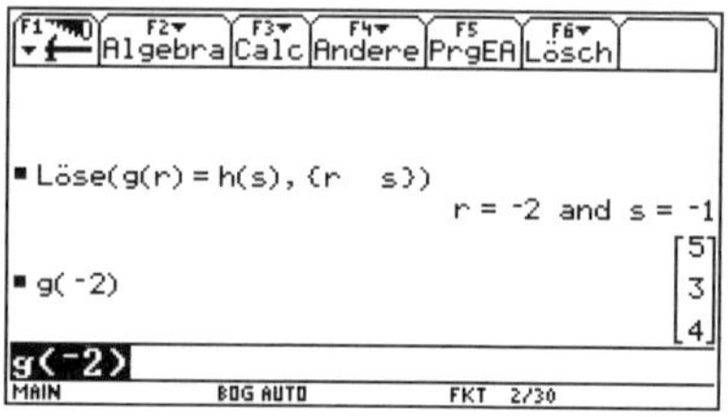

7 [HOME]; [F1]; 5 bzw. [HOME]; [F1]; 6

10. Für Berechnungen in der Stochastik kann man sich kostenlos von der Internetseite www.education.ti.com die Flash-Applikation „Statistik mit Listeneditor“ herunterladen. Dieses Zusatzprogramm, das beim Reset nicht gelöscht wird, beinhaltet u. a. die Funktionen binompdf (berechnet eine diskrete Einzelwahrscheinlichkeit) und binomcdf (berechnet eine Intervallwahrscheinlichkeit) für die Berechnungen zu Binomialverteilungen. Diese Funktionen finden Sie dann z. B. im Katalog [CATALOG] unter [F3].
Beispiel:
Berechnen Sie für eine binomialverteilte Zufallsgröße die Einzelwahrscheinlichkeit für n = 10, p = 0,8 und k = 8 sowie die Intervallwahrscheinlichkeit für $8 \leq k \leq 10$.

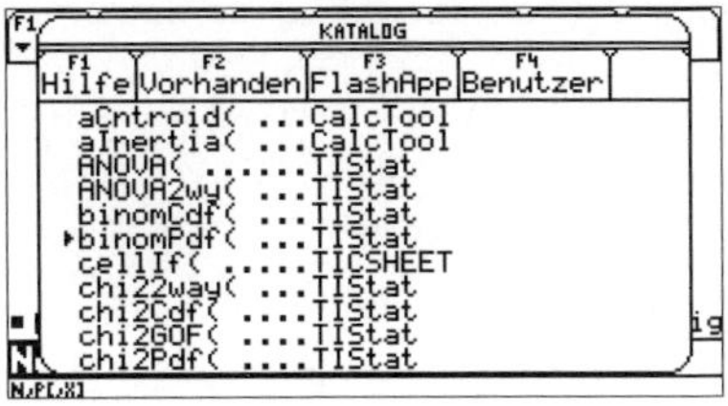

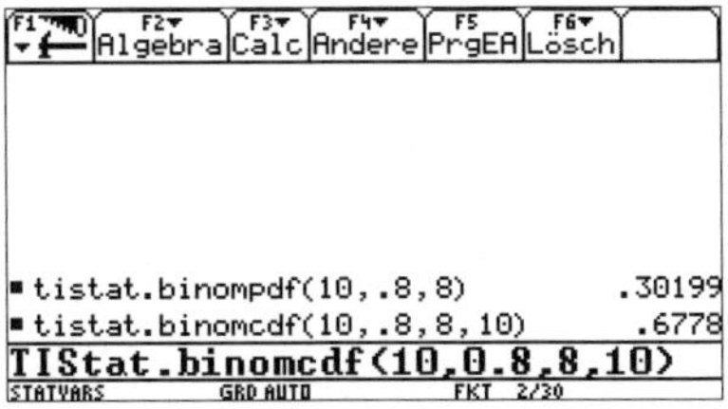

Weiterführende Informationen

Im Internet finden Sie unter
http://bildungsserver.berlin-brandenburg.de/zentralabitur.html
oder
http://www.berlin.de/sen/bildung/schulabschluesse/abitur/
Prüfungsvorgaben für das Zentralabitur 2015/2016 in Berlin.

Berlin/Brandenburg – Mathematik Grundkurs
2012 – Aufgabe 1.1: Analysis

Sonnenblumen BE

Gegeben ist die Funktion h mit $h(t) = -\frac{1}{3}t^3 + 2t^2 + 21t + 10$; $t \in \mathbb{R}$. Sie beschreibt ab dem Zeitpunkt $t = 0$ für einen gewissen Zeitraum die Höhe einer Sonnenblume, wobei t in Wochen nach Beobachtungsbeginn und h(t) in cm angegeben werden.

a) Berechnen Sie die Koordinaten aller Extrempunkte des Graphen von h und bestimmen Sie deren Art. Skizzieren Sie den Graphen von h mindestens für $-6 \le t \le 9$ in ein geeignetes Koordinatensystem. Erläutern Sie, in welchem Intervall von t der Graph von h sinnvolle Werte für das Wachstum der Sonnenblume liefert. 18

b) Geben Sie die Höhe der Sonnenblume zu Beginn des Beobachtungszeitpunktes in Zentimetern an. Ermitteln Sie die durchschnittliche Wachstumsrate im Zeitraum von $t = 1$ bis $t = 6$ sowie die momentane Wachstumsrate zum Zeitpunkt $t = 6$. 7

c) Ermitteln Sie rechnerisch, zu welchem Zeitpunkt eine momentane Wachstumsrate von $15\,\frac{\text{cm}}{\text{Woche}}$ erreicht ist. 4

d) Ein Verkäufer wirbt mit dem Versprechen: „Meine Pflanzen erreichen eine Wachstumsrate von 27 cm pro Woche. Da können Sie beim Wachsen zusehen!“ Überprüfen Sie rechnerisch, ob die versprochene Wachstumsrate erreicht werden kann, indem Sie die größte erreichte momentane Wachstumsrate der Pflanze ermitteln. 4

e) Von einer zweiten Sonnenblumenart ist nur die Funktion v der momentanen Wachstumsrate bekannt. Ihre Gleichung lautet $v(t) = -2t^2 + 3t + 52$, wobei t in Wochen und v(t) in $\frac{\text{cm}}{\text{Woche}}$ angegeben werden. Zum Zeitpunkt $t = 2$ ist eine Sonnenblume dieser Art 120 cm hoch.
Ermitteln Sie rechnerisch die Gleichung der Funktion g, die die Höhe dieser Sonnenblume in Abhängigkeit von der Zeit t beschreibt (mit t in Wochen und g(t) in cm). 7

40

Tipps und Hinweise zur Lösung von Aufgabe 1.1

Tipps zu Teilaufgabe a

Koordinaten und Art der Extrempunkte des Graphen von h

- Berechnen Sie die Gleichungen der ersten beiden Ableitungsfunktionen von h.
- Bestimmen Sie mithilfe der notwendigen und hinreichenden Bedingung die lokalen Extremstellen.
- Berechnen Sie die zugehörigen Funktionswerte.

Skizze des Graphen von h

- Mithilfe der Extrempunkte, des Schnittpunktes mit der y-Achse und gegebenenfalls weiterer mit dem Taschenrechner zu ermittelnder Punkte können Sie eine Skizze des Graphen von h in einem Koordinatensystem mit geeignetem Maßstab anfertigen.

Beschreibung des Wachstumsintervalls

- Beachten Sie, dass die Pflanze bis zum Ende (streng) monoton wächst und die Beobachtung in der Zeit $t=0$ beginnt.

Tipps zu Teilaufgabe b

Sonnenblumenhöhe am Beobachtungsbeginn

- Geben Sie den Funktionswert h(0) an.

Durchschnittliche Wachstumsrate im Intervall $1 \le t \le 6$

- Berechnen Sie den Differenzenquotienten im angegebenen Intervall.

Momentane Wachstumsrate an der Stelle $t=6$

- Berechnen Sie den Differenzialquotienten an der angegebenen Stelle.

Tipp zu Teilaufgabe c

- Lösen Sie die Gleichung $h'(t)=15$ für $t>0$.

Tipps zu Teilaufgabe d

- Untersuchen Sie die Funktion h' auf mögliche Extremstellen und deren Funktionswerte.
- Mithilfe der Extremwerte können Sie die Aussage des Verkäufers beurteilen.

Tipps zu Teilaufgabe e

- Die Funktion g ist eine Stammfunktion der Funktion v.
- Mithilfe des Funktionswertes $g(2)=120$ können Sie berechnen, um welche Stammfunktion es sich handelt.

Lösungen zu Aufgabe 1.1

a) **Koordinaten und Art der Extrempunkte des Graphen von h**

Von der Funktion h mit $h(t) = -\frac{1}{3}t^3 + 2t^2 + 21t + 10;\ t \in \mathbb{R}$ berechnet man die Gleichungen der ersten beiden Ableitungsfunktionen:

$$h'(t) = -t^2 + 4t + 21$$
$$h''(t) = -2t + 4$$

Notwendige Bedingung für die Existenz lokaler Extremstellen: $h'(t) = 0$

$$-t^2 + 4t + 21 = 0$$
$$t^2 - 4t - 21 = 0$$
$$t_{1,2} = 2 \pm \sqrt{4 + 21}$$
$$t_1 = -3;\ t_2 = 7$$

Hinreichende Bedingung für die Existenz lokaler Extremstellen: $h''(t) \neq 0$

$h''(-3) = -2 \cdot (-3) + 4 = 10 > 0$ (lokales Minimum)

$h''(7) = -2 \cdot 7 + 4 = -10 < 0$ (lokales Maximum)

Berechnung der Funktionswerte an den lokalen Extremstellen:

$$h(-3) = -\frac{1}{3} \cdot (-3)^3 + 2 \cdot (-3)^2 + 21 \cdot (-3) + 10 = -26$$
$$h(7) = -\frac{1}{3} \cdot 7^3 + 2 \cdot 7^2 + 21 \cdot 7 + 10 = 140\frac{2}{3}$$

Der Graph von h besitzt genau einen lokalen Tiefpunkt T und genau einen lokalen Hochpunkt H. Die Koordinaten dieser Punkte sind:

$$\underline{\underline{T(-3 \mid -26)}};\ \underline{\underline{H\left(7 \,\middle|\, 140\frac{2}{3}\right)}}$$

Skizze des Graphen von h

Gegebenenfalls können für die Skizze zusätzliche Punkte des Graphen G_h mithilfe der Funktionsgleichung bestimmt werden.

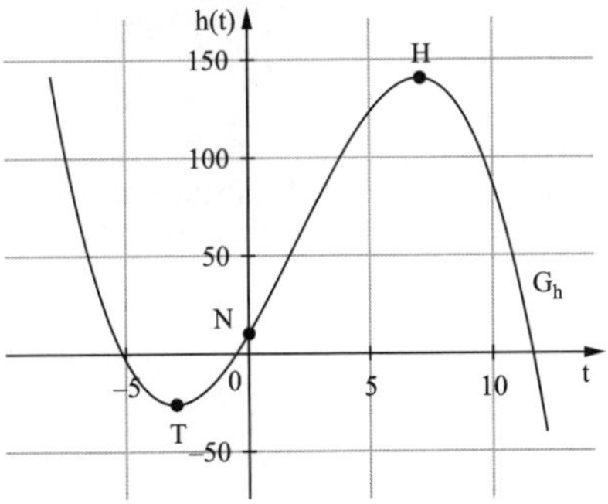

Beschreibung des Wachstumsintervalls

Laut Aufgabenstellung beginnt die Beobachtung des Wachstums zum Zeitpunkt $t=0$. Da der Wachstumsvorgang einer Pflanze üblicherweise monoton steigt, endet er an der Stelle des Hochpunktes mit $t=7$. Die Beobachtungszeit für das Wachstum der Sonnenblume wird also durch den Graphen von h im Intervall $\underline{\underline{0 \leq t \leq 7}}$ mit t in Wochen und h(t) in cm beschrieben.

b) **Sonnenblumenhöhe am Beobachtungsbeginn**

Zum Zeitpunkt $t=0$ gilt:

$$h(0) = -\frac{1}{3} \cdot 0^3 + 2 \cdot 0^2 + 21 \cdot 0 + 10 = 10$$

Damit hat die Sonnenblume zu Beginn der Beobachtung eine Höhe von $\underline{\underline{10\,\text{cm}}}$.

Durchschnittliche Wachstumsrate im Intervall $1 \leq t \leq 6$

Man berechnet zunächst die Funktionswerte h(1) und h(6):

$$h(1) = -\frac{1}{3} \cdot 1^3 + 2 \cdot 1^2 + 21 \cdot 1 + 10 = 32,\overline{6}$$

$$h(6) = -\frac{1}{3} \cdot 6^3 + 2 \cdot 6^2 + 21 \cdot 6 + 10 = 136$$

Die durchschnittliche Wachstumsrate ist der Differenzenquotient im Intervall $1 \leq t \leq 6$:

$$\frac{h(6) - h(1)}{6-1} = \frac{136 - 32,\overline{6}}{6-1} = 20,\overline{6} \left[\frac{\text{cm}}{\text{Woche}}\right]$$

Im angegebenen Intervall wächst die Sonnenblume durchschnittlich $\underline{\underline{20,\overline{6}\text{ Zentimeter pro Woche}}}$.

Momentane Wachstumsrate an der Stelle $t=6$

Die momentane Wachstumsrate ist der Differenzialquotient an der Stelle $t=6$ und es gilt:

$$h'(6) = -6^2 + 4 \cdot 6 + 21 = 9$$

Die Sonnenblume hat zum Zeitpunkt $t=6$ eine momentane Wachstumsrate von $\underline{\underline{9\text{ Zentimetern pro Woche}}}$.

c) Die momentane Wachstumsrate von 15 Zentimetern pro Woche ist der Funktionswert der ersten Ableitungsfunktion von h zur gesuchten Zeit t, wobei t zum Wachstumsintervall $0 \leq t \leq 7$ der Sonnenblume gehört. Zunächst ist die quadratische Gleichung $h'(t) = 15$ nach t aufzulösen.

$$h'(t) = -t^2 + 4t + 21 = 15$$
$$t^2 - 4t - 6 = 0$$
$$t_{1,2} = 2 \pm \sqrt{4+6}$$
$$t_1 = 2 + \sqrt{10} \approx 5,2; \quad t_2 = 2 - \sqrt{10} \approx -1,2$$

Die Lösung $t_2 = 2 - \sqrt{10} \approx -1,2$ liegt nicht im Wachstumsintervall.

Die momentane Wachstumsrate von 15 Zentimetern pro Woche liegt zum Zeitpunkt $\underline{\underline{t \approx 5,2\text{ Wochen}}}$ vor.

d) Der Verkäufer macht eine Aussage über die Wachstumsrate seiner Sonnenblumen und damit über die erste Ableitungsfunktion von h. Es muss ermittelt werden, welche größtmögliche Wachstumsrate erreicht wird, um die Aussage des Verkäufers beurteilen zu können. Das heißt, es muss die Funktion h' im Intervall $0 \le t \le 7$ auf Maximalwerte untersucht werden.

Mit $h''(t) = -2t + 4 = 0 \Rightarrow t = 2$ erhält man eine mögliche Extremstelle der Funktion h'.

Aus $h'''(2) = -2 < 0$ ergibt sich, dass an der Stelle $t = 2$ ein lokales Maximum der Funktion h' existiert. Schließlich erhält man aus $h'(2) = -2^2 + 4 \cdot 2 + 21 = 25$ die maximale Wachstumsrate von 25 cm pro Woche. Die Aussage des Verkäufers, seine Sonnenblumen würden die Wachstumsrate von 27 cm pro Woche erreichen, ist falsch.

e) Da die Funktion v die momentane Wachstumsrate v(t) in Abhängigkeit von der Zeit t beschreibt, ist sie die erste Ableitungsfunktion einer Funktion g, die die Höhe g(t) der Sonnenblume in Abhängigkeit von der Zeit t beschreibt. Um eine Gleichung der Funktion g zu bestimmen, berechnet man diejenige Stammfunktion von v, für die laut Aufgabenstellung $g(2) = 120$ gilt.

Zunächst berechnet man das unbestimmte Integral $\int v(t)\,dt$:

$$\int v(t)\,dt = \int (-2t^2 + 3t + 52)\,dt = -\frac{2}{3}t^3 + \frac{3}{2}t^2 + 52t + c;\quad c \in \mathbb{R}$$

Unter Verwendung der Bedingung $g(2) = 120$ kann nun die reelle Zahl c berechnet werden:

$$g(2) = -\frac{2}{3} \cdot 2^3 + \frac{3}{2} \cdot 2^2 + 52 \cdot 2 + c = 120$$

$$-\frac{16}{3} + \frac{12}{2} + 104 + c = 120$$

$$c = \frac{46}{3}$$

Die Funktion g hat damit folgende Gleichung:

$$g(t) = -\frac{2}{3}t^3 + \frac{3}{2}t^2 + 52t + \frac{46}{3}$$

Berlin/Brandenburg – Mathematik Grundkurs
2012 – Aufgabe 1.1: Analysis (CAS)

Sonnenblumen BE

Gegeben ist die Funktion h mit $h(t) = -\frac{1}{3}t^3 + 2t^2 + 21t + 10;\ t \in \mathbb{R}$. Sie beschreibt ab dem Zeitpunkt $t = 0$ für einen gewissen Zeitraum die Höhe einer Sonnenblume der Art „Gelber Riese", wobei t in Wochen nach Beobachtungsbeginn und h(t) in cm angegeben werden.

a) Berechnen Sie die Koordinaten aller Extrempunkte des Graphen von h und bestimmen Sie deren Art. Zeichnen Sie für $-6 \le t \le 12$ den Graphen von h in ein geeignetes Koordinatensystem. Erläutern Sie, bis zu welchem Wert von t der Graph von h sinnvolle Werte für das Wachstum der Sonnenblume liefert. 15

b) Geben Sie die Höhe der oben beschriebenen Sonnenblume zu Beginn des Beobachtungszeitpunktes in Zentimetern an.
Berechnen Sie die mittlere Wachstumsrate im Zeitraum von $t = 1$ bis $t = 6$ sowie die momentanen Wachstumsraten zu den Zeitpunkten $t = 1$ und $t = 6$.
Ermitteln Sie rechnerisch, zu welchem Zeitpunkt eine Wachstumsrate von $15\,\frac{\text{cm}}{\text{Woche}}$ erreicht ist. 10

c) Ein Verkäufer wirbt mit einem Schild: „Meine Pflanzen erreichen eine Wachstumsrate von 27 cm pro Woche. Da können Sie beim Wachsen zusehen!"
Überprüfen Sie rechnerisch, ob die versprochene Wachstumsrate erreicht werden kann, indem Sie die größte erreichte momentane Wachstumsrate der Pflanze ermitteln. 5

d) Von einer zweiten Sonnenblumenart „Goldene Gloria" ist nur die Funktion v der momentanen Wachstumsrate bekannt. Die Gleichung lautet $v(t) = -\frac{3}{4}t^2 + 8t + 9$, wobei t in Wochen und v(t) in $\frac{\text{cm}}{\text{Woche}}$ angegeben werden. Zum Zeitpunkt $t = 2$ ist eine Sonnenblume der Art „Goldene Gloria" 50 cm hoch.
Ermitteln Sie rechnerisch die Gleichung der Funktion g, die die Höhe dieser Sonnenblume in Abhängigkeit von der Zeit t beschreibt (mit t in Wochen und g(t) in cm). 4

e) Das Wachstum einer dritten Sonnenblumenart „Sonnenstern" wird durch die Funktion k mit $k(t) = -\frac{2}{3}t^3 + \frac{3}{2}t^2 + 51t + 30$ beschrieben, wobei t in Wochen nach Beobachtungsbeginn und k(t) in cm angegeben werden.
Ermitteln Sie rechnerisch den Zeitpunkt t, an dem der Höhenunterschied zweier Sonnenblumen der Arten „Gelber Riese" und „Sonnenstern" am größten ist, und geben Sie diesen größten Höhenunterschied an.

[*Zielfunktion d zur Kontrolle:* $d(t) = -\frac{1}{3}t^3 - \frac{1}{2}t^2 + 30t + 20$] 6

40

Tipps und Hinweise zur Lösung von Aufgabe 1.1 (CAS)

Tipps zu Teilaufgabe a

Koordinaten und Art der Extrempunkte des Graphen von h

- Berechnen Sie die Gleichungen der ersten beiden Ableitungsfunktionen von h.
- Bestimmen Sie mithilfe der notwendigen und hinreichenden Bedingung die lokalen Extremstellen.
- Berechnen Sie die zugehörigen Funktionswerte.

Zeichnung des Graphen von h im Intervall $-6 \leq t \leq 12$

- Mithilfe der Extrempunkte, des Schnittpunktes mit der y-Achse und gegebenenfalls weiterer mit der Spur-Funktion zu ermittelnder Punkte können Sie eine Zeichnung des Graphen von h in einem Koordinatensystem mit geeignetem Maßstab anfertigen.

Beschreibung des Wachstumsintervalls

- Beachten Sie, dass die Pflanze bis zum Ende (streng) monoton wächst und die Beobachtung in der Zeit $t=0$ beginnt.

Tipps zu Teilaufgabe b

Sonnenblumenhöhe am Beobachtungsbeginn

- Geben Sie den Funktionswert h(0) an.

Mittlere Wachstumsrate im Intervall $1 \leq t \leq 6$

- Berechnen Sie den Differenzenquotienten im angegebenen Intervall.

Momentane Wachstumsraten an den Stellen $t=1$ und $t=6$

- Berechnen Sie die Differenzialquotienten an den angegebenen Stellen.

Berechnung von t

- Lösen Sie die Gleichung $h'(t)=15$ für $t>0$.

Tipps zu Teilaufgabe c

- Untersuchen Sie die Funktion h' auf mögliche Extremstellen und deren Funktionswerte.
- Mithilfe der Extremwerte können Sie die Aussage des Verkäufers beurteilen.

Tipps zu Teilaufgabe d

- Die Funktion g ist eine Stammfunktion der Funktion v.
- Mithilfe des Funktionswertes $g(2)=50$ können Sie berechnen, um welche Stammfunktion es sich handelt.

Tipps zu Teilaufgabe e

- Bestimmen Sie zunächst die Differenzfunktion d mit $d(t)=k(t)-h(t)$.
- Untersuchen Sie die Funktion d für $t>0$ auf mögliche Extremstellen.
- Berechnen Sie den Extremwert und bewerten Sie das Ergebnis.

Lösungen zu Aufgabe 1.1 (CAS)

a) **Koordinaten und Art der Extrempunkte des Graphen von h**

Von der Funktion h mit $h(t) = -\frac{1}{3}t^3 + 2t^2 + 21t + 10$; $t \in \mathbb{R}$ berechnet man die Gleichungen der ersten beiden Ableitungsfunktionen:

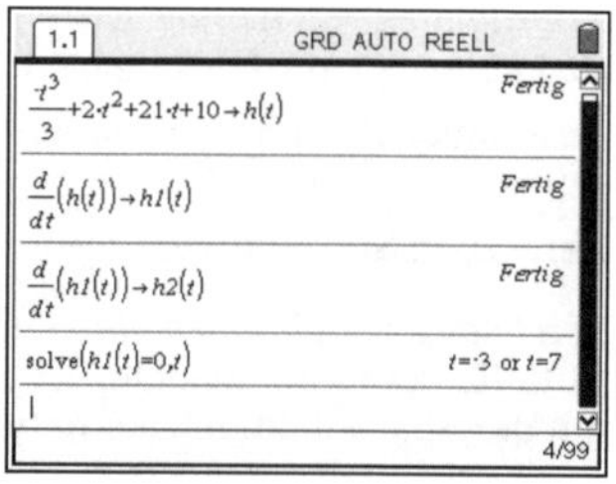

$$h'(t) = -t^2 + 4t + 21$$
$$h''(t) = -2t + 4$$

Notwendige Bedingung für die Existenz lokaler Extremstellen: $h'(t) = 0$

$$-t^2 + 4t + 21 = 0 \quad \Rightarrow \quad t_1 = -3; \; t_2 = 7$$

Hinreichende Bedingung für die Existenz lokaler Extremstellen:

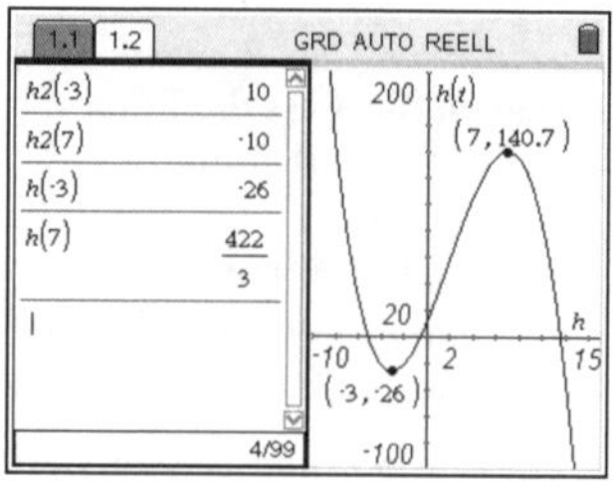

$$h''(-3) = 10 > 0 \qquad \text{(lokales Minimum)}$$
$$h''(7) = -10 < 0 \qquad \text{(lokales Maximum)}$$

Berechnung der Funktionswerte an den lokalen Extremstellen:

$$h(-3) = -26$$
$$h(7) = 140\frac{2}{3}$$

Der Graph von h besitzt genau einen lokalen Tiefpunkt T und genau einen lokalen Hochpunkt H. Die Koordinaten dieser Punkte sind:

$$\underline{\underline{T(-3 \mid -26)}}; \quad \underline{\underline{H\left(7 \,\middle|\, 140\frac{2}{3}\right)}}$$

Zeichnung des Graphen von h

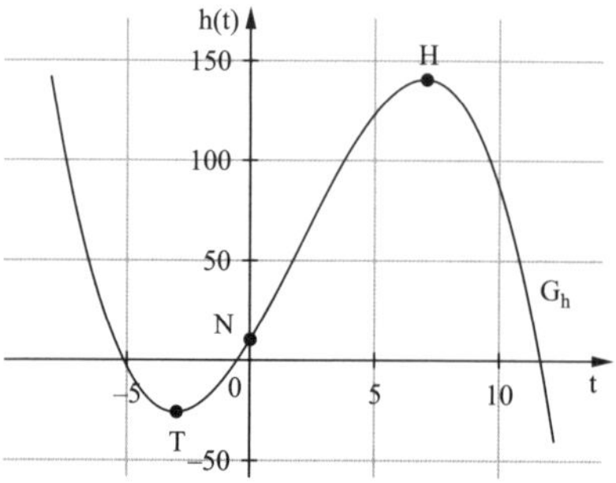

Beschreibung des Wachstumsintervalls

Laut Aufgabenstellung beginnt die Beobachtung des Wachstums zum Zeitpunkt $t = 0$. Da der Wachstumsvorgang einer Pflanze üblicherweise monoton steigt, endet er an der Stelle des Hochpunktes mit $t = 7$. Die Beobachtungszeit für das Wachstum der Sonnenblume wird also durch den Graphen von h im Intervall $\underline{\underline{0 \le t \le 7}}$ mit t in Wochen und h(t) in Zentimetern beschrieben.

b) **Sonnenblumenhöhe am Beobachtungsbeginn**

Zum Zeitpunkt $t=0$ gilt $h(0)=10$.
Damit hat die Sonnenblume zu Beginn der Beobachtung eine Höhe von 10 cm.

Mittlere Wachstumsrate im Intervall $1 \leq t \leq 6$

Die mittlere Wachstumsrate ist der Differenzenquotient im Intervall $1 \leq t \leq 6$:

$$\frac{h(6)-h(1)}{6-1}=\frac{136-32,\overline{6}}{6-1}=\frac{62}{3}=20,\overline{6}\left[\frac{\text{cm}}{\text{Woche}}\right]$$

Im angegebenen Intervall wächst die Sonnenblume durchschnittlich $20,\overline{6}$ Zentimeter pro Woche.

Momentane Wachstumsrate an der Stelle $t=1$ und $t=6$

Die momentane Wachstumsrate ist der Differenzialquotient an der Stelle $t=1$ bzw. $t=6$ und es gilt:

$$h'(1)=24$$
$$h'(6)=9$$

Die Sonnenblume hat zum Zeitpunkt $t=1$ eine momentane Wachstumsrate von 24 Zentimetern pro Woche und zum Zeitpunkt $t=6$ nur noch eine momentane Wachstumsrate von 9 Zentimetern pro Woche.

Berechnung von t für $h'(t)=15$

Die momentane Wachstumsrate von 15 Zentimetern pro Woche ist der Funktionswert der ersten Ableitungsfunktion von h zur gesuchten Zeit t, wobei t zum Wachstumsintervall $0 \leq t \leq 7$ der Sonnenblume gehört. Zunächst ist die quadratische Gleichung $h'(t)=15$ nach t aufzulösen.

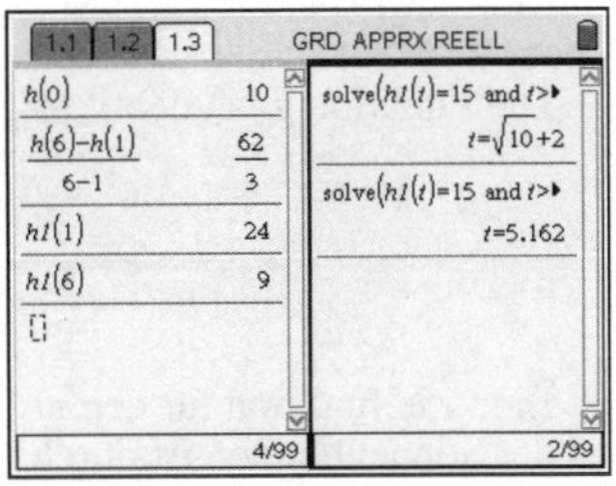

$$h'(t)=-t^2+4t+21=15$$
$$\Rightarrow \quad t_1=2+\sqrt{10}\approx 5,2; \quad t_2=2-\sqrt{10}\approx -1,2$$

Die Lösung $t_2=2-\sqrt{10}\approx -1,2$ liegt nicht im Wachstumsintervall.
Die momentane Wachstumsrate von 15 Zentimetern pro Woche liegt zum Zeitpunkt $t \approx 5,2$ Wochen vor.

c) Der Verkäufer macht eine Aussage über die Wachstumsrate seiner Sonnenblumen und damit über die erste Ableitungsfunktion von h. Es muss ermittelt werden, welche größtmögliche Wachstumsrate erreicht wird, um die Aussage des Verkäufers beurteilen zu können. Das heißt, es muss die Funktion h' im Intervall $0 \leq t \leq 7$ auf Maximalwerte untersucht werden.

Mit $h''(t)=0 \;\Rightarrow\; t=2$ erhält man eine mögliche Extremstelle der Funktion h'. Aus $h'''(2)=-2<0$ folgt, dass an der Stelle $t=2$ ein lokales Maximum der Funktion h' existiert. Schließlich erhält man aus $h'(2)=25$ die maximale Wachstumsrate von 25 cm pro Woche. Die Aussage des Verkäufers, seine Sonnenblumen würden die Wachstumsrate von 27 cm pro Woche erreichen, ist falsch.

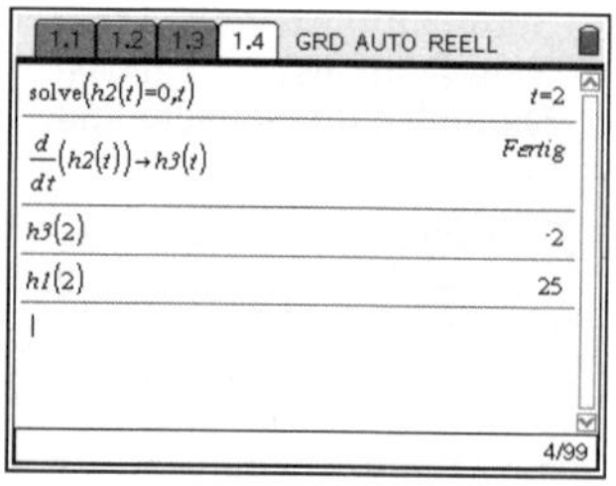

d) Da die Funktion v die momentane Wachstumsrate v(t) in Abhängigkeit von der Zeit t beschreibt, ist sie die erste Ableitungsfunktion einer Funktion g, die die Höhe g(t) der Sonnenblume in Abhängigkeit von der Zeit t angibt. Um eine Gleichung der Funktion g zu bestimmen, berechnet man diejenige Stammfunktion von v, für die laut Aufgabenstellung $g(2)=50$ gilt.

Zunächst berechnet man das unbestimmte Integral $\int v(t)\,dt$:

$$\int v(t)\,dt = -\frac{t^3}{4} + 4t^2 + 9t + c;\;\; c \in \mathbb{R}$$

Unter Verwendung der Bedingung $g(2)=50$ kann nun die reelle Zahl c berechnet werden.

$$g(2) = -\frac{2^3}{4} + 4\cdot 2^2 + 9\cdot 2 + c = 50 \;\;\Rightarrow\;\; c = 18$$

Die Funktion g hat damit folgende Gleichung:

$$g(t) = -\frac{t^3}{4} + 4t^2 + 9t + 18$$

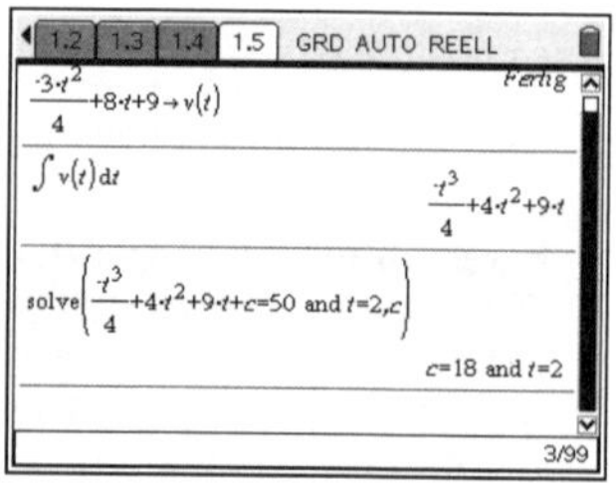

e) Eine Zielfunktion für den größten Höhenunterschied der Sonnenblumen ist durch folgende Gleichung gegeben:

$$d(t) = k(t) - h(t)$$

$$d(t) = -\frac{2}{3}t^3 + \frac{3}{2}t^2 + 51t + 30 - \left(-\frac{1}{3}t^3 + 2t^2 + 21t + 10\right)$$

$$= -\frac{1}{3}t^3 - \frac{1}{2}t^2 + 30t + 20$$

$$d'(t) = -t^2 - t + 30$$

$$d''(t) = -2t - 1$$

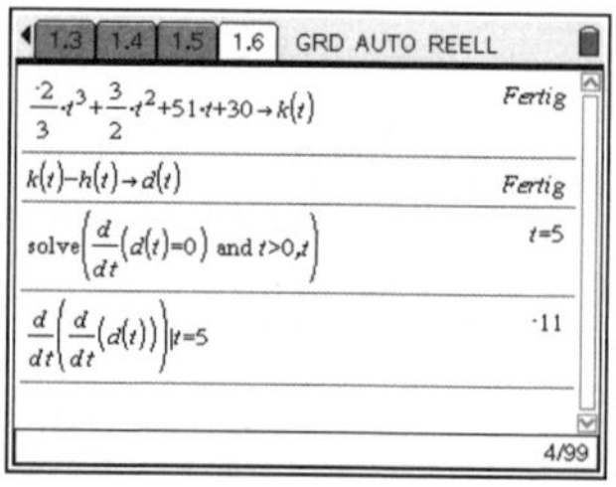

Notwendige Bedingung für die Existenz lokaler Extremstellen: $d'(t) = 0 \;\wedge\; t > 0$

$$-t^2 - t + 30 = 0 \;\wedge\; t > 0 \;\Rightarrow\; t = 5$$

Hinreichende Bedingung für die Existenz lokaler Extremstellen:

$$d''(5) = -2 \cdot 5 - 1 = -11 < 0 \text{ (lokales Maximum)}$$

Berechnung der Funktionswerte an den lokalen Extremstellen:

$$d(5) = \frac{695}{6} \approx 115{,}8$$

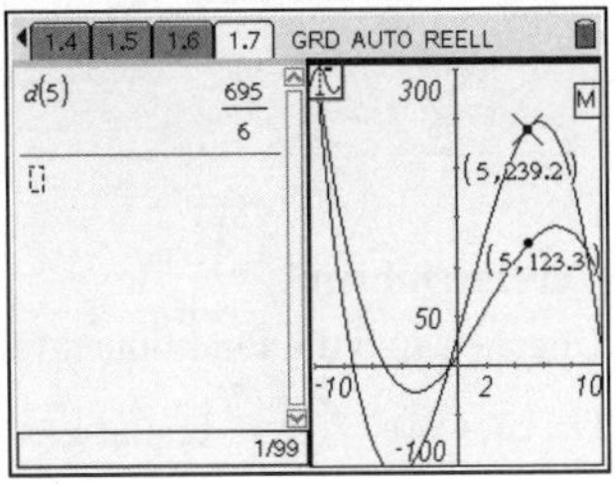

Nach 5 Wochen besteht bei den Sonnenblumenarten „Sonnenstern“ und „Gelber Riese“ der größte Höhenunterschied von rund 115,8 cm.

Berlin/Brandenburg – Mathematik Grundkurs
2012 – Aufgabe 1.2: Analysis

Vereinsemblem BE

Gegeben sind die Funktionen f und g mit den Gleichungen

$f(x) = -x \cdot e^{-x};\ x \in \mathbb{R}$ und $g(x) = \frac{1}{3}x^3 + 2x^2 - 5x;\ x \in \mathbb{R}.$

a) Ermitteln Sie die Koordinaten der Achsenschnittpunkte des Graphen von g und zeigen Sie, dass einer dieser Punkte auch zum Graphen von f gehört. Berechnen Sie die Größe des Winkels, den die Tangenten an die beiden Graphen im Punkt $O(0 \mid 0)$ einschließen.

[*Kontrollergebnis:* $f'(x) = e^{-x}(x-1)$] 13

b) Zeigen Sie, dass die beiden lokalen Tiefpunkte der Graphen von f und g auf einer gemeinsamen Parallelen zur y-Achse liegen und geben Sie die Koordinaten dieser Tiefpunkte an.

Hinweis: Auf den Nachweis des Minimums mithilfe eines hinreichenden Kriteriums kann verzichtet werden. 8

c) Jeder der Graphen von f und g besitzt genau einen Wendepunkt. Diese Wendepunkte sind diagonal gegenüberliegende Eckpunkte eines Rechtecks, das symmetrisch bezüglich der y-Achse liegt. Skizzieren Sie diesen Sachverhalt und ermitteln Sie die Koordinaten aller Eckpunkte des Rechtecks. 10

d) Die Fläche, die von den beiden Graphen und der Geraden $x = 1{,}5$ im IV. Quadranten eingeschlossen wird, soll als Vorlage für das Vereinsemblem eines Angelvereines dienen.
Weisen Sie nach, dass die Funktion
$F: F(x) = (x+1) \cdot e^{-x}$ eine Stammfunktion von f ist.
Berechnen Sie die Größe der Fläche, die für das Emblem vorgesehen ist. 5

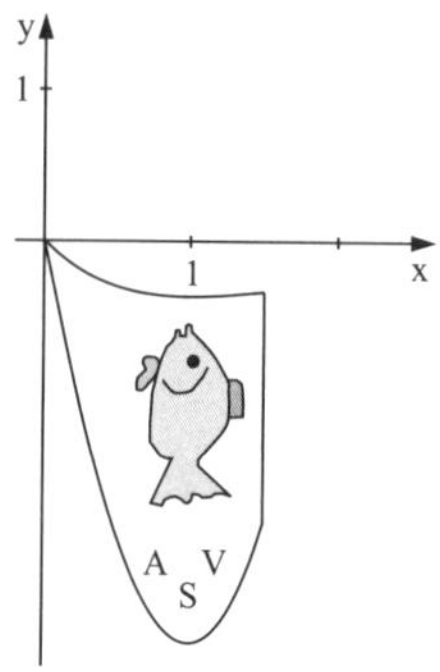

e) Ein Angelsportfreund schlägt vor, die obere Begrenzung des Emblems in Form einer quadratischen Parabel zu gestalten.
Diese Parabel soll den gleichen Tiefpunkt und den gleichen Schnittpunkt mit der y-Achse haben wie der Graph von f. Bestimmen Sie die Gleichung der Parabel. 4

40

Tipps und Hinweise zur Lösung von Aufgabe 1.2

Tipps zu Teilaufgabe a

Koordinaten der Achsenschnittpunkte

- Die Bedingung für einen Punkt auf der y-Achse lautet: $x = 0$
- Die Bedingung für einen Punkt auf der x-Achse lautet: $y = 0$

Größe des Winkels

- Den Schnittwinkel der Tangenten berechnet man über die Steigung der Funktionen f und g an der Stelle $x = 0$.
- Für die Ableitung von f benötigen Sie die Produkt- und Kettenregel.
- Für die Steigung m und den Winkel α gilt folgender Zusammenhang: $m = \tan\alpha$
- Beachten Sie, dass der Winkel zwischen den beiden Tangenten gesucht ist.

Tipps zu Teilaufgabe b

- Die notwendige Bedingung für die Existenz von relativen Extrema lautet: $f'(x) = 0$
- Die zugehörigen Funktionswerte erhält man durch Einsetzen in die Ausgangsgleichungen.
- Um die gemeinsame Lage auf einer Parallelen zur y-Achse zu bestimmen, beachten Sie die Koordinaten der Tiefpunkte.

Tipps zu Teilaufgabe c

- Die notwendige Bedingung für die Existenz von Wendepunkten lautet: $f''(x) = 0$ bzw. $g''(x) = 0$
- Skizzieren Sie die Wendepunkte in einem Koordinatensystem und ergänzen Sie die fehlenden Eckpunkte.

Tipps zu Teilaufgabe d

Nachweis der Stammfunktion

- F ist Stammfunktion von f, wenn $F'(x) = f(x)$ gilt.
- F wird mithilfe der Produkt- und Kettenregel abgeleitet.

Größe der Fläche

- Falls der Graph der Funktion f oberhalb des Graphen der Funktion g liegt, gilt für die Fläche zwischen den Graphen im Intervall [a; b]:

$$A = \int_a^b (f(x) - g(x))\,dx$$

Tipps zu Teilaufgabe e

- Die allgemeine Gleichung einer quadratischen Parabel lautet: $p(x) = ax^2 + bx + c$
- Durch die angegebenen Eigenschaften der Parabel sind a, b und c zu bestimmen.

Lösungen zu Aufgabe 1.2

a) **Koordinaten der Achsenschnittpunkte**

Die Bedingung für einen Punkt auf der y-Achse lautet: $x=0$

$$g(0)=0 \Rightarrow \underline{\underline{S_y(0\,|\,0)}}$$

Die Bedingung für einen Punkt auf der x-Achse lautet: $y=0$

$$\frac{1}{3}x^3+2x^2-5x=0$$

$$x\left(\frac{1}{3}x^2+2x-5\right)=0$$

Ein Produkt ist null, wenn mindestens einer der Faktoren null ist.

Daher gilt: $x_1=0$

Weitere Möglichkeiten ergeben sich durch den zweiten Faktor:

$$\frac{1}{3}x^2+2x-5=0 \quad |\cdot 3$$

$$x^2+6x-15=0$$

Mithilfe der pq-Formel ergeben sich zwei weitere Nullstellen:

$$x_2=-3+\sqrt{24};\ x_3=-3-\sqrt{24}$$

$$\Rightarrow \underline{\underline{S_{x_1}(-3+\sqrt{24}\,|\,0)}};\ \underline{\underline{S_{x_2}(-3-\sqrt{24}\,|\,0)}}$$

Die Überprüfung von $f(0)=0$ zeigt, dass der Punkt $\underline{\underline{S_y(0\,|\,0)}}$ auch auf dem Graphen von f liegt.

Größe des Winkels

Für den Schnittwinkel α zwischen einer Geraden mit der Steigung m und der x-Achse gilt:

$$m=\tan\alpha$$

Um m zu ermitteln, müssen die Ableitungen f'(0) und g'(0) berechnet werden. Für die Ableitung von f wird die Produkt- und Kettenregel verwendet.

$$f'(x)=-x\cdot(-1)\cdot e^{-x}-1\cdot e^{-x}=e^{-x}\cdot(x-1)$$

$$g'(x)=x^2+4x-5$$

Um den Schnittwinkel auszurechnen, bestimmt man zunächst mithilfe der Ableitungen die Steigungen der Tangenten für $x=0$:

$$f'(0)=-1 \Rightarrow \tan\alpha=-1 \Rightarrow \alpha=-45°$$

Da dieser Winkel im Uhrzeigersinn gemessen ist, ist der Ergänzungswinkel zu 180° der gesuchte Steigungswinkel der Tangente an f im Punkt $(0\,|\,0)$, also $\alpha_f=135°$.

Entsprechend ergibt sich für g:

$$g'(0)=-5 \Rightarrow \tan\beta=-5 \Rightarrow \beta=-78{,}7°$$

Da dieser Winkel im Uhrzeigersinn gemessen ist, ist der Ergänzungswinkel zu 180° der gesuchte Steigungswinkel der Tangente an g im Punkt $(0\,|\,0)$, also $\beta_g=101{,}3°$.

Für den Schnittwinkel gilt:

$$\alpha_f-\beta_g=135°-101{,}3°=\underline{\underline{33{,}7°}}$$

b) Die notwendige Bedingung für die Existenz von relativen Extrema lautet: $f'(x) = 0$

$$f'(x) = e^{-x} \cdot (x-1) = 0$$

Ein Produkt ist null, wenn mindestens einer der Faktoren null ist. Der e-Term kann nicht null sein.

Somit folgt aus dem zweiten Faktor: $x = 1$

Durch Einsetzen in die Ausgangsgleichung erhält man den zugehörigen y-Wert.

$$f(1) = -e^{-1} = -\frac{1}{e}$$

Laut Aufgabentext liegt für f im Punkt $\underline{\underline{T_f\left(1 \middle| -\frac{1}{e}\right)}}$ ein Tiefpunkt vor.

Für g gilt entsprechend:

$$g'(x) = x^2 + 4x - 5 = 0$$

Mithilfe der pq-Formel ergeben sich zwei mögliche Nullstellen der 1. Ableitung:

$$x_{1;2} = -2 \pm \sqrt{4+5} = -2 \pm 3$$

$$x_1 = 1; \ x_2 = -5$$

Durch Einsetzen in die Ausgangsgleichung erhält man den zugehörigen y-Wert:

$$g(1) = \frac{1}{3} + 2 - 5 = -\frac{8}{3}$$

$$g(-5) = -\frac{125}{3} + 2 \cdot 25 + 25 = 33\frac{1}{3}$$

Damit liegt der Tiefpunkt bei $\underline{\underline{T_g\left(1 \middle| -\frac{8}{3}\right)}}$.

Da beide Tiefpunkte dieselbe x-Koordinate besitzen, liegen sie auf einer Parallelen zur y-Achse, nämlich $\underline{\underline{x = 1}}$.

c) Die notwendige Bedingung für die Existenz von Wendepunkten lautet: $f''(x) = 0$ bzw. $g''(x) = 0$

$$g''(x) = 2x + 4 \ \Rightarrow \ 2x + 4 = 0 \ \Rightarrow \ x_W = -2$$

$$g(-2) = -\frac{8}{3} + 8 + 10 = \frac{46}{3} \ \Rightarrow \ \underline{\underline{W_g\left(-2 \middle| \frac{46}{3}\right)}}$$

f' wird mithilfe der Produkt- und Kettenregel abgeleitet.

$$f''(x) = -e^{-x} \cdot (x-1) + e^{-x} \cdot 1 = e^{-x} \cdot (2-x)$$

$$e^{-x}(2-x) = 0 \ \Rightarrow \ x_W = 2$$

$$f(2) = -2 \cdot e^{-2} = -\frac{2}{e^2}$$

Da im Text von jeweils genau einem Wendepunkt von f und g gesprochen wird, liegen an diesen Stellen die Wendepunkte.

$$\underline{\underline{W_f\left(2 \middle| -\frac{2}{e^2}\right)}}$$

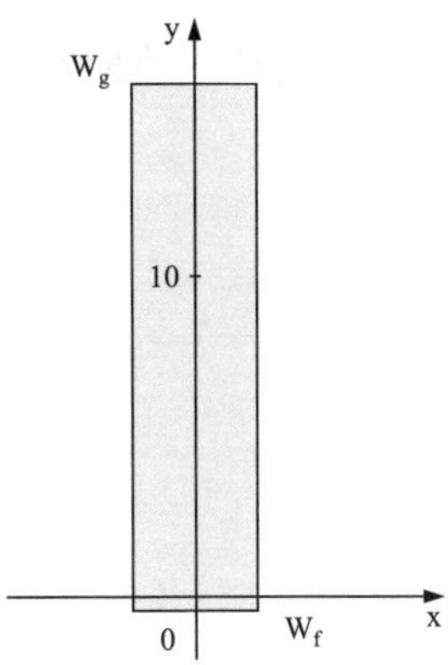

Die fehlenden Punkte haben folgende Koordinaten:

$$\underline{\underline{P\left(-2 \middle| -\frac{2}{e^2}\right)}};\ \underline{\underline{Q\left(2 \middle| \frac{46}{3}\right)}}$$

Dies ergibt sich aus der Lage der Wendepunkte von f und g.

d) **Nachweis der Stammfunktion**

F ist Stammfunktion von f, wenn $F'(x) = f(x)$ gilt.

F wird mithilfe der Produkt- und Kettenregel abgeleitet.

$$F'(x) = e^{-x} - e^{-x} \cdot (x+1)$$
$$= e^{-x} \cdot (1 - x - 1) = -x \cdot e^{-x} = f(x)$$

Somit ist F Stammfunktion und kann zur Integralrechnung genutzt werden.

Größe der Fläche

Aufgrund der Ergebnisse liegt der Graph von f über dem Graphen von g.

$$A = \int_0^{1,5} (f(x) - g(x))\,dx = \int_0^{1,5} \left(-x \cdot e^{-x} - \frac{1}{3}x^3 - 2x^2 + 5x\right) dx$$

$$= \left[(x+1) \cdot e^{-x} - \frac{1}{12}x^4 - \frac{2}{3}x^3 + \frac{5}{2}x^2\right]_0^{1,5} = \underline{\underline{2,51}}\,[\text{FE}]$$

e) Die allgemeine Gleichung einer quadratischen Parabel lautet: $p(x) = ax^2 + bx + c$

Da p durch den Ursprung geht, gilt $c = 0$.

Da die Parabel den gleichen Tiefpunkt haben soll wie f, muss $p'(1) = 0$ und $p(1) = -\frac{1}{e}$ gelten.

Es ergeben sich zwei Gleichungen:

$$p(1) = -\frac{1}{e} \quad \Rightarrow \quad \text{I} \quad a + b = -\frac{1}{e}$$
$$p'(1) = 0 \quad \Rightarrow \quad \text{II} \quad 2a + b = 0$$

Durch II – I folgt:

$$a = \frac{1}{e}$$

Eingesetzt in Gleichung I folgt:

$$b = -\frac{2}{e}$$

Die gesuchte Parabel hat folgende Gleichung:

$$\underline{\underline{p(x) = \frac{1}{e}x^2 - \frac{2}{e}x}}$$

Flug in die Wolken BE

Ein Flugzeug befindet sich um 04.13 Uhr in der Position P(2 | 1 | 1,5) in einer Höhe von 1,5 km und eine Minute später im Punkt Q(14 | 7 | 1,8) in einer Höhe von 1,8 km (1 LE = 1 km).
Das Flugzeug bewegt sich geradlinig von P nach Q und ändert seine Geschwindigkeit nicht.

a) Geben Sie den Betrag des Vektors $\overrightarrow{PQ}$ an. Berechnen Sie die Geschwindigkeit des Flugzeugs in $\frac{\text{km}}{\text{h}}$. Geben Sie eine Geradengleichung für die Flugbahn g an, auf der das Flugzeug fliegt. 8

b) Im Punkt W(38 | 19 | 2,4) befindet sich um 04.15 Uhr ein senkrecht aufsteigender Wetterballon. Prüfen Sie, ob der Punkt W auf der Flugbahn des Flugzeugs liegt. Entscheiden Sie begründend, ob das Flugzeug mit dem Wetterballon zusammenstößt. Bestimmen Sie die Koordinaten des Punktes R, in dem das Flugzeug seine Reiseflughöhe von 10,5 km erreicht. 8

c) In der Ebene durch die Punkte A(10 | 20 | 3,465), B(0 | 0 | 3,465) und C(0 | 20 | 3,565) verläuft die untere Grenzschicht einer Wolkendecke.

Bestätigen Sie, dass durch $\vec{n} = \begin{pmatrix} 2 \\ -1 \\ 200 \end{pmatrix}$ ein Normalenvektor für E_{ABC} gegeben ist.

Ermitteln Sie die Koordinaten des Punktes, in dem das Flugzeug in die Wolkendecke eintritt. 10

d) Die Sichtweite in der Wolkendecke beträgt 1,342 km. Ermitteln Sie die Koordinaten des Punktes T auf der vorausliegenden Flugbahn des Flugzeugs, der bei Eintritt in die Wolkendecke gerade noch gesehen werden kann. Berechnen Sie, wie viele Meter über der unteren Grenzschicht der Wolkendecke sich das Flugzeug im Punkt T befindet. 4

30

Tipps und Hinweise zur Lösung von Aufgabe 2.1

Tipps zu Teilaufgabe a

Betrag des Vektors $\overrightarrow{PQ}$

- Geben Sie den Vektor $\overrightarrow{PQ}$ mithilfe der Ortsvektoren von P und Q an.
- Berechnen Sie den Betrag des Vektors mit dem Satz des Pythagoras.

Berechnung der Geschwindigkeit des Flugzeuges

- Benutzen Sie die Formel $v = \frac{s}{t}$ für die geradlinig gleichförmige Bewegung und beachten Sie die geforderte Einheit.

Geradengleichung der Flugbahn

- Die Geradengleichung von g geben Sie mit dem Ortsvektor von P und dem Richtungsvektor von P nach Q an.

Tipps zu Teilaufgabe b

Überprüfung, ob der Punkt W zur Flugbahn g gehört

- Setzen Sie den Ortsvektor von W in die Gleichung von g ein.
- Überprüfen Sie, ob für jede Koordinate der gleiche Parameter existiert.

Untersuchung der Möglichkeit eines Zusammenstoßes

- Stellen Sie fest, zu welcher Zeit das Flugzeug den Punkt W erreicht.
- Vergleichen Sie diese Zeit mit der des Wetterballons im Punkt W.

Koordinaten des Punktes R

- Beachten Sie, dass die Höhe des Flugzeuges durch die z-Koordinate der Flugbahn g ausgedrückt wird.
- Berechnen Sie daraus den Parameter.
- Ermitteln Sie mit dem Parameter die beiden anderen Koordinaten von R.

Tipps zu Teilaufgabe c

Bestätigung des Normalenvektors

- Geben Sie durch A und B bzw. A und C zwei Richtungsvektoren der Ebene an.
- Stellen Sie mit dem Skalarprodukt fest, ob jeder der beiden Richtungsvektoren zu dem gegebenen Vektor senkrecht ist.

Schnittpunkt der Flugbahn mit der Wolkendecke

- Geben Sie eine Ebenengleichung in Punkt-Normalenform bzw. Koordinatenform an.
- Setzen Sie die Geradengleichung in die Ebenengleichung ein und bestimmen Sie den Parameter.
- Ermitteln Sie mit diesem Parameter die Koordinaten des Schnittpunktes.

Tipps zu Teilaufgabe d

Koordinaten des Punktes T

- Beachten Sie, dass die Sichtweite der zehnte Teil der Strecke ist, die das Flugzeug in einer Minute zurücklegt.
- Benutzen Sie die Flugbahngleichung mit dem Ortsvektor von S (Schnittpunkt der Geradengleichung der Flugbahn mit der unteren Grenzschicht der Wolkendecke).

Höhe des Punktes T über der Grenzschicht

- Machen Sie sich eine Skizze.
- Der Punkt T', der direkt unter T auf der unteren Grenzschicht der Wolkendecke liegt, hat dieselbe x- und y-Koordinate wie T.
- Die z-Koordinate erhalten Sie mithilfe der Ebenengleichung E_{ABC}.
- Die Differenz der z-Koordinaten von T und T' gibt den Abstand der beiden Punkte an.

Lösungen zu Aufgabe 2.1

a) **Betrag des Vektors $\overrightarrow{PQ}$**

Der Vektor $\overrightarrow{PQ}$ ist die Differenz aus den Ortsvektoren von Q und P.

$$\overrightarrow{PQ} = \overrightarrow{OQ} - \overrightarrow{OP} = \begin{pmatrix} 14 \\ 7 \\ 1,8 \end{pmatrix} - \begin{pmatrix} 2 \\ 1 \\ 1,5 \end{pmatrix} = \begin{pmatrix} 12 \\ 6 \\ 0,3 \end{pmatrix}$$

Der Betrag des Vektors $\overrightarrow{PQ}$ wird nach dem Satz des Pythagoras berechnet.

$$|\overrightarrow{PQ}| = \left| \begin{pmatrix} 12 \\ 6 \\ 0,3 \end{pmatrix} \right| = \sqrt{12^2 + 6^2 + 0,3^2} = \sqrt{144 + 36 + 0,09} \approx 13,42$$

Der Vektor $\overrightarrow{PQ}$ hat unter Berücksichtigung des Maßstabes eine Länge von rund $\underline{\underline{13,42\text{ km}}}$.

Berechnung der Geschwindigkeit des Flugzeuges

Das Flugzeug bewegt sich geradlinig gleichförmig. Seine Geschwindigkeit v (in $\frac{\text{km}}{\text{h}}$) ist der Quotient aus dem zurückgelegten Weg s (in km) und der dafür benötigten Zeit t (in h).

$$v = \frac{s}{t} = \frac{13,42\text{ km}}{1\text{ min}} = \frac{13,42\text{ km}}{\frac{1}{60}\text{ h}} = 13,42 \cdot 60\,\frac{\text{km}}{\text{h}} \approx 805\,\frac{\text{km}}{\text{h}}$$

Die Geschwindigkeit des Flugzeuges beträgt rund $\underline{\underline{805\,\frac{\text{km}}{\text{h}}}}$.

Geradengleichung der Flugbahn

Eine Parametergleichung von g ist $\vec{x} = \overrightarrow{OP} + t \cdot \overrightarrow{PQ};\ t \in \mathbb{R}$:

$$\underline{\underline{g\colon \vec{x} = \begin{pmatrix} 2 \\ 1 \\ 1,5 \end{pmatrix} + t \cdot \begin{pmatrix} 12 \\ 6 \\ 0,3 \end{pmatrix};\ t \in \mathbb{R}}}$$

b) **Überprüfung, ob der Punkt W zur Flugbahn g gehört**

Der Ortsvektor von W wird für $\vec{x}$ in die Parametergleichung von g eingesetzt und es wird untersucht, ob ein für jede Koordinate konstantes t existiert. Ist das der Fall, so gehört W zur Geraden g.

$$\begin{pmatrix} 38 \\ 19 \\ 2,4 \end{pmatrix} = \begin{pmatrix} 2 \\ 1 \\ 1,5 \end{pmatrix} + t \cdot \begin{pmatrix} 12 \\ 6 \\ 0,3 \end{pmatrix} \Rightarrow \begin{matrix} 38 = 2 + 12t \\ 19 = 1 + 6t \\ 2,4 = 1,5 + 0,3t \end{matrix} \Rightarrow \begin{matrix} t = 3 \\ t = 3 \\ t = 3 \end{matrix}$$

Der Wetterballon befindet sich auf der Bahn des Flugzeuges.

Untersuchung der Möglichkeit eines Zusammenstoßes

Der Punkt W, der auf der Flugbahn g liegt, wird von dem Flugzeug nach 3 Minuten Flugzeit erreicht. Das geht aus der vorangegangenen Berechnung des Parameters t = 3 hervor. Da das Flugzeug um 4.13 Uhr startet, erreicht es den Punkt W um 4.16 Uhr.
Der Wetterballon befand sich schon um 4.15 Uhr im Punkt W und hat im Verlauf einer Minute eine größere Höhe erreicht. Deshalb gibt es keinen Zusammenstoß von Flugzeug und Wetterballon.

Koordinaten des Punktes R
Die Höhe des Flugzeuges wird durch die z-Koordinate der Flugbahn g ausgedrückt. Um die Koordinaten von R zu bestimmen, ermittelt man zunächst denjenigen Parameter t, für den z = 10,5 gilt:

$$10{,}5 = 1{,}5 + t \cdot 0{,}3 \quad \Rightarrow \quad t = 30$$

Dieser Parameter wird nun in die Gleichung von g eingesetzt:

$$\overrightarrow{OR} = \begin{pmatrix} 2 \\ 1 \\ 1{,}5 \end{pmatrix} + 30 \cdot \begin{pmatrix} 12 \\ 6 \\ 0{,}3 \end{pmatrix} = \begin{pmatrix} 362 \\ 181 \\ 10{,}5 \end{pmatrix}$$

Das Flugzeug erreicht die Reiseflughöhe im Punkt $\underline{\underline{R(362\,|\,181\,|\,10{,}5)}}$.

c) **Bestätigung des Normalenvektors**
Aus den gegebenen Punkten A(10 | 20 | 3,465), B(0 | 0 | 3,465) und C(0 | 20 | 3,565) berechnet man die Richtungsvektoren:

$$\overrightarrow{AB} = \begin{pmatrix} -10 \\ -20 \\ 0 \end{pmatrix} \text{ und } \overrightarrow{AC} = \begin{pmatrix} -10 \\ 0 \\ 0{,}1 \end{pmatrix}$$

Sind diese nicht kollinearen Richtungsvektoren beide zum gegebenen Vektor $\vec{n}$ senkrecht, so ist $\vec{n}$ ein Normalenvektor der Ebene E_{ABC}. Der Nachweis erfolgt mithilfe des Skalarproduktes:

$$\begin{pmatrix} -10 \\ -20 \\ 0 \end{pmatrix} \circ \begin{pmatrix} 2 \\ -1 \\ 200 \end{pmatrix} = -20 + 20 + 0 = 0 \quad \Rightarrow \quad \overrightarrow{AB} \perp \vec{n}$$

$$\begin{pmatrix} -10 \\ 0 \\ 0{,}1 \end{pmatrix} \circ \begin{pmatrix} 2 \\ -1 \\ 200 \end{pmatrix} = -20 + 0 + 20 = 0 \quad \Rightarrow \quad \overrightarrow{AC} \perp \vec{n}$$

Da $\overrightarrow{AB} \perp \vec{n}$ und $\overrightarrow{AC} \perp \vec{n}$ gilt, ist der Vektor $\vec{n}$ ein Normalenvektor der Ebene E_{ABC}.

Schnittpunkt der Flugbahn mit der Wolkendecke
Mithilfe des Normalenvektors und des Punktes A kann eine Punkt-Normalenform und nach Berechnung des Skalarproduktes eine Koordinatenform der Ebene E_{ABC} angegeben werden:

$$E_{ABC}: \begin{pmatrix} 2 \\ -1 \\ 200 \end{pmatrix} \circ \vec{x} - \begin{pmatrix} 2 \\ -1 \\ 200 \end{pmatrix} \circ \begin{pmatrix} 10 \\ 20 \\ 3{,}465 \end{pmatrix} = 0$$

$$\Rightarrow \quad E_{ABC}: \begin{pmatrix} 2 \\ -1 \\ 200 \end{pmatrix} \circ \vec{x} - (20 - 20 + 693) = 0$$

$$\Rightarrow \quad E_{ABC}: 2x - y + 200z = 693$$

In diese Koordinatenform setzt man die Gleichung der Flugbahn ein und bestimmt den Parameter t für den gesuchten Schnittpunkt:

$$\begin{aligned} 2 \cdot (2 + 12t) - (1 + 6t) + 200 \cdot (1{,}5 + 0{,}3t) &= 693 \\ 4 + 24t - 1 - 6t + 300 + 60t &= 693 \\ 78t &= 390 \\ t &= 5 \end{aligned}$$

Nach dem Einsetzen von t = 5 in die Gleichung der Flugbahn ergibt sich der Ortsvektor des Schnittpunktes S:

$$\overrightarrow{OS} = \begin{pmatrix} 2 \\ 1 \\ 1{,}5 \end{pmatrix} + 5 \cdot \begin{pmatrix} 12 \\ 6 \\ 0{,}3 \end{pmatrix} = \begin{pmatrix} 62 \\ 31 \\ 3 \end{pmatrix}$$

Das Flugzeug schneidet die Wolkendecke im Punkt S(62 | 31 | 3).

d) **Koordinaten des Punktes T**

Da der Punkt S(62 | 31 | 3) zur Geraden g gehört und außerdem jener Punkt ist, an dem das Flugzeug in die Wolkendecke eintritt, kann die Flugbahngleichung auch so geschrieben werden:

$$g_{Sichtweite}\colon \vec{x} = \begin{pmatrix} 62 \\ 31 \\ 3 \end{pmatrix} + t \cdot \begin{pmatrix} 12 \\ 6 \\ 0{,}3 \end{pmatrix};\ t \in \mathbb{R}$$

Das Flugzeug legt in einer Minute 13,42 km zurück. Wenn die Sichtweite in der Wolkendecke 1,342 km beträgt, ist für diese Strecke eine Zeit von $\frac{1}{10}$ Minuten notwendig.

Mit $t = \frac{1}{10}$ ergibt sich aus $g_{Sichtweite}$ der Ortsvektor des vorausliegenden gerade noch sichtbaren Punktes T auf der Flugbahn:

$$\begin{pmatrix} 62 \\ 31 \\ 3 \end{pmatrix} + \frac{1}{10} \cdot \begin{pmatrix} 12 \\ 6 \\ 0{,}3 \end{pmatrix} = \begin{pmatrix} 63{,}2 \\ 31{,}6 \\ 3{,}03 \end{pmatrix}$$

Sobald das Flugzeug in die Wolkendecke eintritt, kann der Punkt T(63,2 | 31,6 | 3,03) auf der vorausliegenden Flugbahn gerade noch gesehen werden.

Höhe des Punktes T über der Grenzschicht

Für den Punkt T' ist nur die z-Koordinate unbestimmt. Die x-Koordinate und die y-Koordinate stimmen mit denen des Punktes T überein, da beide Punkte auf genau einer Senkrechten zur x-y-Ebene liegen.

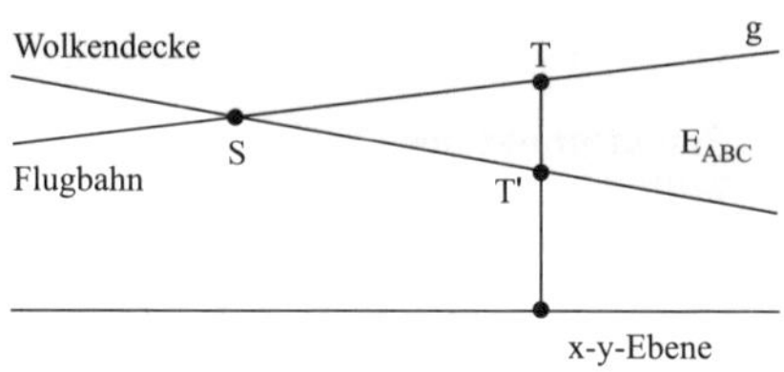

Man setzt nun die Koordinaten von T'(63,2 | 31,6 | z) in die Koordinatengleichung der Ebene E_{ABC} ein:

$$2 \cdot 63{,}2 - 31{,}6 + 200 \cdot z = 693$$
$$z = 2{,}991$$

Die Differenz der z-Koordinaten ist dann:

$$z_T - z_{T'} = 3{,}03 - 2{,}991 = 0{,}039$$

Da der Maßstab 1 LE = 1 km beträgt, befindet sich der Punkt T in einer Höhe von 39 m über der unteren Grenzschicht der Wolkendecke.

Rhombus (Raute) BE

In einem kartesischen Koordinatensystem ist die Ebene

$$E: \vec{x} = \begin{pmatrix} 3 \\ -3 \\ 8 \end{pmatrix} + r \begin{pmatrix} 1 \\ -2 \\ 2 \end{pmatrix} + s \begin{pmatrix} 1 \\ -5 \\ 8 \end{pmatrix}; \ r, s \in \mathbb{R}$$

gegeben.

a) Geben Sie eine Koordinatengleichung der Ebene E an und bestimmen Sie die Koordinaten ihrer Achsenschnittpunkte. 6

b) Ermitteln Sie die Lagebeziehung der Geraden $g: \vec{x} = \begin{pmatrix} -1 \\ 5 \\ 0 \end{pmatrix} + t \begin{pmatrix} -1 \\ 1 \\ 0 \end{pmatrix}; \ t \in \mathbb{R}$ zu der Ebene E.
Ermitteln Sie die Lagebeziehung der Ebene F: $x + y - 0{,}5z = 4$ zur Ebene E.
Bestimmen Sie gegebenenfalls die Gleichung der Schnittgeraden der beiden Ebenen E und F. 9

c) Die Punkte A(4 | 0 | 0), B(0 | 4 | 0) und C(0 | 0 | 8) sind die Eckpunkte eines Dreiecks. Zeigen Sie, dass es sich um ein gleichschenkliges Dreieck handelt und berechnen Sie die Größe des Winkels ACB. Ermitteln Sie die Koordinaten eines Punktes Q, der das Dreieck zu einem Rhombus (Raute) ergänzt. 9

d) In den Rhombus soll ein möglichst großer Kreis einbeschrieben werden.
Geben Sie die Koordinaten des Mittelpunktes an.
Ermitteln Sie den Radius des Kreises. 6

30

Tipps und Hinweise zur Lösung von Aufgabe 2.2

Tipps zu Teilaufgabe a

Koordinatengleichung der Ebene E

- Stellen Sie einen Normalenvektor auf, der senkrecht auf den beiden Richtungsvektoren der Ebene steht.
- Aus der Normalenform lässt sich die Koordinatenform ableiten.

Koordinaten der Achsenschnittpunkte

- Bei den Achsenschnittpunkten sind jeweils zwei der Koordinaten null.

Tipps zu Teilaufgabe b

Lagebeziehung von g und E

- Prüfen Sie, ob g und E einen Schnittpunkt haben.
- Setzen Sie dafür die Bedingungen für x, y und z aus der Geradengleichung in die Koordinatenform der Ebenengleichung ein.

Lagebeziehung von F und E

- Prüfen Sie, ob E und F eine Schnittgerade besitzen.
- Setzen Sie die Bedingungen aus der Parameterform der Ebene E in die Koordinatenform der Ebene F ein.

Schnittgerade

- Setzen Sie den berechneten Wert des Parameters in die Ebenengleichung von E ein.

Tipps zu Teilaufgabe c

Gleichschenkliges Dreieck

- Berechnen Sie die Längen der Kantenvektoren.

Winkel

- Für den Winkel zwischen den Vektoren $\vec{u}$ und $\vec{v}$ gilt: $\cos\gamma = \frac{\vec{u} \circ \vec{v}}{|\vec{u}| \cdot |\vec{v}|}$

Koordinaten von Q

- Bilden Sie mithilfe der Eigenschaften eines Rhombus eine Vektorkette.

Tipps zu Teilaufgabe d

Koordinaten des Mittelpunktes

- Der Mittelpunkt des Kreises ist der Schnittpunkt der Diagonalen im Rhombus.
- Dieser Schnittpunkt ist der Mittelpunkt beider Diagonalen.

Radius des Kreises

- Der Radius des Kreises entspricht dem Abstand des Punktes M zu einer Seite des Rhombus.
- Stellen Sie eine Hilfsebene H auf, die M beinhaltet und z. B. senkrecht zur Kante $\overline{AC}$ verläuft.
- Berechnen Sie den Schnittpunkt dieser Ebene mit der Geraden g_{AC}.
- Der Abstand von M zu diesem Punkt gibt den Radius an.

Lösungen zu Aufgabe 2.2

a) **Koordinatengleichung der Ebene E**

$$E: \vec{x} = \begin{pmatrix} 3 \\ -3 \\ 8 \end{pmatrix} + r \cdot \begin{pmatrix} 1 \\ -2 \\ 2 \end{pmatrix} + s \cdot \begin{pmatrix} 1 \\ -5 \\ 8 \end{pmatrix}$$

Der Normalenvektor steht senkrecht auf der Ebene und somit auch auf den beiden Richtungsvektoren. Die entsprechenden Skalarprodukte müssen null ergeben.

$$\begin{pmatrix} x \\ y \\ z \end{pmatrix} \circ \begin{pmatrix} 1 \\ -2 \\ 2 \end{pmatrix} = 0 \text{ und } \begin{pmatrix} x \\ y \\ z \end{pmatrix} \circ \begin{pmatrix} 1 \\ -5 \\ 8 \end{pmatrix} = 0$$

Es ergeben sich zwei Gleichungen:

$$\begin{array}{ll} \text{I} & x - 2y + 2z = 0 \\ \text{II} & x - 5y + 8z = 0 \end{array}$$

Da dies ein unterbestimmtes Gleichungssystem ist, kann man eine der Variablen frei wählen.

Es wird z. B. $y = 1$ gewählt.

$$\begin{array}{ll} \text{I} & x + 2z = 2 \\ \text{II} & x + 8z = 5 \end{array}$$

Durch II – I folgt:

$$6z = 3 \;\Rightarrow\; z = \frac{1}{2}$$

Eingesetzt in Gleichung I folgt:

$$x + 1 = 2 \;\Rightarrow\; x = 1$$

Ein Normalenvektor lautet:

$$\vec{n}_1 = \begin{pmatrix} 1 \\ 1 \\ 0{,}5 \end{pmatrix}$$

Gewählt wird der zu $\vec{n}_1$ kollineare Vektor $\vec{n} = \begin{pmatrix} 2 \\ 2 \\ 1 \end{pmatrix}$.

Für die Normalenform der Ebene E gilt:

$$E: \begin{pmatrix} 2 \\ 2 \\ 1 \end{pmatrix} \circ \left(\vec{x} - \begin{pmatrix} 3 \\ -3 \\ 8 \end{pmatrix} \right) = 0$$

Ausmultipliziert ergibt sich die Koordinatenform:

$$E: \begin{pmatrix} 2 \\ 2 \\ 1 \end{pmatrix} \circ \vec{x} - \begin{pmatrix} 2 \\ 2 \\ 1 \end{pmatrix} \circ \begin{pmatrix} 3 \\ -3 \\ 8 \end{pmatrix} = 0 \;\Rightarrow\; E: 2x + 2y + z = 8$$

Koordinaten der Achsenschnittpunkte

1. Möglichkeit:

Die Koordinaten der Schnittpunkte mit den Achsen kann man in der Achsenabschnittsform ablesen, die sich ergibt, wenn man die Koordinatenform durch das konstante Glied 8 dividiert.

$$\frac{x}{4} + \frac{y}{4} + \frac{z}{8} = 1$$

2. Möglichkeit:

Im Schnittpunkt mit der x-Achse sind die y- und die z-Koordinate gleich null:

$$2x = 8 \quad \Rightarrow \quad x = 4$$

Im Schnittpunkt mit der y-Achse sind die x- und die z-Koordinate gleich null:

$$2y = 8 \quad \Rightarrow \quad y = 4$$

Im Schnittpunkt mit der z-Achse sind die x- und die y-Koordinate gleich null:

$$z = 8$$

Damit erhält man die Schnittpunkte mit den Koordinatenachsen:

$$\underline{\underline{S_x(4\,|\,0\,|\,0)}} \quad \underline{\underline{S_y(0\,|\,4\,|\,0)}} \quad \underline{\underline{S_z(0\,|\,0\,|\,8)}}$$

b) **Lagebeziehung von g und E**

Die Bedingungen für x, y und z aus der Geradengleichung werden in die Koordinatenform der Ebenengleichung eingesetzt, um die Koordinaten eines möglichen Schnittpunktes auszurechnen.

$$\begin{aligned} 2(-1-t)+2(5+t) &= 8 \\ -2-2t+10+2t &= 8 \\ 8 &= 8 \end{aligned}$$

Dies ist unabhängig von t eine wahre Aussage.
Somit erfüllen alle Punkte der Geraden g die Ebenenbedingungen. Die Gerade g liegt in der Ebene E.

Lagebeziehung von F und E

Zur Klärung der Lagebeziehung der Ebenen E und F werden die Bedingungen aus der Parameterform der Ebene E in die Koordinatenform der Ebene F eingesetzt.

$$\begin{aligned} (3+r+s)+(-3-2r-5s)-0{,}5(8+2r+8s) &= 4 \\ 3+r+s-3-2r-5s-4-r-4s &= 4 \\ -2r-8s &= 8 \\ -2r &= 8+8s \\ r &= -4-4s \end{aligned}$$

Die Ebenen F und E schneiden sich.

Schnittgerade

Diese Beziehung zwischen den Parametern r und s wird in die Parameterform von E eingesetzt.

$$\vec{x} = \begin{pmatrix} 3 \\ -3 \\ 8 \end{pmatrix} + (-4-4s) \cdot \begin{pmatrix} 1 \\ -2 \\ 2 \end{pmatrix} + s \cdot \begin{pmatrix} 1 \\ -5 \\ 8 \end{pmatrix}$$

$$\underline{\underline{\vec{x} = \begin{pmatrix} -1 \\ 5 \\ 0 \end{pmatrix} + s \cdot \begin{pmatrix} -3 \\ 3 \\ 0 \end{pmatrix}}}$$

c) **Gleichschenkliges Dreieck**
Zunächst werden die Kantenvektoren berechnet:

$$\overrightarrow{AC} = \begin{pmatrix} -4 \\ 0 \\ 8 \end{pmatrix} \quad \overrightarrow{BC} = \begin{pmatrix} 0 \\ -4 \\ 8 \end{pmatrix} \quad \overrightarrow{AB} = \begin{pmatrix} -4 \\ 4 \\ 0 \end{pmatrix}$$

Die Kanten $\overline{AC}$ und $\overline{BC}$ sind gleich lang:

$$|\overrightarrow{AC}| = |\overrightarrow{BC}| = \sqrt{16+64} = \sqrt{80} = 4\sqrt{5}$$

Das Dreieck ABC ist gleichschenklig.

Winkel
Für den Winkel ACB, der im Folgenden mit γ bezeichnet wird, gilt:

$$\cos\gamma = \frac{\overrightarrow{CA} \circ \overrightarrow{CB}}{|\overrightarrow{CA}| \cdot |\overrightarrow{CB}|} = \frac{\begin{pmatrix} 4 \\ 0 \\ -8 \end{pmatrix} \circ \begin{pmatrix} 0 \\ 4 \\ -8 \end{pmatrix}}{\sqrt{80} \cdot \sqrt{80}}$$

$$= \frac{64}{80} = \frac{4}{5} \quad \Rightarrow \quad \underline{\underline{\gamma = 36{,}9^\circ}}$$

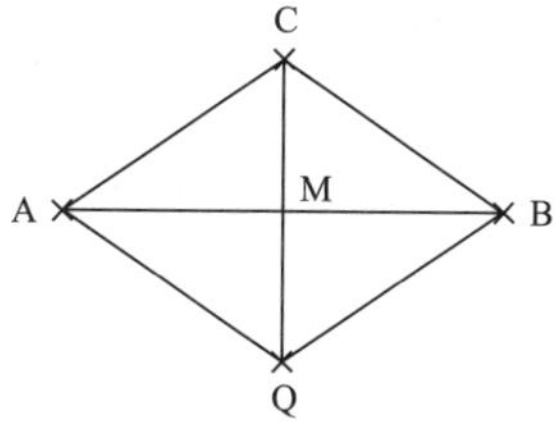

Koordinaten von Q
Für den Ortsvektor $\vec{q}$ des gesuchten Punktes Q, der das Dreieck ABC zu einem Rhombus ergänzt, gilt:

$$\vec{q} = \overrightarrow{OQ} = \overrightarrow{OA} + \overrightarrow{AQ} = \overrightarrow{OA} + \overrightarrow{CB} = \begin{pmatrix} 4 \\ 0 \\ 0 \end{pmatrix} + \begin{pmatrix} 0 \\ 4 \\ -8 \end{pmatrix} = \begin{pmatrix} 4 \\ 4 \\ -8 \end{pmatrix}$$

Der Punkt Q hat die Koordinaten $\underline{\underline{(4 \mid 4 \mid -8)}}$.

d) **Koordinaten des Mittelpunktes**
Der Mittelpunkt des Kreises ist der Schnittpunkt der Diagonalen im Rhombus. Dieser Schnittpunkt ist gleichzeitig der Mittelpunkt beider Diagonalen.

Die Koordinaten des Mittelpunktes einer Strecke $\overline{AB}$ berechnet man folgendermaßen:

$$M\left(\frac{x_A + x_B}{2} \,\middle|\, \frac{y_A + y_B}{2} \,\middle|\, \frac{z_A + z_B}{2}\right)$$

Damit gilt:

$$\underline{\underline{M(2 \mid 2 \mid 0)}}$$

Radius des Kreises
Der Radius des Kreises entspricht dem Abstand des Punktes M zu einer Seite des Rhombus. Um diesen zu berechnen, nimmt man eine Hilfsebene H, die M beinhaltet und z. B. senkrecht zur Kante $\overline{AC}$ verläuft.

Somit ist der Vektor

$$\overrightarrow{AC} = \begin{pmatrix} -4 \\ 0 \\ 8 \end{pmatrix}$$

als Normalenvektor geeignet.

$$H: \begin{pmatrix}-4\\0\\8\end{pmatrix} \circ \left(\vec{x} - \begin{pmatrix}2\\2\\0\end{pmatrix}\right) = 0$$

Die Koordinatenform ergibt sich durch Ausmultiplizieren:

$$H: -4x + 8z + 8 = 0$$

Berechnet werden die Koordinaten des Schnittpunktes L der Geraden g_{AC} mit der Hilfsebene H.

$$g_{AC}: \vec{x} = \begin{pmatrix}4\\0\\0\end{pmatrix} + r \cdot \begin{pmatrix}-4\\0\\8\end{pmatrix}$$

Die Bedingungen der Geradengleichung werden in die Koordinatenform der Ebene H eingesetzt:

$$\begin{aligned} -4(4-4r) + 8 \cdot 8r &= -8 \\ -16 + 16r + 64r &= -8 \\ 80r &= 8 \\ r &= \frac{1}{10} \end{aligned}$$

Einsetzen dieses Wertes in die Geradengleichung von g_{AC} ergibt die Koordinaten von L:

$$\vec{\ell} = \begin{pmatrix}4\\0\\0\end{pmatrix} + \frac{1}{10} \cdot \begin{pmatrix}-4\\0\\8\end{pmatrix} = \begin{pmatrix}3{,}6\\0\\0{,}8\end{pmatrix}$$

Der Betrag des Vektors $\overrightarrow{ML}$ gibt die Länge des Radius des gesuchten Kreises an.

$$\overrightarrow{ML} = \begin{pmatrix}1{,}6\\-2\\0{,}8\end{pmatrix}$$

$$r_{Kreis} = \left|\begin{pmatrix}1{,}6\\-2\\0{,}8\end{pmatrix}\right| = \sqrt{2{,}56 + 4 + 0{,}64} = \sqrt{7{,}2} \approx \underline{\underline{2{,}68}}\,[LE]$$

Zwei Zufallsgeräte

BE

Die beiden Zufallsgeräte Würfel (W) und Quader (Q) tragen nur die Augenzahlen 1, 3 und 5; dabei zeigen gegenüberliegende Seiten die gleichen Augenzahlen. W ist ein Laplace-Würfel. Q ist ein Quader mit zwei quadratischen Seitenflächen (diese zeigen die Augenzahl 3), die anderen vier Seitenflächen sind nicht quadratisch. Die durch sehr häufiges Werfen dieses Quaders ermittelten relativen Häufigkeiten können als Wahrscheinlichkeiten verwendet werden:

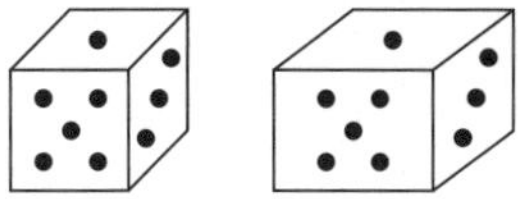

Augenzahl	1	3	5
relative Häufigkeit bei Q	41 %	18 %	41 %

a) Die beiden Zufallsgeräte werden je einmal geworfen. Bestimmen Sie die Wahrscheinlichkeit für folgende Ereignisse:
A_1: Die Augenzahl bei W ist nicht 5.
A_2: Die Augenzahl bei Q ist nicht 5.
A_3: Die Summe der Augenzahlen von W und Q hat genau den Wert 6. 7

b) Das Zufallsgerät Q wird 10-mal geworfen. Bestimmen Sie die Wahrscheinlichkeiten für folgende Ereignisse:
B_1: Die Augenzahl 3 tritt genau dreimal auf.
B_2: Die Augenzahl 3 tritt mindestens dreimal auf. 8

c) Olga und Max vereinbaren folgendes Spiel:
Olga wirft den Würfel W zehnmal. Sie gewinnt, wenn sie genau dreimal die Augenzahl 3 erzielt. Falls dies nicht der Fall ist, wirft Max den Quader Q zehnmal. Er gewinnt nur dann, wenn er dabei genau einmal die Augenzahl 3 erzielt hat. Sonst endet das Spiel unentschieden.
Ermitteln Sie, wer die besseren Gewinnchancen hat.
[*Kontrollergebnis:* P(„Olga gewinnt") ≈ 26 %] 7

d) Die Wahrscheinlichkeit P für das k-malige Auftreten der Augenzahl 3 bei 10 Würfen ist für eines der beiden Zufallsgeräte teilweise grafisch dargestellt (s. Anlage).
Entscheiden Sie begründet, zu welchem Zufallsgerät die Darstellung passt.
Bestimmen Sie den in der Zeichnung verwendeten Maßstab.
Ergänzen Sie die Achseneinteilung der P-Achse und vervollständigen Sie das Diagramm für $k = 1$ und $k = 4$. 8

30

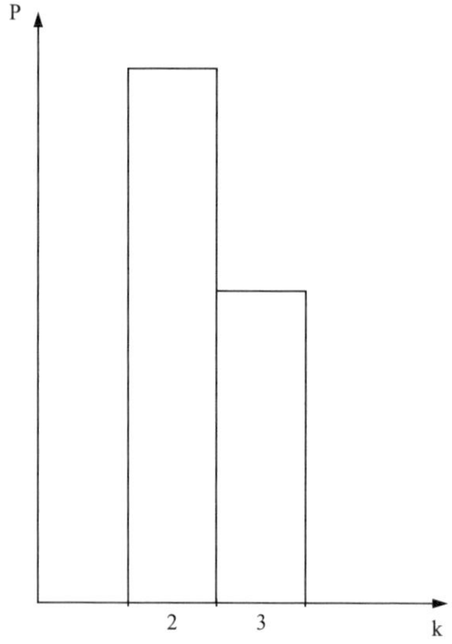
P
2
3
k

Tipps und Hinweise zur Lösung von Aufgabe 3.1

Tipps zu Teilaufgabe a

- Bei den Ereignissen A_1 und A_2 ergibt sich die Wahrscheinlichkeit eines Ereignisses aus der Summe der Wahrscheinlichkeiten der zum Ereignis gehörenden Elementarereignisse.
- Das Ereignis A_3 lässt sich durch ein zweistufiges Baumdiagramm darstellen. Seine Wahrscheinlichkeit ergibt sich nach den Pfadregeln.

Tipps zu Teilaufgabe b

- Das interessierende Ereignis ist X: „Die Zahl 3 erscheint“ (Treffer). Die Feststellung, ob das Ereignis zutrifft oder nicht, ist ein Bernoulli-Experiment mit der „Trefferwahrscheinlichkeit“ $p = P(X) = 0{,}18$.
- Die n-fache Wiederholung des Bernoulli-Experimentes ist eine Bernoulli-Kette der Länge n.
- Wenden Sie daher das Modell „Binomialverteilung“ mit den Parametern n, p und $q = 1 - p$ an. Definieren Sie eine geeignete Zufallsgröße X, die $B_{10;\,0,18}$-binomialverteilt ist.
- Zur Berechnung der Wahrscheinlichkeiten benutzen Sie die Formel für die Binomialverteilung.
- Bei B_2 bietet sich der Übergang zur Gegenwahrscheinlichkeit an.

Tipps zu Teilaufgabe c

- Das zehnmalige Werfen der beiden Würfel ist ebenfalls jeweils eine Bernoulli-Kette mit der Trefferwahrscheinlichkeit $p = \frac{1}{3}$ bzw. $p = 0{,}18$.
- Beachten Sie, dass Max nur zum Zug kommt und gewinnen kann, wenn Olga in der ersten Stufe verliert.
- Verdeutlichen Sie sich diesen Sachverhalt an einem zweistufigen Teilbaum und wenden Sie die Pfadregel an.
- Vergleichen Sie die Gewinnchancen von Olga und Max.

Tipps zu Teilaufgabe d

Zuordnung

- Zum Vergleich stehen zwei Bernoulli-Ketten der Länge $n = 10$ mit den Trefferwahrscheinlichkeiten $p = \frac{1}{3}$ und $p = 0{,}18$.
- Berechnen Sie mithilfe der Formel für die Binomialverteilung für beide Fälle die Wahrscheinlichkeiten dafür, dass genau zwei bzw. genau drei Treffer (Augenzahl 3) eintreten.
- Aus dem Vergleich der Ergebnisse mit der grafischen Darstellung treffen Sie Ihre Entscheidung.

Maßstab

- Runden Sie den ermittelten Maßstab auf zwei Nachkommastellen.

Ergänzung

- Berechnen Sie die Wahrscheinlichkeiten $P(X = 1)$ und $P(X = 4)$.

Lösungen zu Aufgabe 3.1

a) Aufgrund der Versuchsbeschreibung liegen folgende Wahrscheinlichkeitsverteilungen vor:

Elementarereignisse	1	3	5
Würfel	$\frac{1}{3}$	$\frac{1}{3}$	$\frac{1}{3}$
Quader	0,41	0,18	0,41

Bei den Ereignissen A_1 und A_2 ergibt sich die Wahrscheinlichkeit als die Summe der Wahrscheinlichkeiten der zum Ereignis gehörenden Elementarereignisse.

$$A_1 = \{1; 3\} \quad \Rightarrow \quad P(A_1) = \frac{1}{3} + \frac{1}{3} = \underline{\underline{\frac{2}{3}}}$$

$$A_2 = \{1; 3\} \quad \Rightarrow \quad P(A_2) = 0{,}41 + 0{,}18 = \underline{\underline{0{,}59}}$$

Das Ereignis A_3 gehört zu einem zweistufigen Zufallsversuch, bei dem zunächst der Würfel und dann der Quader geworfen wird. A_3 kann durch den abgebildeten Teilbaum dargestellt werden. Seine Wahrscheinlichkeit ergibt sich nach der Produkt- und Summenregel.

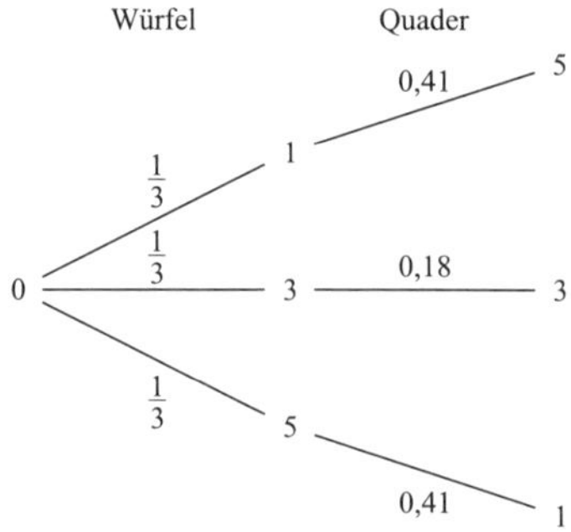

$$A_3 = \frac{1}{3}(0{,}41 + 0{,}18 + 0{,}41) = \underline{\underline{\frac{1}{3}}}$$

b) Es liegt eine Bernoulli-Kette der Länge $n = 10$ mit der Trefferwahrscheinlichkeit $p = 0{,}18$ vor.
Die Zufallsgröße X: „Anzahl des Auftretens der Augenzahl 3 (Treffer)“ genügt folglich der Binomialverteilung $B_{10;\,0{,}18}$ und es gilt:

$$P(X = k) = \binom{n}{k} \cdot p^k \cdot (1-p)^{n-k}$$

Gesucht sind die Wahrscheinlichkeiten $P(B_1) = P(X = 3)$ und $P(B_2) = P(X \geq 3)$.

$$P(B_1) = P(X = 3) = \binom{10}{3} \cdot 0{,}18^3 \cdot 0{,}82^7 \approx \underline{\underline{0{,}174}}$$

Im zweiten Fall ist aus rechnerischen Gründen der Übergang zur Gegenwahrscheinlichkeit sinnvoll.

$$P(B_2) = P(X \geq 3) = 1 - P(X < 3) = 1 - [P(X = 0) + P(X = 1) + P(X = 2)]$$
$$= 1 - \left[0{,}82^{10} + \binom{10}{1} \cdot 0{,}18 \cdot 0{,}82^9 + \binom{10}{2} \cdot 0{,}18^2 \cdot 0{,}82^8\right] \approx \underline{\underline{0{,}263}}$$

c) Das Werfen der beiden Würfel von Olga und Max führt auf Bernoulli-Ketten der Länge $n = 10$ mit den Trefferwahrscheinlichkeiten $p = \frac{1}{3}$ für Olga und $p = 0{,}18$ für Max. Dabei ist ein Treffer das Ereignis T: „Augenzahl 3 fällt". Die Zufallsgröße X: = „Anzahl des Auftretens der Augenzahl 3" genügt folglich bei Olga der Binomialverteilung $B_{10;\,\frac{1}{3}}$ und bei Max der Binomialverteilung $B_{10;\,0{,}18}$. Die Ereignisse

C: „Olga erzielt genau dreimal die Augenzahl 3"

D: „Max erzielt genau einmal die Augenzahl 3"

haben somit folgende Wahrscheinlichkeiten:

$$P(C) = P(X = 3) = \binom{10}{3} \cdot \left(\frac{1}{3}\right)^3 \cdot \left(\frac{2}{3}\right)^7 \approx 0{,}26$$

$$P(D) = P(X = 1) = \binom{10}{1} \cdot 0{,}18^1 \cdot 0{,}82^9 \approx 0{,}302$$

Olga hat also Gewinnchancen von rund 26 %. Max kommt erst dann ins Spiel, wenn Olga verliert. Es handelt sich also um ein zweistufiges Spiel. In der ersten Stufe verliert Olga mit einer Wahrscheinlichkeit von rund 0,74 und in der zweiten Stufe erzielt Max mit einer Wahrscheinlichkeit von rund 0,302 genau einmal die Augenzahl drei.

Übersichtlich und kurz lässt sich der Sachverhalt auch durch einen Teilbaum darstellen.

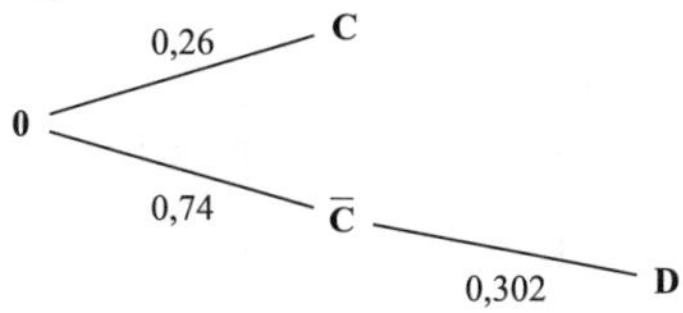

Für das Ereignis E: „Max gewinnt das Spiel" gilt:

$$P(E) = P(\overline{C} \cap D)$$

Wegen der Unabhängigkeit der Ereignisse $\overline{C}$ und D ist die Produktregel anzuwenden und man erhält:

$$P(E) = P(\overline{C} \cap D) = P(\overline{C}) \cdot P(D) = 0{,}74 \cdot 0{,}302 \approx 0{,}223$$

Olga hat also die besseren Gewinnchancen.

d) **Zuordnung**

Es sind die Wahrscheinlichkeitsverteilungen zweier Bernoulli-Ketten der Länge $n = 10$ mit den Trefferwahrscheinlichkeiten $p = \frac{1}{3}$ und $p = 0{,}18$ zu analysieren und zu vergleichen.

Zunächst wird $P(X = k) = \binom{10}{k} \cdot p^k \cdot (1-p)^{10-k}$ für die Fälle $X = 2$ und $X = 3$ berechnet.

Würfel:

$$P(X = 2) = \binom{10}{2} \cdot \left(\frac{1}{3}\right)^2 \cdot \left(\frac{2}{3}\right)^8 \approx 0{,}195$$

$$P(X = 3) = \binom{10}{3} \cdot \left(\frac{1}{3}\right)^3 \cdot \left(\frac{2}{3}\right)^7 \approx 0{,}260$$

Damit ist ersichtlich, dass der Würfel nicht zur grafischen Darstellung passt.

Quader:

$$P(X = 2) = \binom{10}{2} \cdot 0{,}18^2 \cdot 0{,}82^8 \approx 0{,}298$$

$$P(X = 3) = \binom{10}{3} \cdot 0{,}18^3 \cdot 0{,}82^7 \approx 0{,}174$$

Das Ergebnis bestätigt, dass nur der Quader zur grafischen Darstellung passt.

Maßstab

Den Maßstab ermittelt man etwa für k = 2 mit der Säulenhöhe 5,8 cm:

$$\frac{1}{5{,}8} = \frac{x}{0{,}298}$$

$$x \approx 0{,}0513$$

Wegen der Mess- und Zeichenungenauigkeit ist es legitim, auf x = 0,05 zu runden. Damit entspricht 1 cm einer Wahrscheinlichkeit von $\underline{\underline{0{,}05}}$.

Ergänzung

Für die Ergänzung der grafischen Darstellung berechnet man:

$$P(X=1) = \binom{10}{1} \cdot 0{,}18^1 \cdot 0{,}82^9 \approx 0{,}30$$

$$P(X=4) = \binom{10}{4} \cdot 0{,}18^4 \cdot 0{,}82^6 \approx 0{,}07$$

Ergänzung des Diagramms unter Beachtung des Maßstabes:

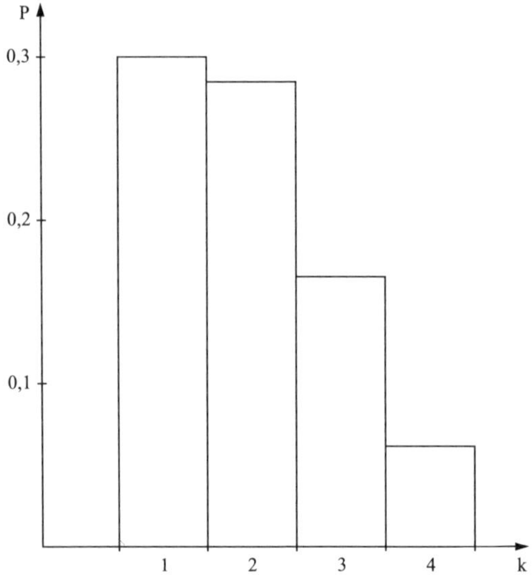

Kurswahl BE

Im Abiturjahrgang 2010 belegten im Land Brandenburg die Schülerinnen und Schüler jeweils zwei Leistungskurse: Deutsch belegten 52 %, Englisch 36 % und Mathematik 35 %.

a) Berechnen Sie die Wahrscheinlichkeit folgender Ereignisse.
A: Ein zufällig befragter Schüler belegt den Leistungskurs Englisch und den Leistungskurs Mathematik.
B: Von fünf nacheinander befragten Schülern belegen nur der zweite und der fünfte Schüler einen Leistungskurs Mathematik.
C: Unter zehn befragten Schülern befinden sich höchstens acht Schüler, die einen Leistungskurs Deutsch belegen. 10

b) Es werden 35 Schüler befragt.
Berechnen Sie die Wahrscheinlichkeit dafür, dass mindestens 15 und höchstens 17 Schüler einen Leistungskurs Mathematik belegen. 5

c) Ermitteln Sie, wie viele Schüler mindestens befragt werden müssen, um mit einer Wahrscheinlichkeit von mehr als 95 % mindestens einen Schüler zu finden, der einen Leistungskurs Mathematik belegt. 6

d) Bestimmen Sie den Anteil der Schüler, die einen Leistungskurs Physik belegen, wenn Folgendes bekannt ist: Die Wahrscheinlichkeit dafür, dass von zwei befragten Schülern keiner einen Leistungskurs Physik belegt, beträgt 90,25 %. 5

e) An einem Gymnasium sind 36 der 75 Schüler des Abiturjahrgangs männlich.
25 Schüler und Schülerinnen belegen den Leistungskurs Mathematik.
Die Anzahl der Jungen, die nicht den Leistungskurs Mathematik belegen, ist doppelt so groß wie die Anzahl der Mädchen, die den Leistungskurs Mathematik belegen.
Ermitteln Sie die Anzahl der Jungen und Mädchen des Leistungskurses Mathematik. 4

30

Tipps und Hinweise zur Lösung von Aufgabe 3.2

Tipps zu Teilaufgabe a

Ereignis A

- Gehen Sie davon aus, dass die Wahl des zweiten Leistungskurses unabhängig vom ersten Leistungskurs erfolgt.

Ereignis B

- Die Feststellung, ob ein bestimmtes Ereignis T (Treffer) zutrifft oder nicht, ist immer ein Bernoulli-Experiment. Wird diese Feststellung für alle Elemente einer Stichprobe vom Umfang n vorgenommen, liegt eine Bernoulli-Kette der Länge n (Stichprobenlänge n) vor.
- Wenden Sie daher das Modell „Binomialverteilung" mit den Parametern n, p und $q = 1 - p$ an. Die Wahrscheinlichkeit p (Trefferwahrscheinlichkeit) ist diejenige, mit der das Ereignis T eintritt.
- Das Ereignis B tritt genau dann ein, wenn in der Bernoulli-Kette der Länge 5 an der zweiten und fünften Stelle 1 (für Treffer, Leistungskurs Mathematik) steht und alle anderen Positionen mit 0 besetzt sind.
- Ermitteln Sie mit der Pfadregel die Wahrscheinlichkeit dieser Kette.

Ereignis C

- Für das Ereignis C definieren Sie eine Zufallsgröße X als „Anzahl des Eintretens des Ereignisses T (Leistungskurs Deutsch)" in einer Bernoulli-Kette der Länge 10. Die Zufallsgröße X genügt der Binomialverteilung $B_{10;\,0,52}$.
- Beachten Sie, dass unter bestimmten Bedingungen der Übergang zur Gegenwahrscheinlichkeit rechnerische Vorteile bringen kann.

Tipps zu Teilaufgabe b

- Definieren Sie eine Zufallsgröße Y als „Anzahl der Schüler, die den Leistungskurs Mathematik belegen". Die Zufallsgröße Y genügt der Binomialverteilung $B_{35;\,0,35}$.
- Drücken Sie das interessierende Ereignis durch eine Doppelungleichung mit Y aus und benutzen Sie zur Berechnung der Wahrscheinlichkeit die Formel für die Binomialverteilung.

Tipps zu Teilaufgabe c

- Benutzen Sie die Zufallsgröße Y aus Teilaufgabe b. Sie genügt der Verteilung $B_{n;\,0,35}$, wobei der Stichprobenumfang unter Beachtung der Zielstellung zu bestimmen ist.
- Formulieren Sie mit dieser Zufallsgröße die Aussagen der Aufgabe „mindestens einen …" bzw. „von mehr als 95 %" als Ungleichung.
- Ermitteln Sie aus dieser Ungleichung den Parameter n unter Anwendung der Formel für die Binomialverteilung und der Gegenwahrscheinlichkeit.

Tipps zu Teilaufgabe d

- Eine Bernoulli-Kette (Stichprobe) der Länge $n = 2$, die nur mit Nullen (kein Treffer, kein Leistungskurs Physik) besetzt ist, liegt mit einer Wahrscheinlichkeit von 0,9025 vor. Die Trefferwahrscheinlichkeit p ist zu bestimmen.

Tipps zu Teilaufgabe e

- Formulieren Sie mit der Variablen x = „Anzahl der Mädchen im Leistungskurs Mathematik" die Aussagen des Textes als Gleichung und lösen Sie diese.
- Eine Darstellung durch eine Vierfeldertafel kann hilfreich sein.

Lösungen zu Aufgabe 3.2

a) **Ereignis A**
Es wird vorausgesetzt, dass die Wahl des zweiten Leistungskurses unabhängig vom ersten Leistungskurs erfolgt, was eine Vereinfachung der realen Situation darstellt. Dann liegt ein zweistufiges Zufallsexperiment mit den folgenden stochastisch unabhängigen Ereignissen vor:

E: „Ein zufällig ausgewählter Schüler belegt den Leistungskurs Englisch"
$\Rightarrow\ P(E)=0{,}36$

M: „Ein zufällig ausgewählter Schüler belegt den Leistungskurs Mathematik"
$\Rightarrow\ P(M)=0{,}35$

Nach der Produktregel gilt:

$$P(E\cap M)=P(E)\cdot P(M)=0{,}36\cdot 0{,}35=\underline{\underline{0{,}126}}$$

Zwei Urnen mit jeweils 100 Kugeln, wobei in der ersten Urne 36 Kugeln mit E und in der zweiten Urne 35 Kugeln mit M gekennzeichnet sind, stellen ein Simulationsmodell dar. Das Ziehen von jeweils einer Kugel aus jeder Urne ist dann ein zweistufiges Laplace-Experiment.
Man erhält $P(E\cap M)=\frac{36}{100}\cdot\frac{35}{100}=0{,}126.$

Ereignis B
Es liegt eine Bernoulli-Kette der Länge $n=5$ mit der Trefferwahrscheinlichkeit $p=P(M)=0{,}35$ vor. Das Ereignis B tritt genau dann ein, wenn an der zweiten und fünften Stelle 1 (für Treffer) steht und alle anderen Positionen mit 0 besetzt sind. Es gibt genau eine solche Kette und die Wahrscheinlichkeit, dass B eintritt, ist nach der Pfadregel:

$$P(B)=p^2(1-p)^3=0{,}35^2\cdot 0{,}65^3\approx\underline{\underline{0{,}0336}}$$

Ereignis C
Das Ereignis C wird durch Bernoulli-Ketten der Länge $n=10$ und der Trefferwahrscheinlichkeit $p=P(D)=0{,}52$ dargestellt.
Die Zufallsgröße X: „Anzahl der Schüler mit Leistungskurs Deutsch" ist folglich mit $B_{10;\,0{,}52}$-binomialverteilt. Gesucht ist $P(C)=P(X\le 8)$.

Aus rechnerischen Gründen ist der Übergang zur Gegenwahrscheinlichkeit sinnvoll:

$$P(C)=P(X\le 8)=1-P(X>8)=1-[P(X=9)+P(X=10)]$$
$$=1-\left[\binom{10}{9}\cdot 0{,}52^9\cdot 0{,}48+0{,}52^{10}\right]\approx\underline{\underline{0{,}985}}$$

b) Es liegt eine Stichprobe (Bernoulli-Kette) der Länge $n=35$ mit der Trefferwahrscheinlichkeit $p=P(M)=0{,}35$ vor. Die Zufallsgröße Y: „Anzahl der Schüler mit Leistungskurs Mathematik" genügt der Binomialverteilung $B_{35;\,0{,}35}$.

$$P(15\le Y\le 17)=P(Y=15)+P(Y=16)+P(Y=17)$$
$$=\binom{35}{15}\cdot 0{,}35^{15}\cdot 0{,}65^{20}+\binom{35}{16}\cdot 0{,}35^{16}\cdot 0{,}65^{19}+\binom{35}{17}\cdot 0{,}35^{17}\cdot 0{,}65^{18}$$
$$=0{,}0853+0{,}0574+0{,}0355\approx\underline{\underline{0{,}177}}$$

c) Gefragt wird nach der Länge n der Stichprobe, die notwendig ist, um mit einer Sicherheit von mehr als 95 % einen Treffer zu landen.
Das Ereignis „mindestens einen Schüler des Leistungskurses Mathematik zu finden" bedeutet $\{Y \geq 1\}$. Seine Wahrscheinlichkeit soll mehr als 0,95 betragen:

$$P(Y \geq 1) > 0{,}95$$

Der Übergang zur Gegenwahrscheinlichkeit ist zwingend, da wegen des unbekannten n die Anzahl Y nach oben nicht begrenzt ist.

$$P(Y \geq 1) = 1 - P(Y < 1) = 1 - P(Y = 0) > 0{,}95$$

$$\Leftrightarrow \quad P(Y = 0) = (1-p)^n < 0{,}05$$

Aufgrund der Monotonie der Logarithmusfunktion bleibt die Ungleichungsrichtung beim Logarithmieren erhalten, ändert sich aber wegen $\ln(1-p) < 0$ bei der Division.

$$n \cdot \ln(1-p) < \ln 0{,}05$$

$$n > \frac{\ln 0{,}05}{\ln(1-p)}$$

$$n > \frac{\ln 0{,}05}{\ln 0{,}65} \approx \underline{\underline{6{,}9}}$$

Man müsste also mindestens <u>7 Schüler</u> befragen, um mit mehr als 95 % Sicherheit einen Teilnehmer des Leistungskurses Mathematik zu finden.

d) Das interessierende Ereignis ist, ob ein Schüler den Leistungskurs Physik (Treffer) besucht. Bekannt ist, dass man mit einer Wahrscheinlichkeit von 0,9025 in einer Stichprobe der Länge $n = 2$ keinen Physikkursteilnehmer findet, also eine Bernoulli-Kette der Form (00) vorliegt. Geht man von einer Trefferwahrscheinlichkeit p aus, so tritt die beschriebene Situation mit einer Wahrscheinlichkeit von $(1-p)^2$ auf. Folglich gilt:

$$(1-p)^2 = 0{,}9025$$

$$p = 1 - \sqrt{0{,}9025} = 0{,}05$$

Unter den beschriebenen Voraussetzungen beträgt der Anteil der Schüler am Leistungskurs Physik <u>5 %</u> des Abiturjahrganges.

e) Sei x die Anzahl der Schülerinnen, die den Leistungskurs Mathematik belegen. Den Leistungskurs wählten insgesamt 25 Abiturienten, also auch $25 - x$ Jungen.
Die Anzahl der Jungen, die nicht am Leistungskurs Mathematik teilnehmen, ist 2x. Folglich gilt bei 36 Jungen insgesamt:

$$(25 - x) + 2x = 36$$

$$x = \underline{\underline{11}}$$

Am Leistungskurs Mathematik nehmen 11 Mädchen und 14 Jungen teil.

Der Sachverhalt kann auch durch eine Vierfeldertafel beschrieben werden:

	Kursteilnahme	**Nicht im Kurs**	**Σ**
Mädchen	x	$50 - 2x$	**39**
Jungen	$25 - x$	$2x$	**36**
Summe	**25**	**50**	**75**

Rodelbahn BE

Der Hang einer Rodelbahn ist im Laufe der Jahre stark abgefahren worden und soll durch eine Aufschüttung wieder in seinen ursprünglichen Zustand versetzt werden. Die Profillinie des geplanten Hangs soll mit dem Graphen G_f der Funktion $f(x) = 4x \cdot e^{-0,2x}$, $x \in \mathbb{R}$, modelliert werden. In der Anlage ist der zu erneuernde, alte Hang dargestellt, der an ein 5 m langes Plateau angrenzt. Sein Profil wird mit dem Graphen G_g von $g(x) = 20 \cdot e^{-0,2x}$, $x \in \mathbb{R}$, modelliert (1 LE = 1 m).

a) Berechnen Sie die Nullstelle von f und geben Sie an, wie sich der Graph G_f für $x \to \infty$ verhält. Zeigen Sie, dass die Funktionen f und g bei $x = 5$ den gleichen Funktionswert haben. 6

b) Ermitteln Sie die Koordinaten des relativen Extrempunktes von G_f und seine Art. Der Graph G_f hat nur einen Wendepunkt W. Berechnen Sie seine Koordinaten.

Ohne Nachweis dürfen Sie verwenden: $f''(x) = \left(\frac{4}{25}x - \frac{8}{5}\right) \cdot e^{-0,2x}$ 13

[*Zur Kontrolle:* $H\left(5 \,\middle|\, \frac{20}{e}\right)$]

c) Zeichnen Sie den Graphen von f mithilfe Ihrer bisherigen Ergebnisse für $-2 \le x \le 30$ in das Koordinatensystem (Anlage) ein. 5

d) Weisen Sie nach, dass F mit $F(x) = (-20x - 100) \cdot e^{-0,2x}$ eine Stammfunktion von f ist. Die Graphen von f und von g und die Gerade zu $x = 30$ schließen eine Fläche ein. Schraffieren Sie die eingeschlossene Fläche in der Anlage.
Berechnen Sie den Inhalt dieser Fläche.
Beziehen Sie die berechnete Fläche auf die zu erneuernde Rodelbahn und berechnen Sie, wie viel Kubikmeter Erde für die Aufschüttung des Hangs benötigt werden, wenn die Rodelbahn 12 m breit sein soll. 12

e) In mindestens einem Punkt $P(x_P \mid f(x_P))$ der neuen Rodelbahn ist der Anstieg nur noch $-0,2$. Ermitteln Sie ein mögliches Intervall der Länge 1 m, welches eine solche Stelle x_P enthalten muss. 4

40

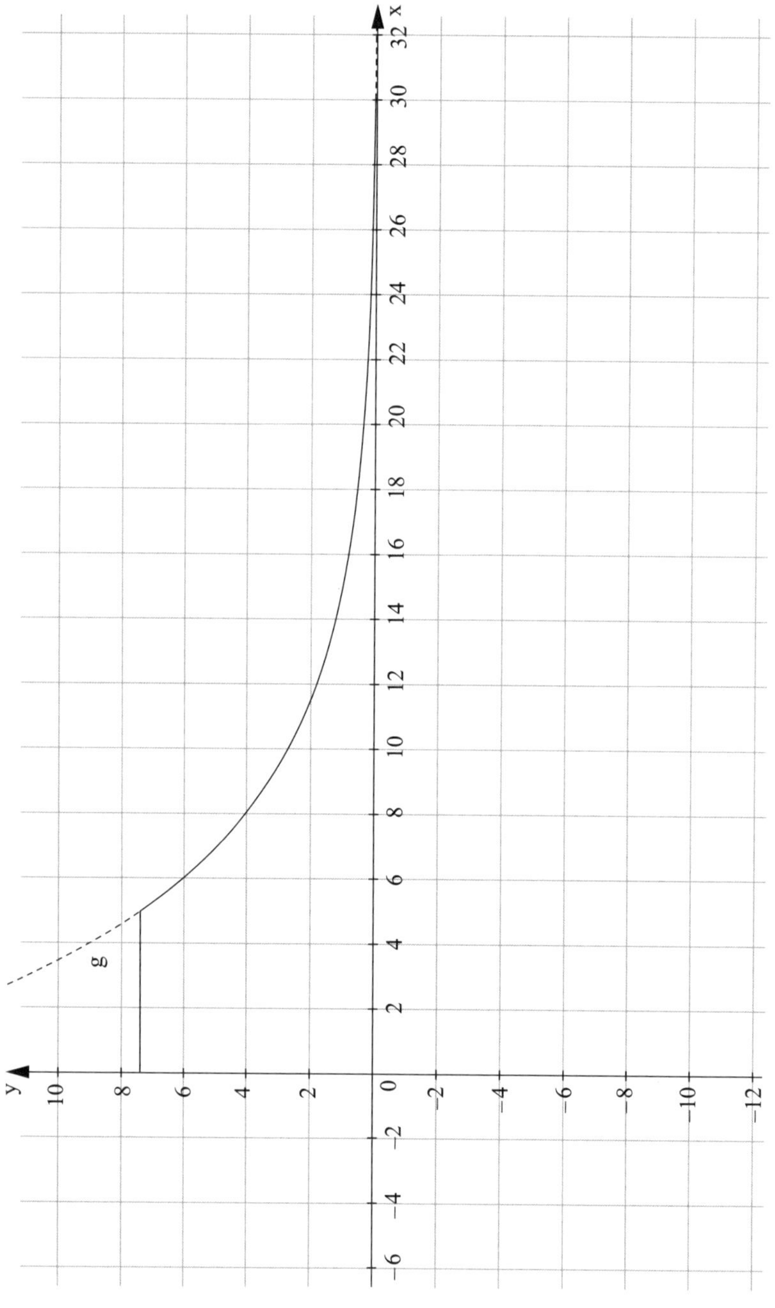
x
y
g
2
4
6
8
10
12
14
16
18
20
22
24
26
28
30
32
10
8
6
4
2
0
−2
−4
−6
−8
−10
−12
−2
−4
−6

Tipps und Hinweise zur Lösung von Aufgabe 1.1

Tipps zu Teilaufgabe a

Nullstelle von f

- Bestimmen Sie die Nullstelle von f durch Lösung der Gleichung $f(x) = 0$.

Verhalten der Funktionswerte von f für $x \to \infty$

- Schreiben Sie den Funktionsterm als Quotienten und betrachten Sie das Verhalten von Zähler und Nenner für $x \to \infty$.

Funktionswertbestimmung

- Setzen Sie $x = 5$ in beide Funktionsterme ein und berechnen Sie die Funktionswerte.

Tipps zu Teilaufgabe b

Koordinaten und Art des relativen Extrempunktes von G_f

- Berechnen Sie die Gleichung der ersten Ableitungsfunktion von f.
- Bestimmen Sie mithilfe der notwendigen und hinreichenden Bedingung die relative Extremstelle.
- Berechnen Sie den zugehörigen Funktionswert.

Wendepunkt von G_f

- Verwenden Sie die notwendige Bedingung $f''(x) = 0$ zur Bestimmung der Wendestelle.
- Berechnen Sie den zugehörigen Funktionswert.

Tipp zu Teilaufgabe c

- Mithilfe der Nullstelle, des Hochpunktes, des Wendepunktes und des Verhaltens von f für $x \to \infty$ können Sie die Zeichnung des Graphen G_f in der gegebenen Anlage anfertigen.

Tipps zu Teilaufgabe d

Nachweis

- Zeigen Sie durch Ableitung von F, dass $F'(x) = f(x)$ gilt.

Berechnung des Flächeninhaltes

- Berechnen Sie das bestimmte Integral mit dem Integranden $f(x) - g(x)$ in den Grenzen von $x = 5$ bis $x = 30$.

Aufschüttungsvolumen

- Das aufzuschüttende Volumen erhalten Sie, indem Sie das Produkt aus dem Flächeninhalt der berechneten Fläche und der Rodelbahnbreite ermitteln.

Tipps zu Teilaufgabe e

- Berechnen Sie in dem die Rodelbahn bestimmenden Definitionsbereich ausreichend viele Funktionswerte der ersten Ableitung von f, um so mindestens ein gefordertes Intervall zu finden.

Lösungen zu Aufgabe 1.1

a) **Nullstelle von f**

Zur Bestimmung der Nullstelle von f mit $f(x) = 4x \cdot e^{-0,2 \cdot x}$ setzt man $f(x) = 0$.
Da $e^{-0,2 \cdot x} > 0$ für alle $x \in \mathbb{R}$ gilt, folgt:

$$4x = 0 \quad \Rightarrow \quad x = 0$$

Die Funktion f hat genau eine Nullstelle $\underline{\underline{x = 0}}$.

Verhalten der Funktionswerte von f für $x \to \infty$

Durch Umformen des Funktionsterms erhält man:

$$\lim_{x \to \infty} (4x \cdot e^{-0,2 \cdot x}) = \lim_{x \to \infty} \left(\frac{4x}{e^{0,2 \cdot x}} \right)$$

L Hospital

$$\frac{4}{0,2 \cdot e^{0,2 x}} = 0$$

Da in dem Quotienten $\frac{4x}{e^{0,2 \cdot x}}$ die Werte des Nenners für $x \to \infty$ wesentlich größer werden als die des Zählers, geht der Quotient mit positiv wachsendem x gegen null. Damit gilt:

$$\lim_{x \to \infty} (4x \cdot e^{-0,2 \cdot x}) = \lim_{x \to \infty} \left(\frac{4x}{e^{0,2 \cdot x}} \right) = \underline{\underline{0}}$$

Funktionswertbestimmung

Die Funktionen $f(x) = 4x \cdot e^{-0,2 \cdot x}$ und $g(x) = 20 \cdot e^{-0,2 \cdot x}$ haben an der Stelle $x = 5$ den gleichen Funktionswert, da $4 \cdot 5 = 20$. Es gilt:

$$f(5) = g(5) = 20 \cdot e^{-1} = \frac{20}{e} \approx \underline{\underline{7,4}}$$

b) **Koordinaten und Art des relativen Extrempunktes von G_f**

Die Gleichung der ersten Ableitungsfunktion von f wird mithilfe der Produkt- und der Kettenregel bestimmt. Die Gleichung der zweiten Ableitungsfunktion ist gegeben und darf ohne Nachweis verwendet werden.

$$f(x) = 4x \cdot e^{-0,2 \cdot x} = 4x \cdot e^{-\frac{x}{5}};\ x \in \mathbb{R}$$

$$f'(x) = 4 \cdot e^{-\frac{x}{5}} + 4x \cdot \left(-\frac{1}{5} \cdot e^{-\frac{x}{5}} \right) = \left(4 - \frac{4}{5}x \right) \cdot e^{-\frac{x}{5}}$$

$$f''(x) = \left(\frac{4}{25}x - \frac{8}{5} \right) \cdot e^{-\frac{x}{5}}$$

Notwendige Bedingung:

$$f'(x) = 0 \quad \Rightarrow \quad \left(4 - \frac{4}{5}x \right) \cdot e^{-\frac{x}{5}} = 0 \quad \Rightarrow \quad 4 - \frac{4}{5}x = 0 \quad \Rightarrow \quad x = 5$$

Hinreichende Bedingung:

$$f''(5) = \left(\frac{4}{25} \cdot 5 - \frac{8}{5} \right) \cdot e^{-\frac{5}{5}} = -\frac{4}{5 \cdot e} < 0 \quad \Rightarrow \quad \text{Maximum}$$

Funktionswert:

$$f(5) = 4 \cdot 5 \cdot e^{-\frac{5}{5}} = 20 \cdot e^{-1} = \frac{20}{e} \approx 7,4 \ \text{(siehe Teilaufgabe a)}$$

Der relative Extrempunkt von G_f hat die Koordinaten $\underline{\underline{H\left(5 \mid \frac{20}{e}\right)}}$.

Wendepunkt von G_f

Da bekannt ist, dass genau ein Wendepunkt existiert, genügt die Anwendung der notwendigen Bedingung $f''(x) = 0$.

$$f''(x) = \left(\frac{4}{25}x - \frac{8}{5}\right) \cdot e^{-\frac{x}{5}} = 0 \quad \Rightarrow \quad \frac{4}{25}x - \frac{8}{5} = 0 \quad \Rightarrow \quad \frac{4}{25}x = \frac{8}{5} \quad \Rightarrow \quad x = 10$$

Funktionswert:

$$f(10) = 4 \cdot 10 \cdot e^{-\frac{10}{5}} = 40 \cdot e^{-2} = \frac{40}{e^2} \approx 5{,}4$$

Der Wendepunkt von G_f hat die Koordinaten $\underline{\underline{W\left(10 \mid \frac{40}{e^2}\right)}}$.

c)

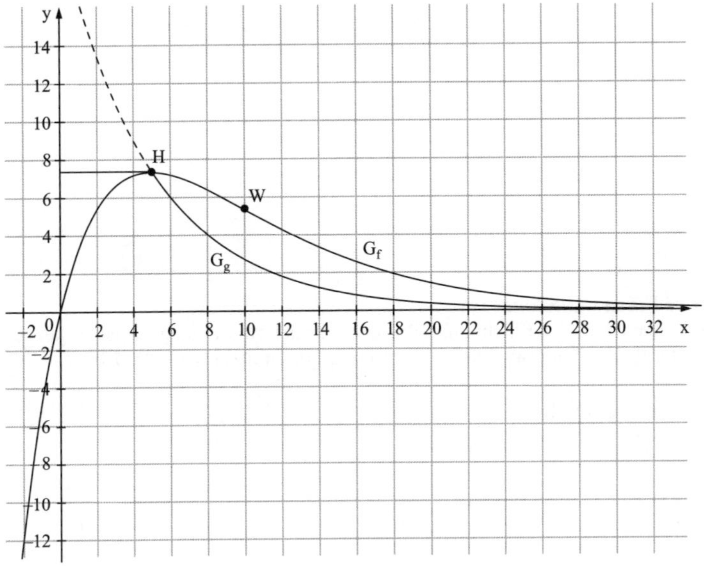

d) **Nachweis**

Um zu zeigen, dass F eine Stammfunktion von f ist, wird die Gleichung der ersten Ableitungsfunktion von F berechnet. Der Nachweis ist erbracht, wenn $F'(x) = f(x)$ gilt. Die Gleichung der ersten Ableitungsfunktion von F wird mithilfe der Summen-, der Produkt- und der Kettenregel bestimmt.

$$F(x) = (-20x - 100) \cdot e^{-\frac{x}{5}}$$

$$\begin{aligned}
F'(x) &= (-20) \cdot e^{-\frac{x}{5}} + (-20x - 100) \cdot \left(-\frac{1}{5} \cdot e^{-\frac{x}{5}}\right) \\
&= -20 \cdot e^{-\frac{x}{5}} + (4x + 20) \cdot e^{-\frac{x}{5}} \\
&= (-20 + 4x + 20) \cdot e^{-\frac{x}{5}} \\
&= 4x \cdot e^{-\frac{x}{5}} \\
&= f(x)
\end{aligned}$$

Die Funktion F ist eine Stammfunktion von f.

Schraffur der zu berechnenden Fläche

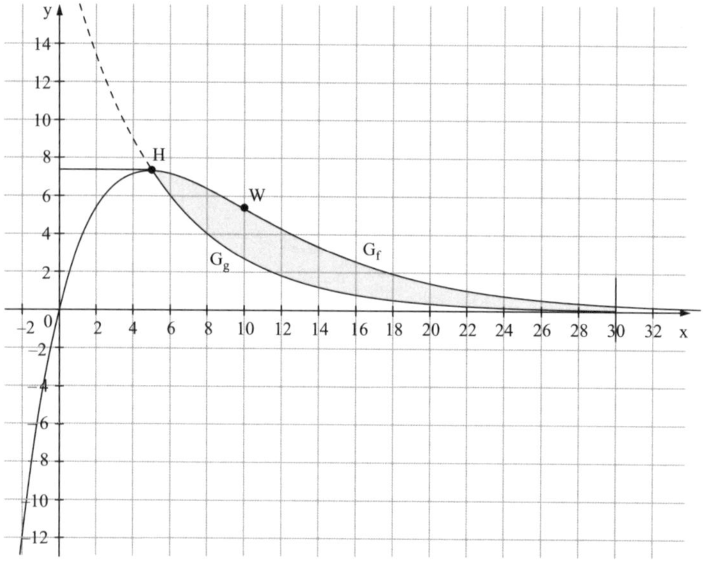

Berechnung des Flächeninhaltes

Bezeichnet A die Maßzahl des Flächeninhaltes der schraffierten Fläche, so ist A das bestimmte Integral mit dem Integranden $f(x)-g(x)$ in den Grenzen von $x=5$ bis $x=30$.

$$A = \int_5^{30} (f(x)-g(x))\,dx$$

$$= \int_5^{30} (4x \cdot e^{-\frac{x}{5}} - 20 \cdot e^{-0,2 \cdot x})\,dx$$

$$= \int_5^{30} (4x \cdot e^{-\frac{x}{5}})\,dx - 20 \cdot \int_5^{30} e^{-\frac{x}{5}}\,dx$$

$$= [(-20x-100) \cdot e^{-\frac{x}{5}}]_5^{30} - 20 \cdot [-5 \cdot e^{-\frac{x}{5}}]_5^{30}$$

$$= [(-20x-100) \cdot e^{-\frac{x}{5}}]_5^{30} + [100 \cdot e^{-\frac{x}{5}}]_5^{30}$$

$$= [-20x \cdot e^{-\frac{x}{5}}]_5^{30}$$

$$= (-20 \cdot 30 \cdot e^{-\frac{30}{5}}) - (-20 \cdot 5 \cdot e^{-\frac{5}{5}})$$

$$= -600 \cdot e^{-6} + 100 \cdot e^{-1}$$

$$\approx 35,3$$

Unter Berücksichtigung des Maßstabes hat die schraffierte Fläche einen Flächeninhalt von rund $\underline{\underline{35,3\ m^2}}$.

Aufschüttungsvolumen

Das aufzuschüttende Volumen V erhält man näherungsweise als Produkt aus dem Flächeninhalt der schraffierten Fläche und der Rodelbahnbreite von 12 m.

$$V \approx 35{,}3\ \text{m}^2 \cdot 12\ \text{m} \approx 423{,}6\ \text{m}^3$$

Es werden $\underline{\underline{423{,}6\ \text{m}^3}}$ Erde benötigt.

e) Die Aufgabe wird möglicherweise zunächst auf die Überlegung führen, die Gleichung $f'(x) = -0{,}2$ zu lösen.

$$\left(4 - \frac{4}{5}x\right) \cdot e^{-\frac{x}{5}} = -0{,}2$$

Da die Variable x einerseits im Exponenten zur Basis e und andererseits linear vorkommt, lässt sich die Gleichung nicht so einfach lösen. Die Aufgabe wird daher durch systematisches Probieren gelöst.

Da die Funktion f für alle $x > 5$ streng monoton fällt und stetig ist, werden Werte ab $x = 5$ überprüft und auf zwei Nachkommastellen gerundet:

x	**5**	**6**	7	8	9	10	11	12	13
f'(x)	**0**	**−0,24**	−0,39	−0,48	−0,53	−0,54	−0,53	−0,51	−0,48

x	14	15	16	17	18	19	**20**	**21**	22
f'(x)	−0,44	−0,40	−0,36	−0,32	−0,28	−0,25	**−0,22**	**−0,19**	−0,17

Es gibt genau zwei Intervalle mit ganzzahligen Grenzen, die die Bedingung erfüllen:

$\underline{\underline{[5;6]}}$ und $\underline{\underline{[20;21]}}$

Selbstverständlich können beliebig viele Intervalle der Länge 1 mit nicht ganzzahligen Grenzen angegeben werden.

Berlin/Brandenburg – Mathematik Grundkurs
2013 – Aufgabe 1.1: Analysis (CAS)

Rodelbahn BE

Der Hang einer Rodelbahn ist im Laufe der Jahre stark abgefahren worden und soll durch eine Aufschüttung wieder in seinen ursprünglichen Zustand versetzt werden. Die Profillinie des geplanten Hangs soll mit dem Graphen G_f der Funktion $f(x) = 4x \cdot e^{-\frac{1}{5}x}$, $x \in \mathbb{R}$, modelliert werden.
In der Anlage ist der zu erneuernde, alte Hang dargestellt, der an ein 5 m langes Plateau angrenzt. Sein Profil wird mit dem Graphen G_g von $g(x) = 20 \cdot e^{-\frac{1}{5}x}$, $x \in \mathbb{R}$, modelliert (1 LE = 1 m).

a) Berechnen Sie die Nullstelle von f und bestimmen Sie $\lim\limits_{x \to \infty} f(x)$. Weisen Sie nach, dass G_f und G_g bei $x = 5$ einen gemeinsamen Punkt haben und in diesem ein horizontaler Übergang vom Plateau zum geplanten Hang entsteht. 8

b) Ermitteln Sie die Koordinaten des relativen Extrempunktes von G_f und seine Art. Der Graph G_f hat nur einen Wendepunkt W. Berechnen Sie seine Koordinaten.
[*Zur Kontrolle:* $H\left(5 \,\middle|\, \frac{20}{e}\right)$]
Zeichnen Sie den Graphen von f mithilfe Ihrer bisherigen Ergebnisse für $-2 \leq x \leq 30$ in das Koordinatensystem (Anlage) ein. 11

c) Aus Sicherheitsgründen darf bei der Rodelbahn der Neigungswinkel betragsmäßig nicht größer als 30° sein. Weisen Sie nach, dass an der steilsten Stelle der geplanten Rodelbahn (modelliert mit G_f) diese Bestimmung erfüllt ist. 5

d) Die Graphen von f und von g und die Gerade zu $x = 30$ schließen eine Fläche ein. Schraffieren Sie die eingeschlossene Fläche in der Anlage.
Berechnen Sie den Inhalt dieser Fläche.
Berechnen Sie mithilfe der ermittelten Fläche, wie viel Kubikmeter Erde für die Aufschüttung des Hangs benötigt werden, wenn die Rodelbahn 12 m breit sein soll. 7

e) Die Aufschüttungsschicht ist an verschiedenen Stellen unterschiedlich dick. Ermitteln Sie das größtmögliche Intervall mit ganzzahliger Begrenzung, in dem die vertikal gemessene Aufschüttung dicker als 2,5 m ist.
Berechnen Sie die Stelle, an der der vertikal gemessene Höhenunterschied zwischen aufgeschütteter und ursprünglicher Rodelbahn maximal ist. Geben Sie an, wie dick die Aufschüttung an dieser Stelle ist. 9

40

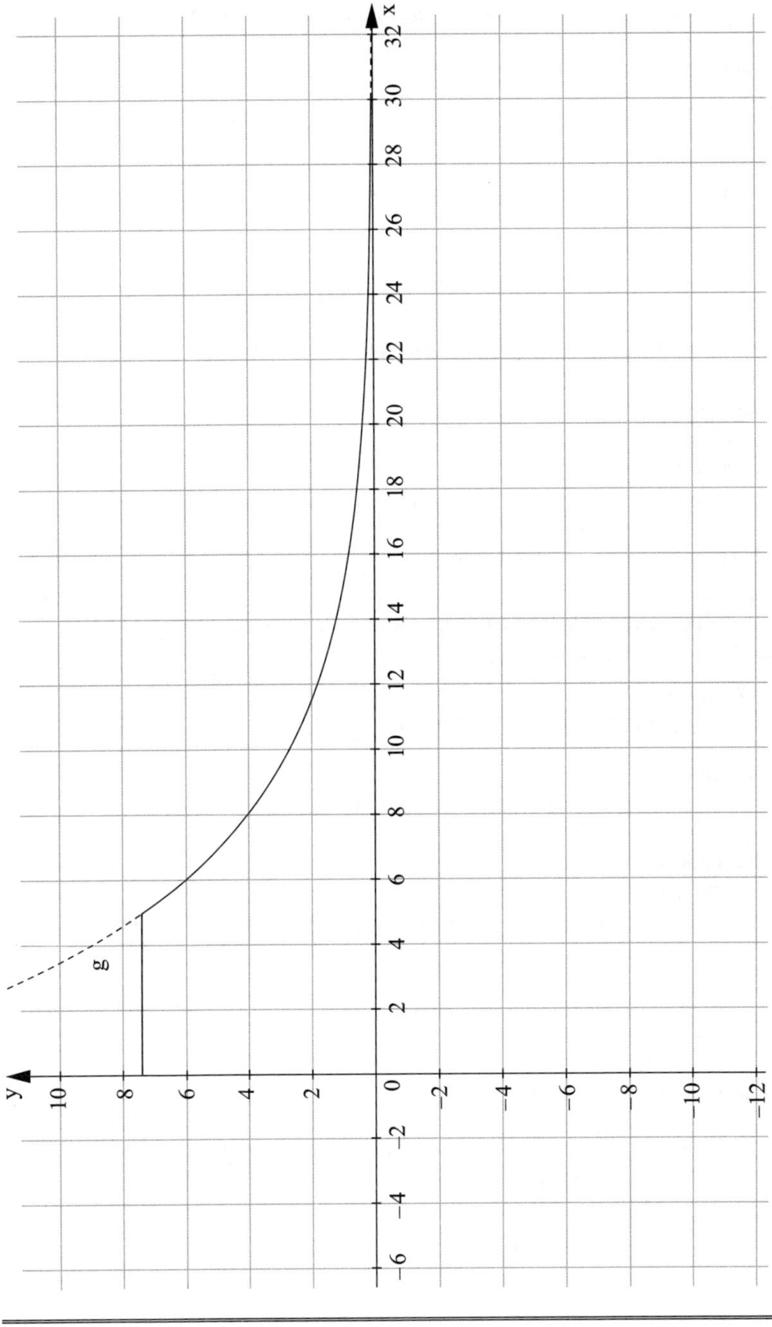
x
y
g
0
2
4
6
8
10
12
14
16
18
20
22
24
26
28
30
32
–2
–4
–6
–8
–10
–12

Tipps und Hinweise zur Lösung von Aufgabe 1.1 (CAS)

Tipps zu Teilaufgabe a

Nullstelle von f

- Bestimmen Sie die Nullstelle von f durch Lösung der Gleichung $f(x) = 0$.

Verhalten der Funktionswerte von f für $x \to \infty$

- Schreiben Sie den Funktionsterm als Quotienten und betrachten Sie das Verhalten von Zähler und Nenner für $x \to \infty$.

Funktionswertbestimmung

- Setzen Sie $x = 5$ in beide Funktionsterme ein und berechnen Sie die Funktionswerte.

Horizontaler Übergang

- Zeigen Sie, dass G_f an der Stelle $x = 5$ eine waagerechte Tangente besitzt.

Tipps zu Teilaufgabe b

Koordinaten und Art des relativen Extrempunktes von G_f

- Berechnen Sie die Gleichung der ersten Ableitungsfunktion von f.
- Bestimmen Sie mithilfe der notwendigen und hinreichenden Bedingung die relative Extremstelle.
- Berechnen Sie den zugehörigen Funktionswert.

Wendepunkt von G_f

- Verwenden Sie die notwendige Bedingung $f''(x) = 0$ zur Bestimmung der Wendestelle.
- Berechnen Sie den zugehörigen Funktionswert.

Zeichnung des Graphen G_f

- Stellen Sie G_f im angegebenen Intervall grafisch dar.

Tipps zu Teilaufgabe c

- Beachten Sie, dass der betragsmäßig größte Anstieg an der Wendestelle existiert.

Tipps zu Teilaufgabe d

Berechnung des Flächeninhaltes

- Berechnen Sie das bestimmte Integral mit dem Integranden $f(x) - g(x)$ in den Grenzen von $x = 5$ bis $x = 30$.

Aufschüttungsvolumen

- Das aufzuschüttende Volumen erhalten Sie, indem Sie das Produkt aus dem Flächeninhalt der berechneten Fläche und der Rodelbahnbreite ermitteln.

Tipps zu Teilaufgabe e

Intervall mit $f(x) - g(x) = k(x) > 2{,}5$

- Untersuchen Sie die Funktion k in dem für die Rodelbahn relevanten Definitionsbereich für ganzzahlige Argumente auf die Bedingung $k(x) > 2{,}5$.

Maximale Aufschüttung

- Untersuchen Sie die Funktion k auf Extremwerte.

Lösungen zu Aufgabe 1.1 (CAS)

a) **Nullstelle von f**

Zur Bestimmung der Nullstelle von f mit $f(x) = 4x \cdot e^{-\frac{x}{5}}$ setzt man $f(x) = 0$.

Da $e^{-\frac{x}{5}} > 0$ für alle $x \in \mathbb{R}$, folgt:

$$4x = 0 \quad \Rightarrow \quad x = 0$$

Die Funktion f hat genau eine Nullstelle $\underline{\underline{x = 0}}$.

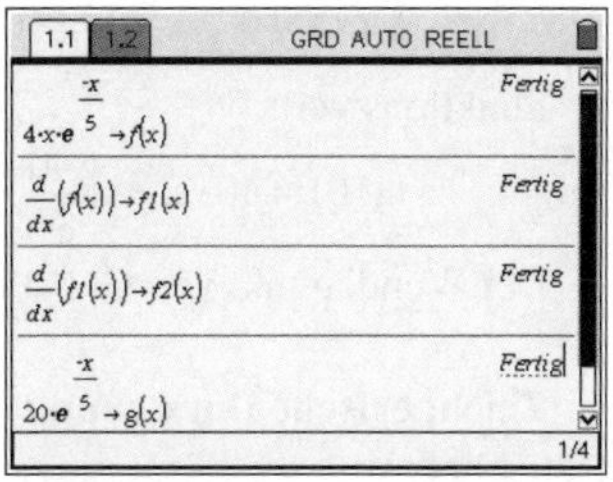

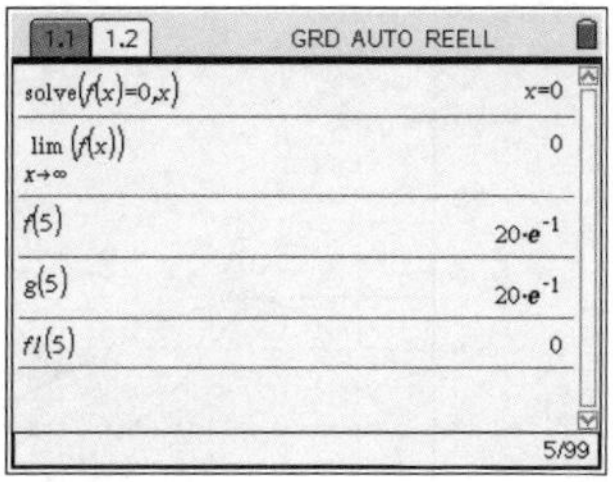

Grenzwert $\lim\limits_{x \to \infty} f(x)$

Es gilt:

$$\lim_{x \to \infty} (4x \cdot e^{-\frac{x}{5}}) = \lim_{x \to \infty} \left(\frac{4x}{e^{\frac{x}{5}}} \right)$$

Da in dem Quotienten $\frac{4x}{e^{\frac{x}{5}}}$ die Werte des Nenners für $x \to \infty$ wesentlich größer werden als die des Zählers, geht der Quotient mit positiv wachsendem x gegen null. Damit gilt:

$$\lim_{x \to \infty} (4x \cdot e^{-\frac{x}{5}}) = \lim_{x \to \infty} \left(\frac{4x}{e^{\frac{x}{5}}} \right) = \underline{\underline{0}}$$

Funktionswertbestimmung

Die Funktionen $f(x) = 4x \cdot e^{-\frac{x}{5}}$ und $g(x) = 20 \cdot e^{-\frac{x}{5}}$ haben an der Stelle $x = 5$ den gleichen Funktionswert, da $4 \cdot 5 = 20$. Es gilt:

$$f(5) = g(5) = 20 \cdot e^{-1} = \frac{20}{e} \approx \underline{\underline{7{,}4}}$$

Horizontaler Übergang

Es gilt:

$$f'(5) = 0$$

Der Graph G_f hat an der Stelle $x = 5$ eine waagerechte Tangente. Der Übergang vom Plateau in den geplanten Hang erfolgt daher horizontal.

b) **Koordinaten und Art des relativen Extrempunktes von G_f**

Notwendige Bedingung:

$$f'(x) = 0 \quad \Rightarrow \quad x = 5$$

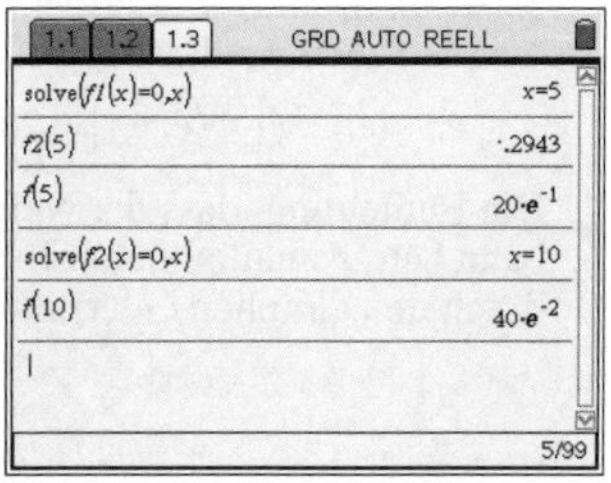

Hinreichende Bedingung:

$$f''(5) \approx -0{,}2943 < 0 \quad \Rightarrow \quad \text{Maximum}$$

Funktionswert:

$$f(5) = 20 \cdot e^{-1} = \frac{20}{e} \approx 7{,}4 \quad \text{(siehe Teilaufgabe a)}$$

Der relative Extrempunkt von G_f hat die Koordinaten $\underline{\underline{H\left(5 \mid \frac{20}{e}\right)}}$.

Wendepunkt von G_f

Da bekannt ist, dass genau ein Wendepunkt existiert, genügt die Anwendung der notwendigen Bedingung $f''(x) = 0$.

$$f''(x) = 0 \quad \Rightarrow \quad x = 10$$

Funktionswert:

$$f(10) = 40 \cdot e^{-2} = \frac{40}{e^2} \approx 5{,}4$$

Der Wendepunkt von G_f hat die Koordinaten $\underline{\underline{W\left(10 \,\middle|\, \frac{40}{e^2}\right)}}$.

Zeichnerische Darstellung

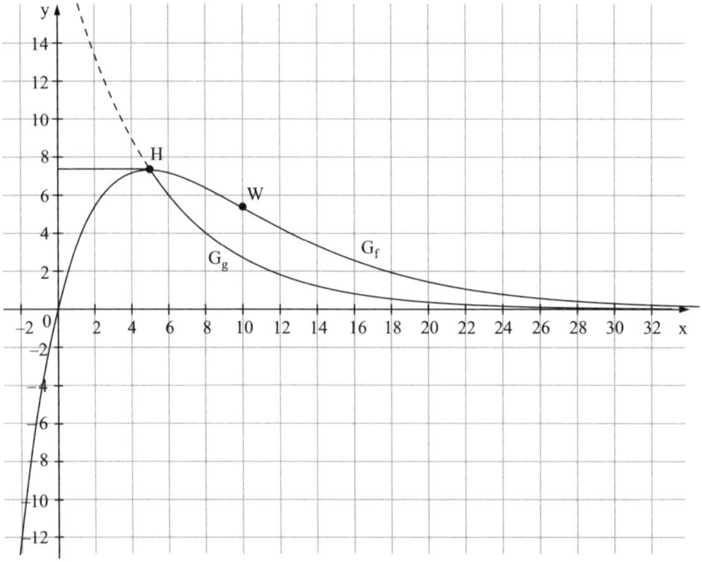

c) Der Graph G_f ist für $x > 5$ streng monoton fallend und hat genau einen Wendepunkt an der Stelle $x = 10$ mit dem an dieser Stelle betragsmäßig größten Anstieg.

$$f'(10) = -4 \cdot e^{-2}$$

$$|\tan^{-1}(-4 \cdot e^{-2})| \approx \underline{\underline{28{,}4°}}$$

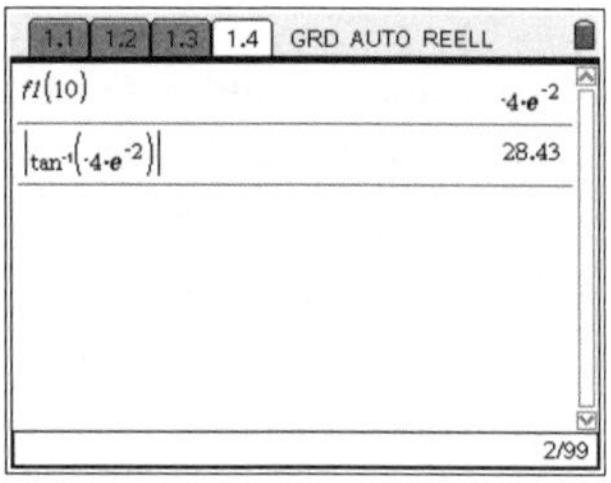

Die Bedingung, dass der Neigungswinkel der Rodelbahn betragsmäßig nicht größer als 30° sein darf, wird durch den Graphen G_f erfüllt.

d) **Schraffur der zu berechnenden Fläche**

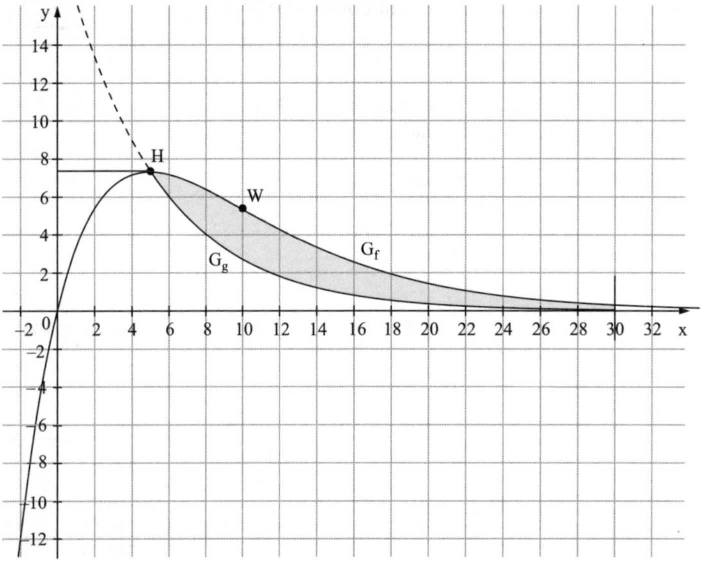

Berechnung des Flächeninhaltes

Bezeichnet man mit A die Maßzahl des Flächeninhaltes der schraffierten Fläche, so ist A das bestimmte Integral mit dem Integranden $f(x)-g(x)$ in den Grenzen von $x=5$ bis $x=30$.

$$A=\int_5^{30}(f(x)-g(x))\,dx$$

$$=100\cdot e^{-1}-600\cdot e^{-6}$$

$$\approx 35{,}3$$

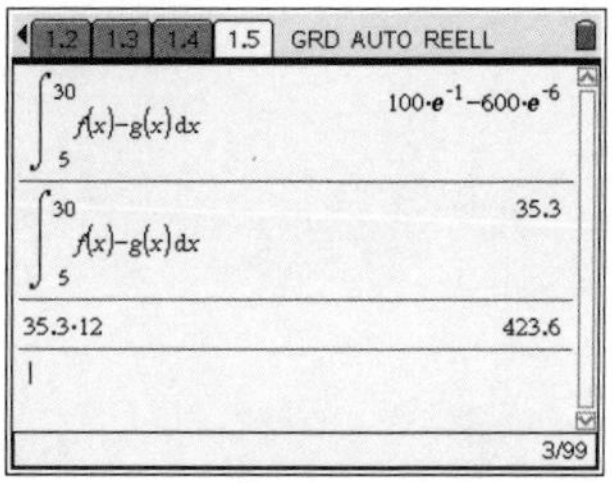

Unter Berücksichtigung des Maßstabes hat die schraffierte Fläche einen Flächeninhalt von rund $\underline{\underline{35{,}3\,m^2}}$.

Aufschüttungsvolumen

Das aufzuschüttende Volumen V erhält man näherungsweise als Produkt aus dem Flächeninhalt der schraffierten Fläche und der Rodelbahnbreite von 12 m.

$$V\approx 35{,}3\,m^2\cdot 12\,m\approx 423{,}6\,m^3$$

Es werden $\underline{\underline{423{,}6\,m^3}}$ Erde benötigt.

e) **Intervall mit f(x) − g(x) = k(x) > 2,5**

Die Ermittlung des gesuchten Intervalls führt auf die Ungleichung:

$$(4x - 20) \cdot e^{-\frac{x}{5}} > 2{,}5;\quad x \geq 5$$

Da die Variable in dieser Ungleichung einerseits im Exponenten zur Basis e und andererseits linear vorkommt, ist es empfehlenswert, die Funktion k hinsichtlich jener Funktionswerte zu untersuchen, die größer als 2,5 sind. Diese Untersuchung führt auf die Menge $\{9 \leq x \leq 12;\ x \in \mathbb{Z}\}$. Die vertikal gemessene Aufschüttung ist in dem ganzzahligen Intervall [9 m; 12 m] dicker als 2,5 Meter.

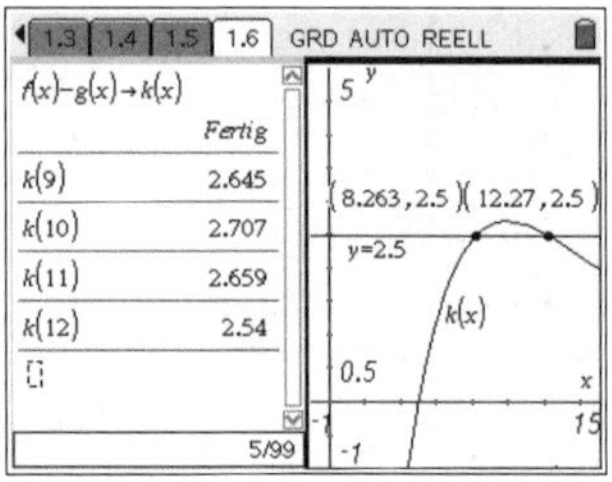

Weitere ganzzahlige Argumente mit dieser Bedingung sind durch den praktischen Sachverhalt ausgeschlossen.

Maximale Aufschüttung

Zur Ermittlung der maximalen Aufschüttung wird die Funktion k auf Extremwerte untersucht.

$$k'(x) = 0 \quad \Rightarrow \quad x = 10$$

$$k''(10) \approx -1{,}083 \quad \Rightarrow \quad \text{Maximum}$$

$$k(10) \approx 2{,}707$$

Die maximale Aufschüttung beträgt rund 2,71 Meter.

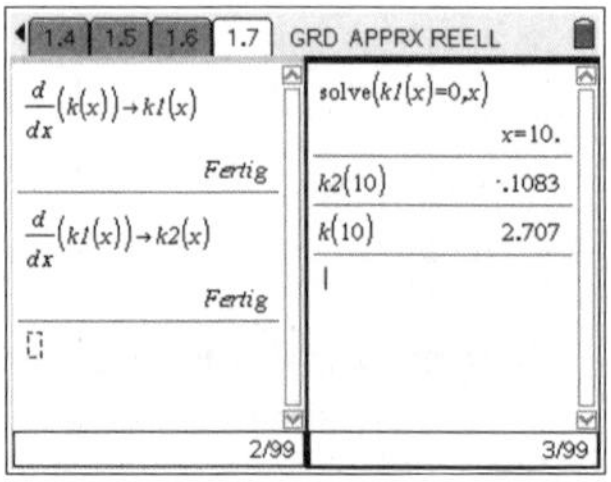

Berlin/Brandenburg – Mathematik Grundkurs
2013 – Aufgabe 1.2: Analysis

Kanal mit Uferböschung BE

Gegeben ist die Funktion f mit der Gleichung

$$f(x) = (x+3) \cdot (x^2 - 2); \quad x \in \mathbb{R}.$$

Der Graph dieser Funktion ist G.

a) Bestimmen Sie die Koordinaten der Schnittpunkte des Graphen G mit den Koordinatenachsen und weisen Sie nach, dass G weder achsensymmetrisch zur y-Achse noch punktsymmetrisch zum Koordinatenursprung ist.
Geben Sie das Verhalten der Funktionswerte von f für $x \to +\infty$ und $x \to -\infty$ an. 10

b) Der Graph der Funktion f beschreibt modellhaft das Profil eines Kanals $(-\sqrt{2} \le x \le +\sqrt{2})$ sowie die links angrenzende Uferböschung mit Erhebung, 1 LE = 1 m.
Die x-Achse befindet sich auf der Höhe der Kanalwasseroberfläche (siehe Skizze).
Berechnen Sie die größte Tiefe des Kanals und die maximale Höhe der linken Uferböschung relativ zur Wasseroberfläche.
[*Zur Kontrolle:* $f'(x) = 3x^2 + 6x - 2$] 14

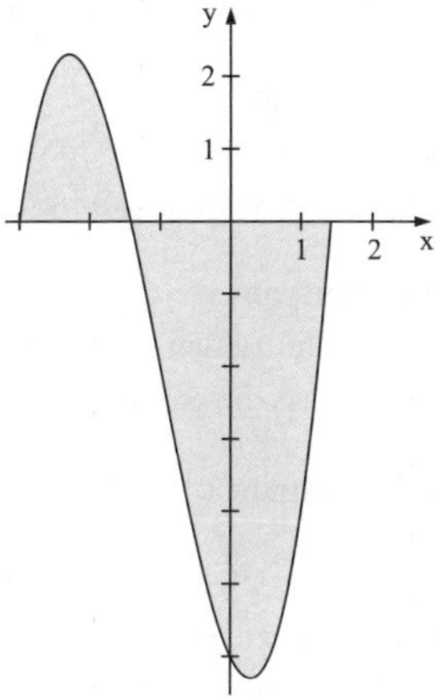

c) Berechnen Sie die Querschnittsfläche des Kanals. 6

d) Der Graph von G besitzt genau einen Wendepunkt $W(-1 \mid -2)$.
Ermitteln Sie rechnerisch eine Gleichung für die Wendetangente an G.
[*Zur Kontrolle:* t_W: $y = -5x - 7$]

Durch Parallelverschiebung der Wendetangente in y-Richtung erhält man eine Gerade h, die im ersten Quadranten mit den beiden Koordinatenachsen ein Dreieck mit dem Flächeninhalt 2,5 FE einschließt.
Ermitteln Sie eine Gleichung für h. 10

40

Tipps und Hinweise zur Lösung von Aufgabe 1.2

Tipps zu Teilaufgabe a

Koordinaten der Achsenschnittpunkte

- Die Bedingung für einen Punkt auf der y-Achse lautet: $x = 0$
- Die Bedingung für einen Punkt auf der x-Achse lautet: $y = 0$

Symmetrie

- Achsensymmetrie liegt vor, wenn $f(x) = f(-x)$ gilt.
- Punktsymmetrie zum Ursprung liegt vor, wenn $f(x) = -f(-x)$ gilt.
- Alternativ multiplizieren Sie den Funktionsterm aus und betrachten die Exponenten.

Verhalten für $x \to \pm\infty$

- Das Verhalten wird aus Probeeinsetzungen geschlossen.
- Alternativ untersuchen Sie das Verhalten der beiden Faktoren der Funktionsgleichung und schließen auf das Verhalten des Produkts.

Tipps zu Teilaufgabe b

- Berechnen Sie den Funktionswert des relativen Minimums und des relativen Maximums.
- Die Bedingung für relative Extremstellen lautet: $f'(x) = 0$ und $f''(x) \neq 0$

Tipps zu Teilaufgabe c

- Nutzen Sie die Nullstellen, um die Grenzen des bestimmten Integrals zu finden.
- Bedenken Sie, dass die gesamte Fläche unter der x-Achse liegt.

Tipps zu Teilaufgabe d

Wendetangente

- Verwenden Sie die allgemeine Gleichung einer Geraden: $y = mx + b$
- Die Steigung erhalten Sie über die Steigung der Funktion im Wendepunkt.
- Setzen Sie die Koordinaten von W ein, um b zu berechnen.

Parallele Gerade h

- Machen Sie sich eine Skizze der Situation.
- Parallele Geraden haben die gleiche Steigung.
- Zur Berechnung der Dreiecksfläche benötigt man den y-Achsenabschnitt und die Nullstelle der Funktion h.
- Stellen Sie die Fläche des Dreiecks in Abhängigkeit vom y-Achsenabschnitt dar und lösen Sie nach der Unbekannten auf.

Lösungen zu Aufgabe 1.2

a) **Koordinaten der Achsenschnittpunkte**

Die Bedingung für einen Punkt auf der y-Achse lautet: $x = 0$

$$f(0) = 3 \cdot (-2) = -6 \quad \Rightarrow \quad \underline{\underline{S_y(0\,|\,-6)}}$$

Die Bedingung für einen Punkt auf der x-Achse lautet: $y = 0$

$$0 = (x+3) \cdot (x^2 - 2)$$

Ein Produkt ist null, wenn mindestens einer der Faktoren null ist.

$$x + 3 = 0 \qquad \text{oder} \qquad x^2 - 2 = 0$$
$$x = -3 \qquad\qquad\qquad x = \pm\sqrt{2}$$

$$\Rightarrow \quad \underline{\underline{S_{x_1}(-3\,|\,0)}}, \quad \underline{\underline{S_{x_2}(-\sqrt{2}\,|\,0)}}, \quad \underline{\underline{S_{x_3}(\sqrt{2}\,|\,0)}}$$

Symmetrie

1. Möglichkeit:

Achsensymmetrie liegt vor, wenn $f(x) = f(-x)$ gilt.

$$f(-x) = (-x+3) \cdot (x^2 - 2) \neq f(x)$$

Die Funktion ist nicht achsensymmetrisch zur y-Achse.

Punktsymmetrie zum Ursprung liegt vor, wenn $f(x) = -f(-x)$ gilt.

$$f(-x) \neq -f(x)$$

Die Funktion ist nicht punktsymmetrisch zum Ursprung.

2. Möglichkeit:

Bei ganzrationalen Funktionen gilt: Achsensymmetrie liegt vor, wenn nur gerade Exponenten vorkommen. Punktsymmetrie zum Ursprung liegt vor, wenn nur ungerade Exponenten und kein konstantes Glied vorkommen.

Wird die Funktionsgleichung ausmultipliziert, so ergibt sich:

$$f(x) = x^3 + 3x^2 - 2x - 6$$

Es treten sowohl gerade als auch ungerade Exponenten auf. Somit liegt keine der Symmetrien vor.

Verhalten für $x \to \pm\infty$

1. Möglichkeit:

Das Verhalten wird aus Probeeinsetzungen geschlossen.

x	10	20
f(x)	1 274	9 154

$$\lim_{x \to \infty} f(x) = \underline{\underline{\infty}}$$

x	−10	−20
f(x)	−686	−6 766

$$\lim_{x \to -\infty} f(x) = \underline{\underline{-\infty}}$$

2. Möglichkeit:

Es wird vom Verhalten der beiden Faktoren der Funktionsgleichung auf das Verhalten des Produkts geschlossen.

$$\lim_{x \to \infty} \underbrace{(x+3)}_{\to \infty} \cdot \underbrace{(x^2-2)}_{\to \infty} = \underline{\underline{\infty}}$$

$$\lim_{x \to -\infty} \underbrace{(x+3)}_{\to -\infty} \cdot \underbrace{(x^2-2)}_{\to \infty} = \underline{\underline{-\infty}}$$

3. Möglichkeit:

Verwendet man den ausmultiplizierten Term der Funktionsgleichung, so kann der Grenzwert direkt aus dem Term mit dem höchsten Exponenten abgelesen werden.

$$f(x) = x^3 + 3x^2 - 2x - 6$$

Wegen $\lim\limits_{x \to \infty} x^3 = \infty$ folgt:

$$\lim_{x \to \infty} (x^3 + 3x^2 - 2x - 6) = \underline{\underline{\infty}}$$

Wegen $\lim\limits_{x \to -\infty} x^3 = -\infty$ folgt:

$$\lim_{x \to -\infty} (x^3 + 3x^2 - 2x - 6) = \underline{\underline{-\infty}}$$

b) Die größte Tiefe des Kanals entspricht dem Funktionswert des relativen Minimums und die maximale Höhe der Uferböschung dem Funktionswert des relativen Maximums.

Die Bedingung für die Existenz eines relativen Extremums lautet:

$$f'(x) = 0 \quad \text{und} \quad f''(x) \neq 0$$

Für die Berechnung der Ableitungsfunktionen von f bietet es sich an, die ausmultiplizierte Gleichung zu verwenden.

$$f(x) = x^3 + 3x^2 - 2x - 6$$
$$f'(x) = 3x^2 + 6x - 2$$
$$f''(x) = 6x + 6$$

Nullsetzen der ersten Ableitungsfunktion ergibt:

$$0 = 3x^2 + 6x - 2 \quad |:3$$
$$0 = x^2 + 2x - \frac{2}{3}$$

Mithilfe der pq-Formel ergeben sich zwei mögliche Nullstellen der 1. Ableitung:

$$x_{1;2} = -1 \pm \sqrt{1 + \frac{2}{3}} = -1 \pm \sqrt{\frac{5}{3}}$$
$$x_1 \approx 0{,}29 \quad x_2 \approx -2{,}29$$

Durch Einsetzen in die 2. Ableitung sichert man die Existenz der relativen Extrema und erkennt die Art des Extremums.

$$f''(0{,}29) > 0 \quad \Rightarrow \quad \text{relatives Minimum}$$
$$f''(-2{,}29) < 0 \quad \Rightarrow \quad \text{relatives Maximum}$$

Durch Einsetzen in die Ausgangsgleichung erhält man den zugehörigen y-Wert.

$$f(0{,}29) = -6{,}3$$

Die maximale Tiefe des Kanals beträgt in etwa $\underline{\underline{6{,}30\text{ m}}}$.

$$f(-2{,}29) = 2{,}3$$

Die maximale Höhe der Böschung beträgt in etwa $\underline{\underline{2{,}30\text{ m}}}$.

c) Zu berechnen ist das bestimmte Integral in den Grenzen von $-\sqrt{2}$ und $\sqrt{2}$. Da die gesamte Fläche unter der x-Achse liegt, gibt der Betrag des Integrals die Flächenmaßzahl an.

$$A = \left| \int_{-\sqrt{2}}^{\sqrt{2}} (x^3 + 3x^2 - 2x - 6)\,dx \right|$$

$$= \left| \left[\frac{1}{4}x^4 + x^3 - x^2 - 6x \right]_{-\sqrt{2}}^{\sqrt{2}} \right|$$

$$= \left| \frac{1}{4} \cdot 4 + 2 \cdot \sqrt{2} - 2 - 6 \cdot \sqrt{2} - \left(\frac{1}{4} \cdot 4 - 2 \cdot \sqrt{2} - 2 + 6 \cdot \sqrt{2} \right) \right|$$

$$= \left| -8 \cdot \sqrt{2} \right|$$

$$= 8 \cdot \sqrt{2}$$

Die Querschnittsfläche des Kanals beträgt $\underline{\underline{8 \cdot \sqrt{2}\text{ m}^2}}$, das sind in etwa 11,31 m^2.

d) **Wendetangente**
Wendepunkt W(–1 | –2)
Die allgemeine Gleichung der Wendetangente lautet:

$$t\colon y = mx + b$$

Die erste Ableitung von f für die x-Koordinate des Wendepunktes gibt die Steigungszahl m der Wendetangente an.

$$f'(-1) = 3 - 6 - 2 = -5$$

Damit gilt:

$$t(x) = -5x + b$$

Die Koordinaten des Wendepunktes müssen die Gleichung der Wendetangente erfüllen.

$$-2 = -5 \cdot (-1) + b \quad \Rightarrow \quad b = -7$$

Die Gleichung der Wendetangente in W(–1 | –2) lautet:

$$\underline{\underline{t(x) = -5x - 7}}$$

Parallele Gerade h

Parallele Geraden haben die gleiche Steigung. Somit gilt für die Gleichung von h:

$$h(x) = -5x + c$$

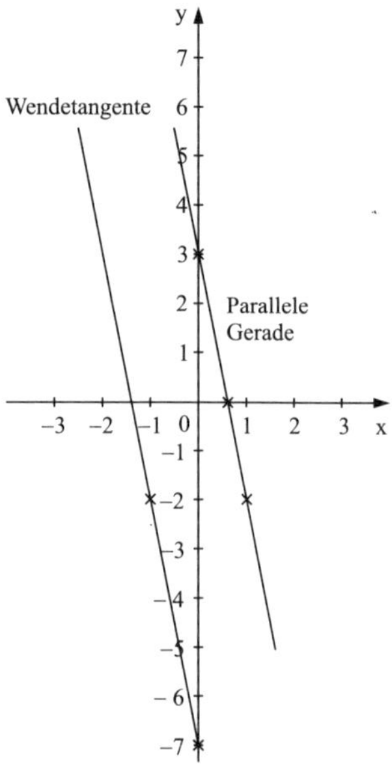

Da es sich um ein rechtwinkliges Dreieck handelt, lässt sich der Flächeninhalt über die Kathetenlängen berechnen. Diese sind hier der y-Achsenabschnitt und die Nullstelle.

Der y-Achsenabschnitt ist c.
Für die Nullstelle muss man $y = 0$ setzen.

$$0 = -5x + c$$

$$5x = c \quad \Rightarrow \quad x = \frac{c}{5}$$

Die Fläche eines rechtwinkligen Dreiecks wird mit $A_{Dreieck} = \frac{1}{2} \cdot \text{Kathete 1} \cdot \text{Kathete 2}$ berechnet.

Da die Flächengröße bekannt ist, ergibt sich für c folgende Gleichung:

$$2{,}5 = \frac{1}{2} \cdot \frac{c}{5} \cdot c$$

$$2{,}5 \cdot 2 \cdot 5 = c^2$$

$$25 = c^2$$

$$c = 5$$

Die negative Lösung entfällt, da die Fläche im 1. Quadranten liegen soll.

Die Gleichung von h lautet:

$$\underline{\underline{h(x) = -5x + 5}}$$

Berlin/Brandenburg – Mathematik Grundkurs
2013 – Aufgabe 2.1: Analytische Geometrie

Stockholmer Pyramide BE

Auf dem Foto sehen Sie eine verglaste gerade Pyramide auf der Felseninsel Södermalm in Stockholm. Durch die achteckige Pyramide gelangt Tageslicht in unterirdische Verkehrsbereiche.
Der Steinsockel unter der Pyramide bildet im Fußboden ein regelmäßiges Achteck (siehe Grafik unter dem Foto) mit dem Mittelpunkt $O(0\,|\,0\,|\,0)$.
Der Punkt $P_1(1\,|\,-1\,|\,0)$ ist einer der unteren Eckpunkte des 1 m hohen Sockels. $Q_1(1\,|\,-1\,|\,1)$ ist der zugehörige darüber liegende obere Eckpunkt und gleichzeitig ein Eckpunkt der Pyramide.
Die Spitze der Pyramide befindet sich im Punkt $S(0\,|\,0\,|\,6)$. Es gilt: 1 LE = 1 m

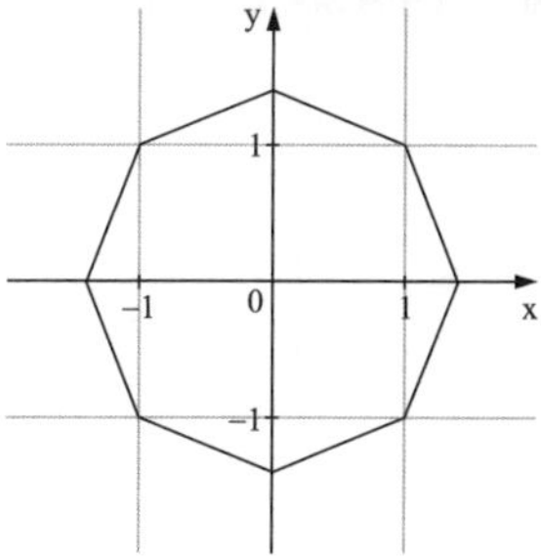

a) Begründen Sie, dass $P_2(\sqrt{2}\,|\,0\,|\,0)$ ein weiterer unterer Eckpunkt des Steinsockels ist, und geben Sie die Koordinaten des zugehörigen oberen Eckpunktes Q_2 an. 4

b) Geben Sie eine Geradengleichung für SQ_1 an.
Berechnen Sie die Größe des Winkels, den zwei benachbarte Seitenkanten an der Spitze der Pyramide einschließen.
Berechnen Sie den Inhalt der Mantelfläche der Pyramide. 12

c) Die einfallenden parallelen Sonnenstrahlen haben die Richtung $\begin{pmatrix} -2 \\ -2 \\ -1 \end{pmatrix}$.
Berechnen Sie den Winkel, den die Sonnenstrahlen und die Fußbodenfläche (x-y-Ebene) bilden.
Das Sonnenlicht erzeugt von der Spitze S der Pyramide den Schattenpunkt S* auf der Fußbodenfläche.
Bestimmen Sie den Abstand dieser beiden Punkte. 10

d) In der Glaspyramide wird eine Beleuchtung geplant: Eine Lampe soll unterhalb der Spitze $S(0\,|\,0\,|\,6)$ aufgehängt werden. Die Lampe soll von der Spitze doppelt so weit entfernt sein wie von den oberen Eckpunkten des Steinsockels.
Ermitteln Sie die Koordinaten $L(x\,|\,y\,|\,z)$ der (punktförmigen) Lichtquelle. 4

30

Tipps und Hinweise zur Lösung von Aufgabe 2.1

Tipps zu Teilaufgabe a

Begründung, dass $P_2(\sqrt{2}\,|\,0\,|\,0)$ unterer Eckpunkt des Steinsockels ist

- Bestimmen Sie die Koordinaten eines Eckpunktes P_x, der auf der positiven x-Achse liegt, und zeigen Sie, dass dieser mit P_2 übereinstimmt.
- Beachten Sie, dass das Dreieck OP_1P_x gleichschenklig ist.
- Alternativ zeigen Sie, dass das Dreieck OP_1P_2 gleichschenklig ist und im Ursprung einen 45°-Winkel einschließt.

Koordinaten des zugehörigen oberen Eckpunktes Q_2

- Beachten Sie, dass der Sockel ein gerades achteckiges Prisma mit der Höhe 1 LE = 1 m ist.

Tipps zu Teilaufgabe b

Geradengleichung SQ_1

- Verwenden Sie den Stützvektor $\overrightarrow{OS}$ und den Richtungsvektor $\overrightarrow{SQ_1}$.

Winkel zwischen benachbarten Seitenkanten der Pyramide

- Berechnen Sie den gesuchten Winkel als Schnittwinkel der Geraden SQ_1 und SQ_2.
- Verwenden Sie dazu das Skalarprodukt und die Richtungsvektoren der Geraden.

Mantelflächeninhalt der Pyramide

- Berechnen Sie zunächst den Flächeninhalt einer Seitenfläche.
- Benutzen Sie dazu den Winkel zwischen benachbarten Seitenkanten der Pyramide.
- Aus wie vielen Seitenflächen besteht der Mantel der Pyramide?

Tipps zu Teilaufgabe c

Winkelberechnung

- Berechnen Sie mithilfe des Skalarproduktes, des Normalenvektors der x-y-Ebene und des Richtungsvektors des Sonnenstrahls einen Winkel.
- Beachten Sie, dass der gesuchte Winkel der Komplementwinkel (Ergänzungswinkel zu 90°) des berechneten Winkels ist.

*Abstand von S und S**

- Benutzen Sie eine Geradengleichung des durch S verlaufenden Sonnenstrahls.
- Beachten Sie, dass für den Schnittpunkt S* in der x-y-Ebene $z = 0$ gilt.
- Bestimmen Sie die Länge des Vektors $\overrightarrow{SS^*}$.

Tipps zu Teilaufgabe d

- Beachten Sie, dass sich die Lampe L senkrecht unter der Pyramidenspitze S befindet und somit nur ihre z-Koordinate von null verschieden ist.
- Berechnen Sie die Streckenlängen $|\overrightarrow{LS}|$ und $|\overrightarrow{LQ_1}|$.
- Benutzen Sie wegen der geforderten Bedingung die Gleichung $|\overrightarrow{LS}| = 2 \cdot |\overrightarrow{LQ_1}|$.

Lösungen zu Aufgabe 2.1

a) **Begründung, dass $P_2(\sqrt{2}\,|\,0\,|\,0)$ unterer Eckpunkt des Steinsockels ist**

1. Möglichkeit:

Das regelmäßige Achteck kann wie abgebildet dargestellt werden. Damit ist das Dreieck OP_1P_x gleichschenklig, wobei $|\overline{OP_1}| = |\overline{OP_x}|$ gilt.

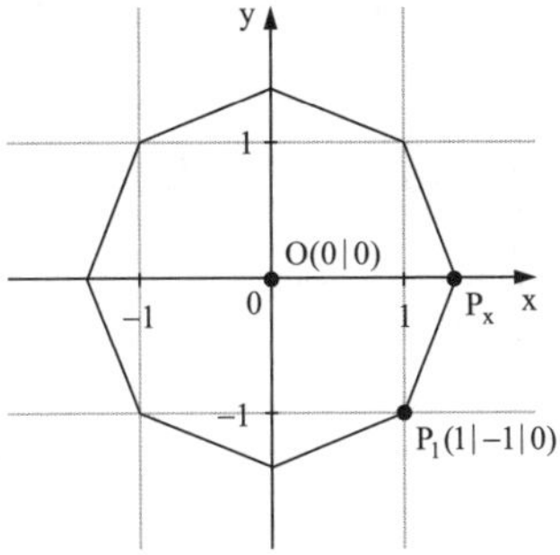

Für $|\overline{OP_1}|$ gilt:

$$|\overline{OP_1}| = \sqrt{1^2 + (-1)^2} = \sqrt{2}$$

Somit gilt auch:

$$|\overline{OP_x}| = \sqrt{2}$$

Da P_x auf der x-Achse liegt, sind seine Koordinaten

$\underline{\underline{P_x(\sqrt{2}\,|\,0\,|\,0)}}$.

P_x stimmt mit P_2 überein. Damit ist P_2 ein weiterer Eckpunkt.

2. Möglichkeit:

P_2 ist ein weiterer Eckpunkt des Achtecks, wenn OP_1P_2 ein gleichschenkliges Dreieck ist und der Winkel $\sphericalangle\, P_1OP_2$ ein Vielfaches von $360° : 8 = 45°$ beträgt.

$$|\overline{OP_1}| = \sqrt{1^2 + (-1)^2} = \sqrt{2}$$

$$|\overline{OP_2}| = \sqrt{2}$$

$$\Rightarrow \quad |\overline{OP_1}| = |\overline{OP_2}|$$

Da P_1 auf der Winkelhalbierenden des IV. Quadranten liegt, schließt OP_1 mit der x-Achse einen 45°-Winkel ein. Daher gilt auch $\sphericalangle\, P_1OP_2 = 45°$.

Koordinaten des zugehörigen oberen Eckpunktes Q_2

Der Steinsockel hat eine Höhe von 1 m und es ist 1 m = 1 LE. Außerdem ist aus den Koordinaten von $Q_1(1\,|\,-1\,|\,1)$ ersichtlich, dass die oberen Eckpunkte senkrecht über den jeweiligen unteren Eckpunkten liegen.

Deshalb gilt $\underline{\underline{Q_2(\sqrt{2}\,|\,0\,|\,1)}}$.

b) **Geradengleichung SQ_1**

Mit dem Stützvektor $\overrightarrow{OS}$ und dem Richtungsvektor $\overrightarrow{SQ_1}$ erhält man folgende Gleichung:

$$\underline{\underline{SQ_1\colon\ \vec{x} = \overrightarrow{OS} + r \cdot \overrightarrow{SQ_1} = \begin{pmatrix} 0 \\ 0 \\ 6 \end{pmatrix} + r \cdot \begin{pmatrix} 1 \\ -1 \\ -5 \end{pmatrix}}};\ r \in \mathbb{R}$$

Winkel zwischen benachbarten Seitenkanten der Pyramide

Der zu berechnende Winkel φ kann als Schnittwinkel der Geraden SQ_1 und SQ_2 angegeben werden:

$$SQ_2\colon\ \vec{x} = \overrightarrow{OS} + s \cdot \overrightarrow{SQ_2} = \begin{pmatrix} 0 \\ 0 \\ 6 \end{pmatrix} + s \cdot \begin{pmatrix} \sqrt{2} \\ 0 \\ -5 \end{pmatrix};\ s \in \mathbb{R}$$

Mithilfe der Richtungsvektoren beider Geraden und des Skalarproduktes folgt:

$$\cos\varphi = \frac{\left|\begin{pmatrix}1\\-1\\-5\end{pmatrix}\circ\begin{pmatrix}\sqrt{2}\\0\\-5\end{pmatrix}\right|}{\sqrt{27}\cdot\sqrt{27}} = \frac{\sqrt{2}+25}{27} \quad\Rightarrow\quad \varphi\approx 12°$$

Die Größe des gesuchten Winkels beträgt rund 12°.

Mantelflächeninhalt der Pyramide

Die Maßzahl A_M des Mantelflächeninhaltes ist das Achtfache der Maßzahl A des Inhaltes einer Seitenfläche der Pyramide. Dabei gilt $A = \frac{1}{2}\cdot a\cdot b\cdot\sin\varphi$, wobei a und b die Längen der gleich langen Seitenkanten der Pyramide sind.

Somit gilt:

$$A_M \approx 8\cdot\frac{1}{2}\cdot(\sqrt{27})^2\cdot\sin(12°)\approx 22{,}45$$

Unter Berücksichtigung des Maßstabes beträgt der Inhalt der Mantelfläche der Pyramide rund $22{,}45\ \text{m}^2$.

c) **Winkelberechnung**

Die in der Aufgabenstellung genannte Fußbodenebene ist die x-y-Ebene mit dem Normalenvektor $\vec{n}_{x\text{-}y} = \begin{pmatrix}0\\0\\1\end{pmatrix}$. Der Richtungsvektor der Sonnenstrahlen ist durch $\vec{n} = \begin{pmatrix}-2\\-2\\-1\end{pmatrix}$ gegeben.

Der Winkel α ist der Komplementwinkel zu β (siehe Abbildung). Da $\cos\beta = \sin(90° - \beta) = \sin\alpha$ ist, verwendet man also zur Berechnung von α das Skalarprodukt in Verbindung mit dem Sinus.

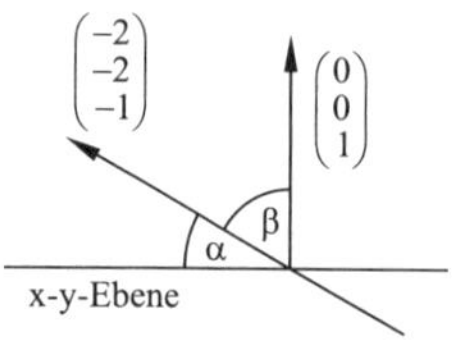

$$\sin\alpha = \frac{\left|\begin{pmatrix}0\\0\\1\end{pmatrix}\circ\begin{pmatrix}-2\\-2\\-1\end{pmatrix}\right|}{\sqrt{1}\cdot\sqrt{9}} = \frac{|-1|}{3} = \frac{1}{3} \quad\Rightarrow\quad \alpha\approx 19{,}5°$$

Der Winkel zwischen einfallendem Licht und Fußbodenebene beträgt rund 19,5°.

Abstand von S und S*

Zur Berechnung bestimmt man den Schnittpunkt S* eines durch S verlaufenden Sonnenstrahls mit der Fußbodenebene und daraus die Länge der Strecke $\overline{SS^*}$.

Der durch S verlaufende Sonnenstrahl hat folgende Geradengleichung:

$$\vec{x} = \begin{pmatrix}0\\0\\6\end{pmatrix} + t\cdot\begin{pmatrix}2\\2\\1\end{pmatrix};\ t\in\mathbb{R}$$

Für jeden Punkt der Fußbodenebene (x-y-Ebene) gilt $z = 0$ und damit:

$$6 + t = 0 \quad\Rightarrow\quad t = -6$$

Der Schnittpunkt hat die Koordinaten $S^*(-12\,|\,-12\,|\,0)$.

Für den Abstand gilt:

$$|\overline{SS^*}| = \left|\begin{pmatrix}-12\\-12\\0\end{pmatrix} - \begin{pmatrix}0\\0\\6\end{pmatrix}\right| = \sqrt{144+144+36} = \sqrt{324} = 18$$

Die Entfernung der Pyramidenspitze von ihrem Schattenpunkt beträgt 18 m.

d) Da sich die Lampe senkrecht unter der Pyramidenspitze S(0| 0| 6) befindet, hat sie die Koordinaten L(0| 0| z). Ihr Abstand zur Spitze S ist doppelt so groß wie der zu einem oberen Sockeleckpunkt, zum Beispiel $Q_1(1|-1|1)$. Damit gilt $|\overrightarrow{LS}| = 2 \cdot |\overrightarrow{LQ_1}|$.

$$|\overrightarrow{LS}| = \left| \begin{pmatrix} 0 \\ 0 \\ 6 \end{pmatrix} - \begin{pmatrix} 0 \\ 0 \\ z \end{pmatrix} \right| = 6 - z \quad \text{und} \quad 0 < z < 6$$

$$|\overrightarrow{LQ_1}| = \left| \begin{pmatrix} 1 \\ -1 \\ 1 \end{pmatrix} - \begin{pmatrix} 0 \\ 0 \\ z \end{pmatrix} \right| = \left| \begin{pmatrix} 1 \\ -1 \\ 1-z \end{pmatrix} \right| = \sqrt{1^2 + (-1)^2 + (1-z)^2} = \sqrt{z^2 - 2z + 3}$$

Man setzt die Terme in die Gleichung $|\overrightarrow{LS}| = 2 \cdot |\overrightarrow{LQ_1}|$ ein:

$$6 - z = 2 \cdot \sqrt{z^2 - 2z + 3} \quad \text{und} \quad 0 < z < 6$$

Beide Seiten der Gleichung werden quadriert:

$$z^2 - 12z + 36 = 4 \cdot (z^2 - 2z + 3) \quad \text{und} \quad 0 < z < 6$$

$$-3z^2 - 4z + 24 = 0$$

$$z^2 + \frac{4}{3}z - 8 = 0$$

$$z = -\frac{2}{3} + \sqrt{\frac{4}{9} + 8} \approx 2{,}24$$

Die punktförmige Lichtquelle mit den Koordinaten $\underline{\underline{L(0|\,0|\approx 2{,}24)}}$ erfüllt die Bedingung.

Das heißt, die Lampe befindet sich rund 2,24 m über der Fußbodenebene.

Bergwerk BE

In einem Bergwerk befindet sich ein Tunnel, der geradlinig durch die Punkte A(73 | −16 | −24) und B(7 | 17 | −2) zum Ausgang R verläuft. Vom Punkt S(45 | 10 | 0) werden geradlinig Stollen gegraben, die auf den Tunnel treffen. Die Erdoberfläche befindet sich in der x-y-Ebene, 1 LE = 10 m.

a) Bestimmen Sie die Richtung, in die von S aus gegraben werden muss, damit ein Stollen den Punkt A trifft. Berechnen Sie die Länge des Stollens und die Größe des Winkels, in dem der Stollen auf den Tunnel trifft.
Ermitteln Sie die Koordinaten des Punktes R, an dem der Tunnel an der Erdoberfläche beginnt. 12

b) Ein zweiter Stollen verläuft vom Punkt S in Richtung $\vec{u} = \begin{pmatrix} 1 \\ -3{,}5 \\ -4 \end{pmatrix}$.
Ermitteln Sie die Koordinaten des Punktes P, in dem dieser Stollen auf den Tunnel trifft. 6

c) Vom Punkt S aus soll der kürzeste Stollen gegraben werden, der zum Tunnel führt. Bestimmen Sie die Richtung, in welche gegraben werden muss, und den Punkt K, in dem der Stollen auf den Tunnel trifft. 8

d) In 140 m Entfernung vom Punkt B auf der Strecke $\overline{AB}$ soll ein zur Erdoberfläche senkrechter Notausstieg enden.
Berechnen Sie die Koordinaten des Punktes, an dem die Bohrung an der Erdoberfläche beginnen muss. 4

30

Tipps und Hinweise zur Lösung von Aufgabe 2.2

Tipps zu Teilaufgabe a

Grabungsrichtung

- Stellen Sie den Vektor $\overrightarrow{SA}$ auf.

Stollenlänge

- Berechnen Sie die Länge des Vektors $\overrightarrow{SA}$.

Winkel

- Der Winkel wird bestimmt durch den Vektor $\overrightarrow{AS}$ und den Richtungsvektor $\overrightarrow{AB}$.
- Bedenken Sie, dass Sie auch kollineare Vektoren wählen können.

Koordinaten des Punktes R

- R ist der Schnittpunkt der Geraden AB mit der x-y-Ebene.
- Stellen Sie die Gleichung der Geraden AB auf.
- Im Schnittpunkt mit der x-y-Ebene muss die z-Koordinate null sein.

Tipps zu Teilaufgabe b

- Gesucht ist der Schnittpunkt zwischen der neuen Stollengeraden g und der Tunnelgeraden t.
- Setzen Sie die Gleichungen beider Geraden gleich.
- Lösen Sie das entstehende Gleichungssystem.

Tipps zu Teilaufgabe c

- Für die Berechnung des Punktes K benötigen Sie eine Hilfsebene H, die senkrecht auf t steht und durch S verläuft.
- Diese Ebene wird mit der Tunnelgeraden geschnitten.
- Der Vektor $\overrightarrow{SK}$ gibt die Richtung an, in die gegraben werden muss.

Tipps zu Teilaufgabe d

- Stellen Sie die Gleichung der Geraden BA auf.
- Berechnen Sie die Länge der Strecke $\overline{BA}$.
- Stellen Sie die Entfernung von B als Anteil an der gesamten Strecke dar und setzen Sie diesen Wert für den Parameter in die Geradengleichung ein.
- Der gesuchte Bohrungspunkt an der Erdoberfläche stimmt mit dem so ermittelten Punkt in x- und y-Koordinate überein.
- Für die z-Koordinate gilt: $z = 0$

Lösungen zu Aufgabe 2.2

a) **Grabungsrichtung**

Der Vektor $\overrightarrow{SA}$ gibt die Grabungsrichtung an.

$$\overrightarrow{SA} = \underline{\underline{\begin{pmatrix} 28 \\ -26 \\ -24 \end{pmatrix}}}$$

Stollenlänge

Die Länge des Stollens wird durch den Betrag des Vektors $\overrightarrow{SA}$ angegeben.

$$|\overrightarrow{SA}| = \sqrt{28^2 + (-26)^2 + (-24)^2} = \sqrt{784 + 676 + 576} = \sqrt{2\,036}$$
$$= 2 \cdot \sqrt{509} \approx 45{,}12$$

Da $1\text{ LE} = 10\text{ m}$ entspricht, ist der Stollen näherungsweise $\underline{\underline{451{,}20\text{ m}}}$ lang.

Winkel

Der Winkel α, in dem der Stollen auf den Tunnel trifft, wird bestimmt durch die Vektoren $\overrightarrow{AS}$ und $\overrightarrow{AB}$, da A der Scheitelpunkt des Winkels ist.

$$\overrightarrow{AS} = \begin{pmatrix} -28 \\ 26 \\ 24 \end{pmatrix}$$

$$\overrightarrow{AB} = \begin{pmatrix} -66 \\ 33 \\ 22 \end{pmatrix}$$

Für beide Vektoren bietet es sich an, kollineare Vektoren zu wählen, da die Zahlen dann kleiner sind. Der Winkel ändert sich dadurch nicht.

$$\vec{u}_1 = \begin{pmatrix} -14 \\ 13 \\ 12 \end{pmatrix}$$

$$\vec{u}_2 = \begin{pmatrix} -6 \\ 3 \\ 2 \end{pmatrix}$$

$$\cos\alpha = \frac{\vec{u}_1 \circ \vec{u}_2}{|\vec{u}_1| \cdot |\vec{u}_2|} = \frac{\begin{pmatrix} -14 \\ 13 \\ 12 \end{pmatrix} \circ \begin{pmatrix} -6 \\ 3 \\ 2 \end{pmatrix}}{\left|\begin{pmatrix} -14 \\ 13 \\ 12 \end{pmatrix}\right| \cdot \left|\begin{pmatrix} -6 \\ 3 \\ 2 \end{pmatrix}\right|} = \frac{84 + 39 + 24}{\sqrt{509} \cdot \sqrt{49}} = \frac{147}{7 \cdot \sqrt{509}} = \frac{21}{\sqrt{509}}$$

$$\Rightarrow \quad \alpha \approx 21{,}44°$$

Der Winkel α, in dem der Stollen auf den Tunnel trifft, beträgt rund $\underline{\underline{21{,}44°}}$.

Koordinaten des Punktes R

Eine Gleichung der Tunnelgeraden t lautet:

$$t:\ \vec{x} = \begin{pmatrix} 73 \\ -16 \\ -24 \end{pmatrix} + k \cdot \begin{pmatrix} -6 \\ 3 \\ 2 \end{pmatrix};\ k \in \mathbb{R}$$

Für alle Punkte der x-y-Ebene gilt $z = 0$.

Somit muss für den Schnittpunkt der Tunnelgeraden t mit der x-y-Ebene gelten:

$$0 = -24 + 2k \;\Rightarrow\; 24 = 2k \;\Rightarrow\; k = 12$$

Durch Einsetzen von k = 12 in die Tunnelgleichung t wird der Ortsvektor von R berechnet und daraus ergeben sich die Koordinaten des Schnittpunktes R.

$$\underline{\underline{R(1\,|\,20\,|\,0)}}$$

b) Gesucht ist der Schnittpunkt P zwischen der neuen Stollengeraden g und der Tunnelgeraden t. Für die neue Stollengerade g sind der Stützpunkt S und der Richtungsvektor gegeben:

$$g:\ \vec{x} = \begin{pmatrix} 45 \\ 10 \\ 0 \end{pmatrix} + \ell \cdot \begin{pmatrix} 1 \\ -3{,}5 \\ -4 \end{pmatrix};\ \ell \in \mathbb{R}$$

Zur Berechnung der Koordinaten des Schnittpunktes P der Geraden t und g werden die Geradenterme gleichgesetzt.

$$\begin{pmatrix} 45 \\ 10 \\ 0 \end{pmatrix} + \ell \cdot \begin{pmatrix} 1 \\ -3{,}5 \\ -4 \end{pmatrix} = \begin{pmatrix} 73 \\ -16 \\ -24 \end{pmatrix} + k \cdot \begin{pmatrix} -6 \\ 3 \\ 2 \end{pmatrix}$$

Es ergeben sich drei Gleichungen mit zwei Variablen.

$$\begin{array}{ll} \text{I} & 45 + \ell = 73 - 6k \\ \text{II} & 10 - 3{,}5\ell = -16 + 3k \\ \text{III} & -4\ell = -24 + 2k \end{array}$$

Man wählt zwei der Gleichungen aus, löst das Gleichungssystem und überprüft die Lösungen in der dritten, nicht benutzten Gleichung.

Mit dem Additionsverfahren gilt:

$$\begin{array}{ll} \text{I} & 45 + \ell = 73 - 6k \\ 2 \cdot \text{II} & 20 - 7\ell = -32 + 6k \\ \hline & 65 - 6\ell = 41 \\ & 24 = 6\ell \\ & \ell = 4 \end{array}$$

Eingesetzt in Gleichung I:

$$\begin{array}{ll} \text{I} & 45 + 4 = 73 - 6k \\ & 6k = 24 \\ & k = \frac{24}{6} = 4 \end{array}$$

Zur Überprüfung werden k und ℓ in Gleichung III eingesetzt:

$$\text{III}\quad -16 = -24 + 8 \quad \checkmark$$

Durch Einsetzen von $\ell = 4$ in die Gleichung von g oder durch Einsetzen von k = 4 in die Gleichung von t ergeben sich die Koordinaten des Schnittpunktes P.

$$\underline{\underline{P(49\,|\,-4\,|\,-16)}}$$

c) Die kürzeste Entfernung des Punktes S zur Tunnelgeraden t ist die Länge des Lotes von S auf die Tunnelgerade. Der Fußpunkt K des Lotes auf t wird mittels einer Hilfsebene H berechnet, die durch S geht und senkrecht zu t steht. Der Richtungsvektor der Tunnelgeraden t ist als Normalenvektor der Hilfsebene H geeignet.

Die Normalengleichung der Ebene H lautet:

$$H:\ \left(\vec{x}-\begin{pmatrix}45\\10\\0\end{pmatrix}\right)\circ\begin{pmatrix}-6\\3\\2\end{pmatrix}=0$$

Durch Ausmultiplizieren kommt man zur Koordinatenform der Ebene H.

$$-6x+3y+2z-(-270+30)=0$$
$$-6x+3y+2z+240=0$$

Der Fußpunkt K des Lotes von S auf die Tunnelgerade t ist der Schnittpunkt der Geraden t und der Hilfsebene H.

Die Bedingungen für x, y und z aus der Geradengleichung von t werden in die Koordinatenform von H eingesetzt.

$$x=73-6k \qquad y=-16+3k \qquad z=-24+2k$$

$t\cap H$:

$$-6(73-6k)+3(-16+3k)+2(-24+2k)+240=0$$
$$-438+36k-48+9k-48+4k+240=0$$
$$49k-294=0$$
$$k=6$$

Eingesetzt in die Geradengleichung t ergeben sich die Koordinaten des Fußpunktes K.

$$\underline{\underline{K(37\,|\,2\,|\,-12)}}$$

Die Grabungsrichtung wird vorgegeben durch den Vektor $\overrightarrow{SK}$.

$$\overrightarrow{SK}=\begin{pmatrix}37-45\\2-10\\-12\end{pmatrix}=\underline{\underline{\begin{pmatrix}-8\\-8\\-12\end{pmatrix}}}$$

Oder kollinear zu $\overrightarrow{SK}$ der Vektor $\underline{\underline{\begin{pmatrix}-2\\-2\\-3\end{pmatrix}}}$.

d) *Möglichkeit 1:*

Die Gleichung der Geraden BA lautet:

$$BA:\ \vec{x}=\begin{pmatrix}7\\17\\-2\end{pmatrix}+t\cdot\begin{pmatrix}66\\-33\\-22\end{pmatrix};\ t\in\mathbb{R}$$

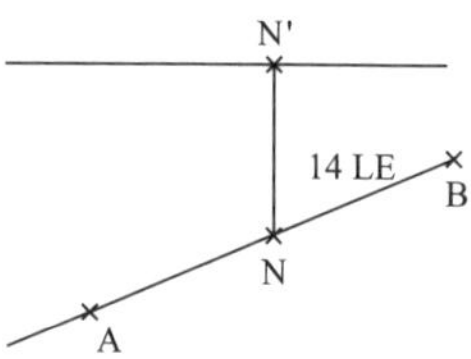

Für die Länge der Strecke $\overline{BA}$ gilt:

$$\left|\begin{pmatrix}66\\-33\\-22\end{pmatrix}\right|=\sqrt{4\,356+1\,089+484}=\sqrt{5\,929}=77\ [LE]$$

Da 140 m in der Darstellung 14 LE entsprechen, muss $t=\frac{14}{77}=\frac{2}{11}$ in die Geradengleichung eingesetzt werden, um den Punkt zu erhalten, der 140 m von B entfernt liegt.

$$\overrightarrow{ON}=\begin{pmatrix}7\\17\\-2\end{pmatrix}+\frac{2}{11}\cdot\begin{pmatrix}66\\-33\\-22\end{pmatrix}=\begin{pmatrix}7\\17\\-2\end{pmatrix}+\begin{pmatrix}12\\-6\\-4\end{pmatrix}=\begin{pmatrix}19\\11\\-6\end{pmatrix}\ \Rightarrow\ N(19\,|\,11\,|\,-6)$$

Möglichkeit 2:
Es wird die Länge des Richtungsvektors der Tunnelgeraden in Richtung $\overrightarrow{BA}$ berechnet:

$$\left|\begin{pmatrix} 6 \\ -3 \\ -2 \end{pmatrix}\right| = \sqrt{36+9+4} = \sqrt{49} = 7\ [\text{LE}]$$

N lässt sich ausgehend vom Punkt B mit dem Richtungsvektor der Länge 7 [LE] berechnen. Dieser muss mit 2 multipliziert werden, um auf 14 [LE] zu kommen.

$$\overrightarrow{ON} = \begin{pmatrix} 7 \\ 17 \\ -2 \end{pmatrix} + 2 \cdot \begin{pmatrix} 6 \\ -3 \\ -2 \end{pmatrix} = \begin{pmatrix} 7 \\ 17 \\ -2 \end{pmatrix} + \begin{pmatrix} 12 \\ -6 \\ -4 \end{pmatrix} = \begin{pmatrix} 19 \\ 11 \\ -6 \end{pmatrix} \quad \Rightarrow \quad N(19\,|\,11\,|-6)$$

Der gesuchte Punkt N', in dem die Bohrung beginnen muss, liegt in der x-y-Ebene ($z = 0$) und hat die gleichen x- und y-Koordinaten wie N.
An der Erdoberfläche muss die Bohrung beim Punkt $\underline{\underline{N'(19\,|\,11\,|\,0)}}$ beginnen.

Schulabschlüsse BE

Schulabgänger im Sommer 2009 in Berlin:

Gesamtzahl	mit allgemeiner Hochschulreife	mit mittlerem Schulabschluss *)	Hauptschulabschlüsse	ohne Schulabschluss
24 600	11 600	6 400	4 500	2 100

*) dies entspricht in Brandenburg der Fachoberschulreife

Unter den insgesamt 24 600 Schulabsolventen des Jahres 2009 waren 3 600 nichtdeutscher Herkunft, von denen 700 die allgemeine Hochschulreife erlangten.

(Quelle: Leerhoff, Holger/May-Wachowius, Andreas: Schulen. Entwicklung von Schülerzahlen und Schulen in Berlin. In: Zeitschrift für amtliche Statistik Berlin Brandenburg 2/2011, S. 32; die Werte sind gerundet.)

a) Berechnen Sie die Wahrscheinlichkeit der folgenden Ereignisse:
   A_1: Von zwei zufällig befragten Schulabgängern hat einer die allgemeine Hochschulreife erlangt und der andere den mittleren Schulabschluss.
   A_2: Unter 5 befragten Schulabgängern hat nur der erste und vierte die allgemeine Hochschulreife erlangt. 6

b) Zehn der 24 600 Schulabgänger werden zufällig befragt.
   Bestimmen Sie die Wahrscheinlichkeiten für folgende Ereignisse:
   B_1: Genau fünf der 10 befragten Schulabgänger haben die allgemeine Hochschulreife erlangt.
   B_2: Unter den 10 befragten Schulabgängern befindet sich höchstens einer ohne Schulabschluss. 10

c) Ein Schulabgänger wird zufällig ausgewählt. Im Gespräch erfährt man, dass er deutscher Herkunft ist. Ermitteln Sie unter dieser Voraussetzung die Wahrscheinlichkeit dafür, dass er die allgemeine Hochschulreife erlangt hat. 4

d) Unter einer Gruppe von 10 Schulabgängern befinden sich vier, die aus Berlin-Pankow kommen. Drei der 10 Schulabgänger werden zufällig (ohne Zurücklegen) ausgewählt.
   Ermitteln Sie die Wahrscheinlichkeiten der beiden folgenden Ereignisse:
   D_1: Alle drei ausgewählten Personen kommen aus Berlin-Pankow oder keine der ausgewählten Personen kommt aus Berlin-Pankow.
   D_2: Zwei der drei ausgewählten Personen kommen aus Berlin-Pankow. 6

e) Man befragt nacheinander fünf der insgesamt 24 600 Schulabgänger nach ihrem Schulabschluss. Es stellt sich heraus, dass keiner von ihnen die allgemeine Hochschulreife erlangt hat.
   Bestimmen Sie auf diesem Stand der Informationen die Wahrscheinlichkeit dafür, dass genau vier von ihnen den mittleren Schulabschluss erreichten. 4

30

Tipps und Hinweise zur Lösung von Aufgabe 3.1

Tipps zu Teilaufgabe a

- Berechnen Sie die Wahrscheinlichkeit, dass ein Schulabgänger die allgemeine Hochschulreife bzw. den mittleren Schulabschluss erlangt hat.
- Stellen Sie den Vorgang der Befragung als Pfad eines Baumdiagramms dar und tragen Sie diese Wahrscheinlichkeiten ein.
- Ermitteln Sie mit den Pfadregeln die gesuchten Wahrscheinlichkeiten.

Tipps zu Teilaufgabe b

- Die Feststellung, ob ein bestimmter Schulabschluss (Treffer) vorliegt oder nicht, ist ein Bernoulli-Experiment.
- Wenden Sie daher das Modell „Binomialverteilung" mit den Parametern n und p an.

Tipps zu Teilaufgabe c

- Berechnen Sie zunächst, wie viele Schulabgänger deutscher Herkunft sind und wie viele Schulabgänger mit allgemeiner Hochschulreife deutscher Herkunft sind.

Tipps zu Teilaufgabe d

- Modellieren Sie die Situation durch ein Urnenexperiment mit dreimaligem Ziehen ohne Zurücklegen.
- Geben Sie ein Baumdiagramm an und tragen Sie die Wahrscheinlichkeiten ein.
- Benutzen Sie die Pfadregeln zur Berechnung der gesuchten Wahrscheinlichkeiten.

Tipps zu Teilaufgabe e

- Die Problemstellung bezieht sich nicht auf die Menge aller Schulabgänger, sondern nur auf die ohne Hochschulreife.
- Ermitteln Sie diese Zahl.
- Berechnen Sie die Wahrscheinlichkeit, dass ein aus dieser Gruppe zufällig ausgewählter Schüler den mittleren Schulabschluss erreicht hat (Treffer).
- Wenden Sie das Modell „Binomialverteilung" an.

Lösungen zu Aufgabe 3.1

a) Aus der Statistik wird die Verteilung der Schulabschlüsse ersichtlich. Insbesondere interessieren folgende Ereignisse:
H: = „Ein zufällig ausgewählter Schulabgänger hat die allgemeine Hochschulreife erworben."
M: = „Ein zufällig ausgewählter Schulabgänger hat den mittleren Schulabschluss erreicht."
O: = „Ein zufällig ausgewählter Schulabgänger ist ohne Schulabschluss."
Aus der Tabelle entnimmt man:

$$P(H) = \frac{11\,600}{24\,600} \approx 0{,}472$$

$$P(M) = \frac{6\,400}{24\,600} \approx 0{,}260$$

$$P(O) = \frac{2\,100}{24\,600} \approx 0{,}085$$

Ereignis A_1
Die Befragung kann man als zweistufiges Zufallsexperiment interpretieren und das Ereignis A_1 als Teil eines Baumdiagramms darstellen. Es kommen die beiden Folgen HM und MH infrage.
Nach den Pfadregeln ist:

$$P(A_1) = 2 \cdot P(H) \cdot P(M) = 2 \cdot 0{,}472 \cdot 0{,}26 \approx \underline{\underline{0{,}245}}$$

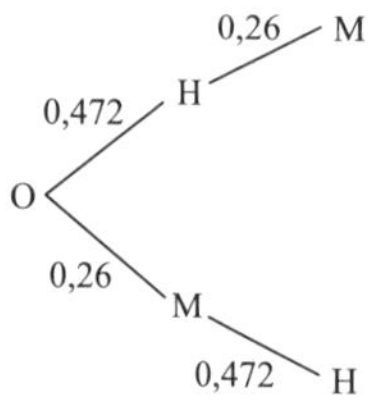

Ereignis A_2
Es liegt ein fünfstufiges Zufallsexperiment vor. Der zu A_2 führende Pfad ist die Ereignisfolge: $H\,\overline{H}\,\overline{H}\,H\,\overline{H}$
Nach der ersten Pfadregel ist:

$$P(A_2) = P(H)^2 \cdot P(\overline{H})^3 = 0{,}472^2 \cdot 0{,}528^3 \approx \underline{\underline{0{,}033}}$$

b) **Ereignis B_1**
Es liegt eine Bernoulli-Kette der Länge $n = 10$ und der Trefferwahrscheinlichkeit $p = P(H) = 0{,}472$ vor.
Die Zufallsgröße X: = „Anzahl der Schüler in der Stichprobe mit Hochschulreife" genügt der Binomialverteilung $B_{10;\,0{,}472}$.

$$P(B_1) = P(X = 5) = \binom{10}{5} \cdot 0{,}472^5 \cdot 0{,}528^5 \approx \underline{\underline{0{,}242}}$$

Ereignis B_2
Die Zufallsgröße Y: = „Anzahl der Schüler in der Stichprobe ohne Schulabschluss" ist mit $n = 10$ und $p = P(O) = 0{,}085$ binomialverteilt.

$$P(B_2) = P(Y \le 1) = P(Y = 0) + P(Y = 1) = 0{,}915^{10} + 10 \cdot 0{,}085 \cdot 0{,}915^9 \approx \underline{\underline{0{,}793}}$$

c) Sei D: = „Ein zufällig ausgewählter Schulabgänger ist deutscher Herkunft.“
Aus der Statistik entnimmt man $|D| = 24\,600 - 3\,600 = 21\,000$.
Da 700 Schulabgänger nicht deutscher Herkunft die allgemeine Hochschulreife erworben haben, sind $11\,600 - 700 = 10\,900$ Schulabgänger deutscher Herkunft mit allgemeiner Hochschulreife (Ereignis $D \cap H$).
Damit ist die Wahrscheinlichkeit W, dass ein Schulabgänger deutscher Herkunft die allgemeine Hochschulreife erworben hat:

$$W = \frac{|D \cap H|}{|D|} = \frac{10\,900}{21\,000} \approx 0{,}519$$

Rund $\underline{\underline{51{,}9\ \%}}$ aller Schulabgänger deutscher Herkunft haben die allgemeine Hochschulreife erworben.

d) Den Sachverhalt kann man durch ein Urnenexperiment simulieren. Aus einer Urne mit genau vier weißen (Pankow) und genau sechs schwarzen Kugeln werden nacheinander drei Kugeln ohne Zurücklegen gezogen. Die Ereignisse D_1, D_2 lassen sich jeweils durch Pfade eines Baumdiagramms darstellen. Genau die dargestellten Pfade führen zum Ereignis D_1 bzw. D_2.

Ereignis D_1

$$P(D_1) = \frac{4}{10} \cdot \frac{3}{9} \cdot \frac{2}{8} + \frac{6}{10} \cdot \frac{5}{9} \cdot \frac{4}{8} = \frac{1}{5} = \underline{\underline{0{,}2}}$$

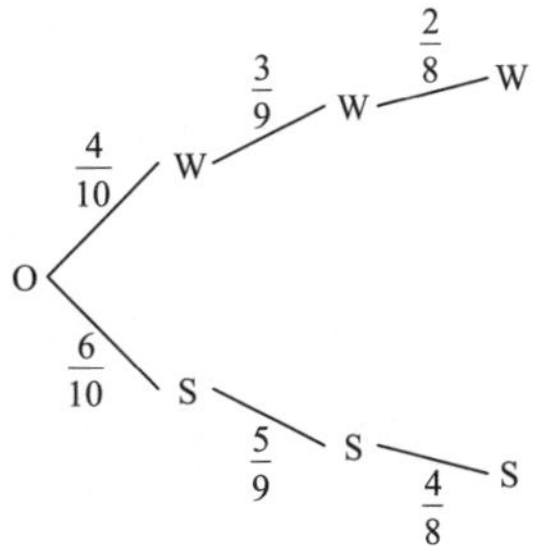

Ereignis D_2

$$P(D_2) = \frac{4}{10} \cdot \frac{3}{9} \cdot \frac{6}{8} + \frac{4}{10} \cdot \frac{6}{9} \cdot \frac{3}{8} + \frac{6}{10} \cdot \frac{4}{9} \cdot \frac{3}{8} = 3 \cdot \frac{4}{10} \cdot \frac{3}{9} \cdot \frac{6}{8} = \frac{3}{10} = \underline{\underline{0{,}3}}$$

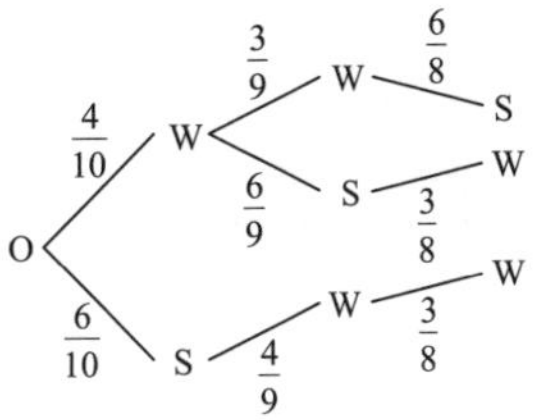

e) Es gibt $24\,600 - 11\,600 = 13\,000$ Schulabgänger ohne allgemeine Hochschulreife. Aus dieser Menge wird eine Stichprobe der Länge $n = 5$ entnommen. Die Wahrscheinlichkeit für das Ereignis E: = „Ein zufällig ausgewählter Schulabgänger ohne allgemeine Hochschulreife hat die mittlere Reife erworben“ (Treffer) ist:

$$P(E) = \frac{6\,400}{13\,000} \approx 0{,}492$$

Es wird vorausgesetzt, dass jeder Schulabgänger genau einen oder keinen Abschluss erworben hat.

Die Zufallsgröße Z: = „Anzahl der Schulabgänger in der Stichprobe mit mittlerem Schulabschluss" ist mit n = 5 und p = 0,492 binomialverteilt. Dann ist:

$$P(Z=4)=\binom{5}{4}\cdot 0{,}492^4\cdot 0{,}508\approx 0{,}149$$

Die Wahrscheinlichkeit dafür, dass vier von fünf Schulabgängern ohne allgemeine Hochschulreife den mittleren Schulabschluss erreichen, beträgt rund $\underline{\underline{14{,}9\ \%}}$.

Berlin/Brandenburg – Mathematik Grundkurs
2013 – Aufgabe 3.2: Stochastik

Fußball BE

Bei einem Fußballturnier haben die Mannschaften von Altenberg (A) und Burghausen (B) das Finale erreicht.

a) Für die Startelf wählt der Trainer der Mannschaft A einen von drei Torhütern und 10 von 15 Feldspielern aus.
Berechnen Sie die Anzahl der Möglichkeiten, die der Trainer hat, die Mannschaft zusammenzustellen. 3

b) Erfahrungsgemäß wird jeder der 11 Spieler (Torwart sowie 10 Feldspieler) mit einer Wahrscheinlichkeit von 6 % ausgewechselt.
Berechnen Sie die Wahrscheinlichkeit für die folgenden Ereignisse:
C: Es wird kein Spieler ausgewechselt.
D: Es wird genau ein Spieler ausgewechselt.
E: Es werden zwei oder drei Spieler ausgewechselt. 8

Da das Spiel auch nach der Verlängerung noch unentschieden steht, müssen beide Mannschaften ins Elfmeterschießen. Dafür wird angenommen, dass jeder Spieler von Mannschaft A eine Trefferquote von 80 % und jeder Spieler von Mannschaft B eine Trefferquote von 75 % hat.

c) Ermitteln Sie, wie viele Elfmeter Mannschaft A mindestens schießen muss, um mit einer Wahrscheinlichkeit von mindestens 99 % mindestens einen Treffer zu erzielen. 5

d) Beide Mannschaften schießen jeweils fünfmal.
Bestimmen Sie die Wahrscheinlichkeit dafür, dass das Elfmeterschießen 4:4 endet. 5

Danach treten die Schützen jeder Mannschaft paarweise an. Ein Spieler jeder Mannschaft schießt einen Elfmeter. Wenn eine Mannschaft dabei in Führung geht, hat sie das Finale gewonnen, ansonsten ist das nächste Paar dran.

e) Berechnen Sie die Wahrscheinlichkeit dafür, dass bereits nach dem ersten Paar Mannschaft B das Finale gewonnen hat oder noch keine Entscheidung gefallen ist. 5

f) Berechnen Sie die Wahrscheinlichkeit dafür, dass nach drei angetretenen Paaren noch keine Entscheidung gefallen ist. 4

30

Tipps und Hinweise zur Lösung von Aufgabe 3.2

Tipps zu Teilaufgabe a

- Wenden Sie die bekannten Zählprinzipien an.

Tipps zu Teilaufgabe b

- Wenden Sie das Modell „Binomialverteilung“ mit den Parametern $n = 11$ und $p = 0{,}06$ an.

Tipps zu Teilaufgabe c

- Modellieren Sie die Folge von Elfmetern durch eine Bernoulli-Kette noch unbekannter Länge n.
- Mit der Zufallsgröße „Anzahl der Treffer“ formalisieren Sie die Aussagen „Mindestens ein Treffer …“ und „Mindestens 99 % …“ durch Ungleichungen.
- Nutzen Sie die Möglichkeit der Gegenwahrscheinlichkeit und wenden Sie die Formel der Binomialverteilung an.
- Bestimmen Sie aus der entstehenden Ungleichung die Stichprobenlänge n.
- Beachten Sie die Rechenregeln für den Logarithmus.

Tipps zu Teilaufgabe d

- Benutzen Sie eine Bernoulli-Kette der Länge $n = 5$ für die Zufallsgröße „Anzahl der Treffer von Mannschaft A“ bzw. „Anzahl der Treffer von Mannschaft B“.
- Das Spiel endet 4 : 4, wenn die Ereignisse „A erzielt vier Treffer“ und „B erzielt vier Treffer“ gleichzeitig eintreten.
- Berechnen Sie die Wahrscheinlichkeiten für beide Ereignisse und multiplizieren Sie diese miteinander.

Tipps zu Teilaufgabe e

- Das paarweise Schießen kann als zweistufiges Zufallsexperiment interpretiert werden. In der ersten Stufe schießt ein Spieler der Mannschaft A und in der zweiten Stufe der Mannschaft B.
- Stellen Sie dies durch ein Baumdiagramm dar und tragen Sie die entsprechenden „Torwahrscheinlichkeiten“ ein.
- Beachten Sie die Pfadregeln zur Ermittlung der gesuchten Wahrscheinlichkeit.
- Die gesuchte Wahrscheinlichkeit setzt sich aus drei Pfaden zusammen.

Tipps zu Teilaufgabe f

- Das Ereignis „Keine Entscheidung nach dem ersten Paar“ wiederholt sich dreimal nacheinander.

Lösungen zu Aufgabe 3.2

a) Für die Auswahl des Torhüters gibt es drei Möglichkeiten. Zu jeder dieser Möglichkeiten kommen alle Zusammenstellungen der Restmannschaft. Dabei handelt es sich um die Auswahl von 10 Spielern aus einem Kader von 15 Spielern, ohne dass die Reihenfolge eine Rolle spielt (Kombinationen). Dafür gibt es $\binom{15}{10}$ Möglichkeiten. Folglich können $3 \cdot \binom{15}{10} = \underline{\underline{9\,009}}$ verschiedene Mannschaften zusammengestellt werden.

b) Es liegt eine Bernoulli-Kette der Länge $n = 11$ und der Trefferwahrscheinlichkeit $p = 0{,}06$ vor.
Die Zufallsgröße X: = „Anzahl der Spieler, die ausgewechselt werden" genügt der Binomialverteilung $B_{11;\,0{,}06}$.

$$P(C) = P(X = 0) = 0{,}94^{11} \approx \underline{\underline{0{,}506}}$$

$$P(D) = P(X = 1) = 11 \cdot 0{,}06 \cdot 0{,}94^{10} \approx \underline{\underline{0{,}355}}$$

$$P(E) = P(X = 2) + P(X = 3) = \binom{11}{2} \cdot 0{,}06^2 \cdot 0{,}94^9 + \binom{11}{3} \cdot 0{,}06^3 \cdot 0{,}94^8 \approx \underline{\underline{0{,}135}}$$

c) Eine Serie von Elfmeterschüssen lässt sich als Bernoulli-Kette mit noch unbekannter Länge n interpretieren.
Die Zufallsgröße Y: = „Anzahl der Treffer in der Serie von Elfmeterschüssen der Mannschaft A" ist mit n und $p = 0{,}8$ binomialverteilt. Es ist n so zu bestimmen, dass die Bedingung $P(Y \geq 1) \geq 0{,}99$ erfüllt wird.

$$P(Y \geq 1) = 1 - P(Y < 1) = 1 - P(Y = 0) \geq 0{,}99 \quad \Leftrightarrow \quad P(Y = 0) \leq 0{,}01 \quad \Leftrightarrow \quad 0{,}2^n \leq 0{,}01$$

Wegen der Monotonie der Logarithmusfunktion und $\ln 0{,}2 < 0$ gilt:

$$0{,}2^n \leq 0{,}01 \quad \Leftrightarrow \quad n \cdot \ln 0{,}2 \leq \ln 0{,}01 \quad \Leftrightarrow \quad n \geq \frac{\ln 0{,}01}{\ln 0{,}2} \approx 2{,}86$$

Folglich muss Mannschaft A mindestens $\underline{\underline{\text{drei}}}$ Elfmeter schießen.

d) Die Zufallsgröße Z: = „Anzahl der Treffer in der Serie von Elfmeterschüssen der Mannschaft B" ist mit $n = 5$ und $p = 0{,}75$ binomialverteilt.
Das fünfmalige Elfmeterschießen beider Mannschaften endet 4 : 4, wenn die Ereignisse $\{Y = 4\}$ und $\{Z = 4\}$ gleichzeitig eintreten.
Die beiden Ereignisse werden als unabhängig angenommen. Daher gilt:

$$\begin{aligned} P(\{Y = 4\} \cap \{Z = 4\}) &= P(Y = 4) \cdot P(Z = 4) \\ &= \left[\binom{5}{4} \cdot 0{,}8^4 \cdot 0{,}2\right] \cdot \left[\binom{5}{4} \cdot 0{,}75^4 \cdot 0{,}25\right] \\ &\approx 0{,}162 \end{aligned}$$

Mit einer Wahrscheinlichkeit von etwa $\underline{\underline{16{,}2\,\%}}$ endet das Elfmeterschießen 4 : 4.

e) Das paarweise Elfmeterschießen ist ein zweistufiges Zufallsexperiment mit folgenden Ereignissen:
A: = „Der Spieler von Mannschaft A trifft", $P(A) = 0{,}8$
B: = „Der Spieler von Mannschaft B trifft", $P(B) = 0{,}75$

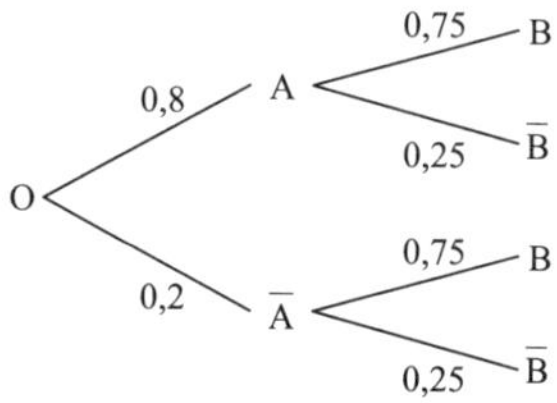

Zum Ereignis G: = „Mannschaft B hat das Finale gewonnen oder es ist keine Entscheidung gefallen" führen drei Pfade $G = (\overline{A} \cap B) \cup (A \cap B) \cup (\overline{A} \cap \overline{B})$. Nach den Pfadregeln gilt:

$$P(G) = 0{,}2 \cdot 0{,}75 + 0{,}8 \cdot 0{,}75 + 0{,}2 \cdot 0{,}25 = 0{,}8$$

Mit einer Wahrscheinlichkeit von $\underline{\underline{80\,\%}}$ gewinnt Mannschaft B nach dem ersten Paar oder es ist danach keine Entscheidung gefallen.

f) Für das Ereignis K: = „Ein Paar kann keine Entscheidung herbeiführen" entnimmt man dem Baumdiagramm:

$$P(K) = P((A \cap B) \cup (\overline{A} \cap \overline{B})) = 0{,}8 \cdot 0{,}75 + 0{,}2 \cdot 0{,}25 = 0{,}65$$

Drei Paare treten nacheinander an. Das ist ein dreistufiges Zufallsexperiment, bei dem zum Ereignis F: = „Nach drei Paaren ist keine Entscheidung gefallen" genau der eine Pfad KKK führt.
Folglich liegt auch eine Bernoulli-Kette der Länge $n = 3$ und der Trefferwahrscheinlichkeit $p = 0{,}65$ vor. Damit gilt:

$$P(F) = 0{,}65^3 \approx 0{,}275$$

Zu rund $\underline{\underline{27{,}5\,\%}}$ ist nach drei Paaren keine Entscheidung gefallen.

Berlin – Mathematik Grundkurs
2014 – Aufgabe 1.1: Analysis

Reithalle

BE

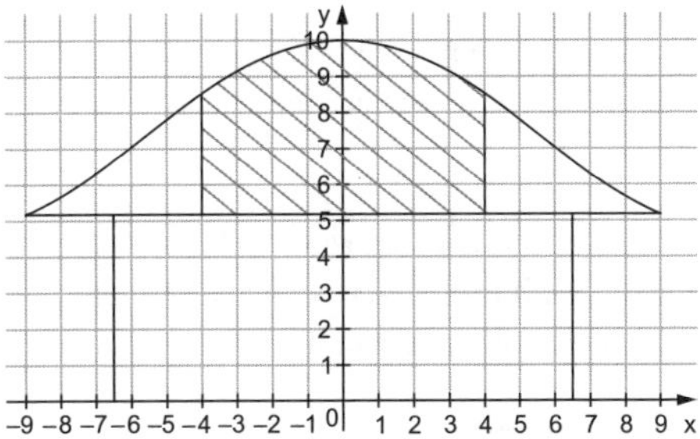

Das Profil des Dachs einer Reithalle kann durch den Graphen einer ganzrationalen Funktion

$$f(x) = \frac{1}{2\,000}x^4 - \frac{1}{10}x^2 + 10 \text{ mit } -9 \le x \le 9 \text{ (1 LE = 1 m)}$$

beschrieben werden (siehe Foto). Dabei liegt die x-Achse in Höhe des Erdbodens, die y-Achse verläuft durch den höchsten Punkt des Dachprofils.

a) Zeigen Sie, dass das Dach symmetrisch ist.
Berechnen Sie die Höhe der seitlichen Dachenden auf 1 cm genau. 5

b) Weisen Sie nach, dass die Tiefpunkte des Graphen von f außerhalb des Bereichs liegen, der das Dachprofil beschreibt, und geben Sie deren Koordinaten an.
Bestimmen Sie Art und Lage des weiteren Extrempunktes.
Ohne Nachweis dürfen Sie verwenden: $f'(x) = \frac{1}{500}x^3 - \frac{1}{5}x$ 13

c) Die Vorderfront der Reithalle besitzt unter dem Dach eine 8 m breite Glasfläche, die in der Skizze schraffiert dargestellt ist. Nach unten ist sie in 5,18 m Höhe durch eine Waagerechte (siehe Zeichnung) begrenzt.
Berechnen Sie den Inhalt der schraffierten Fläche. 11

d) Auf der linken Seite der Reithalle soll das Dach geradlinig und ohne Knick nach links verlängert werden.
Ermitteln Sie den Neigungswinkel dieser Verlängerung. Bestimmen Sie eine Gleichung der Geraden, die den Verlauf der Dachverlängerung beschreibt. 7

e) An den steilsten Stellen des Daches sollen Schneefanggitter angebracht werden.
Berechnen Sie, in welcher Höhe diese Gitter befestigt werden müssen.
Hinweis: Auf die Untersuchung einer hinreichenden Bedingung kann verzichtet werden. 4

40

Tipps und Hinweise zur Lösung von Aufgabe 1.1

Tipps zu Teilaufgabe a

Symmetrie

- Beachten Sie die Exponenten der x-Terme.

Höhe der seitlichen Dachenden

- Die Höhe entspricht dem Funktionswert für $x = \pm 9$.
- Überlegen Sie, auf wie viele Nachkommastellen genau Sie das Ergebnis angeben müssen.

Tipps zu Teilaufgabe b

- Die Bedingungen für relative Tiefpunkte lauten: $f'(x) = 0$; $f''(x) > 0$
- Die Bedingungen für relative Hochpunkte lauten: $f'(x) = 0$; $f''(x) < 0$
- Die zugehörigen y-Werte erhält man durch Einsetzen in die Funktion f.

Tipps zu Teilaufgabe c

- Sie können sich die Rechnung erleichtern, wenn Sie die Symmetrie der Funktion ausnutzen.
- Berechnen Sie die gesuchte Fläche über einen Integralansatz.
- Beachten Sie, dass die Fläche nicht direkt an die x-Achse angrenzt.
- Ziehen Sie die Fläche des Rechtecks ab, das Sie bei dem Integral zu viel berechnet haben.

Tipps zu Teilaufgabe d

Bestimmung des Neigungswinkels

- Gesucht ist nach dem Winkel α, den die Verlängerung des Dachs mit der x-Achse (bzw. einer Parallele zur x-Achse) einschließt.
- Für die Steigung m einer Geraden und den Winkel α, den die Gerade mit der x-Achse einschließt, gilt der folgende Zusammenhang:
  $m = \tan\alpha$

Aufstellen der Geradengleichung

- Die allgemeine Form einer Geraden mit Steigung m und y-Achsenabschnitt b lautet:
  $y = mx + b$
- Die Steigung stimmt mit der Steigung der Funktion f an der Stelle $x = -9$ überein.
- Setzen Sie die y- und die x-Koordinate eines Punktes der Geraden ein, um b zu berechnen.

Tipps zu Teilaufgabe e

- Die steilste Stelle liegt am Wendepunkt vor.
- Die notwendige Bedingung für Wendepunkte lautet: $f''(x) = 0$
- Da nach der Höhe gefragt ist, muss die y-Koordinate des Wendepunktes berechnet werden.

Lösungen zu Aufgabe 1.1

a) **Symmetrie**

1. Möglichkeit:

Eine ganzrationale Funktion ist achsensymmetrisch zur y-Achse, wenn sie nur gerade Exponenten bei den x-Termen aufweist, denn es gilt:

$$(+x)^{2n} = (-x)^{2n}$$

Die Funktion f(x) hat nur gerade Exponenten. Daher ist die Funktion achsensymmetrisch zur y-Achse.

2. Möglichkeit:

Die Funktion f ist achsensymmetrisch zur y-Achse, wenn $f(-x) = f(x)$ gilt, und punktsymmetrisch zum Ursprung, wenn $f(-x) = -f(x)$ gilt.

Einsetzen von –x in den Funktionsterm ergibt:

$$f(-x) = \frac{1}{2\,000}(-x)^4 - \frac{1}{10}(-x)^2 + 10 = \frac{1}{2\,000}x^4 - \frac{1}{10}x^2 + 10 = f(x)$$

Daher ist die Funktion achsensymmetrisch zur y-Achse.

Höhe der seitlichen Dachenden

Die Höhe der seitlichen Dachenden wird folgendermaßen berechnet:

$$f(9) = f(-9) = \frac{9^4}{2\,000} - \frac{9^2}{10} + 10 \approx 5{,}18\,[\text{m}]$$

Da 1 LE = 1 m vorgegeben ist, muss der Wert auf zwei Stellen nach dem Komma gerundet werden, um das Ergebnis auf 1 cm genau anzugeben.

b) **Tiefpunkte**

Es muss $f'(x) = 0$ gelöst werden:

$$f'(x) = \frac{1}{500}x^3 - \frac{1}{5}x = 0$$

$$x \cdot \left(\frac{1}{500}x^2 - \frac{1}{5}\right) = 0$$

Ein Produkt ist null, wenn mindestens ein Faktor null ist.

Eine Lösung ist $x_1 = 0$.

Weitere Lösungen ergeben sich aus folgender Gleichung:

$$\frac{1}{500}x^2 - \frac{1}{5} = 0$$

$$\frac{1}{500}x^2 = \frac{1}{5}$$

$$x^2 = 100$$

$$x_2 = 10$$

$$x_3 = -10$$

Für die 2. Ableitungsfunktion gilt:

$$f''(x) = \frac{3}{500}x^2 - \frac{1}{5}$$

Einsetzen von $x_2 = 10$ und $x_3 = -10$ liefert:

$$f''(10) = \frac{3}{5} - \frac{1}{5} > 0$$

$$f''(-10) = \frac{3}{5} - \frac{1}{5} > 0$$

Somit gibt es zwei Tiefpunkte außerhalb des betrachteten Bereichs [–9; 9].

Für die zugehörigen y-Werte gilt:

$$f(10) = f(-10) = \frac{10^4}{2\,000} - \frac{10^2}{10} + 10 = 5$$

Die relativen Tiefpunkte liegen bei $\underline{\underline{T_1(10\,|\,5)}}$ und $\underline{\underline{T_2(-10\,|\,5)}}$.

Weiterer Extrempunkt
Ein weiterer Extrempunkt liegt für $x_1 = 0$ vor.

$$f''(0) = -\frac{1}{5} < 0$$

Es handelt sich somit um einen Hochpunkt.
Für die y-Koordinate gilt:

$$f(0) = 10$$

Die Koordinaten des relativen Hochpunkts lauten $\underline{\underline{H(0\,|\,10)}}$.

c) *1. Möglichkeit:*
Die gesuchte Fläche wird über einen Integralansatz berechnet. Dabei muss die Flächenmaßzahl des darunterliegenden Rechtecks abgezogen werden. Zusätzlich wird die Symmetrie der Funktion ausgenutzt.

$$2 \cdot \int_0^4 f(x)\,dx = 2 \cdot \int_0^4 \left(\frac{1}{2\,000} x^4 - \frac{1}{10} x^2 + 10 \right) dx$$

$$= 2 \cdot \left[\frac{1}{10\,000} x^5 - \frac{1}{30} x^3 + 10x \right]_0^4$$

$$= 2 \cdot \left(\frac{1\,024}{10\,000} - \frac{64}{30} + 40 \right)$$

$$\approx 75{,}94\,[m^2]$$

Die Fläche des nicht zur Glasfläche gehörigen Rechtecks berechnet sich über:

$$5{,}18 \cdot 8 = 41{,}44\ [m^2]$$

Die Glasfläche beträgt $75{,}94\ m^2 - 41{,}44\ m^2 = \underline{\underline{34{,}5\ m^2}}$.

2. Möglichkeit:
Die Höhe lässt sich als Gerade $g(x) = 5{,}18$ darstellen.
Die gesuchte Fläche lässt sich über die Fläche zwischen den Graphen von f und g berechnen.

$$2 \cdot \int_0^4 (f(x) - g(x))\,dx = 2 \cdot \int_0^4 \left(\frac{1}{2\,000}x^4 - \frac{1}{10}x^2 + 10 - 5{,}18\right) dx$$

$$= 2 \cdot \int_0^4 \left(\frac{1}{2\,000}x^4 - \frac{1}{10}x^2 + 4{,}82\right) dx$$

$$= 2 \cdot \left[\frac{1}{10\,000}x^5 - \frac{1}{30}x^3 + 4{,}82x\right]_0^4$$

$$= 2 \cdot \left(\frac{1\,024}{10\,000} - \frac{64}{30} + 19{,}28\right)$$

$$\approx 34{,}5\,[m^2]$$

Die Glasfläche beträgt $\underline{\underline{34{,}5\ m^2}}$.

d) **Bestimmung des Neigungswinkels**
Das Steigungsverhalten im Punkt $P(-9\,|\,5{,}18)$ wird durch die 1. Ableitung an dieser Stelle bestimmt. Dadurch sind die Steigungszahl m der gesuchten Geraden $y = mx + b$ und der Steigungswinkel α bestimmbar.

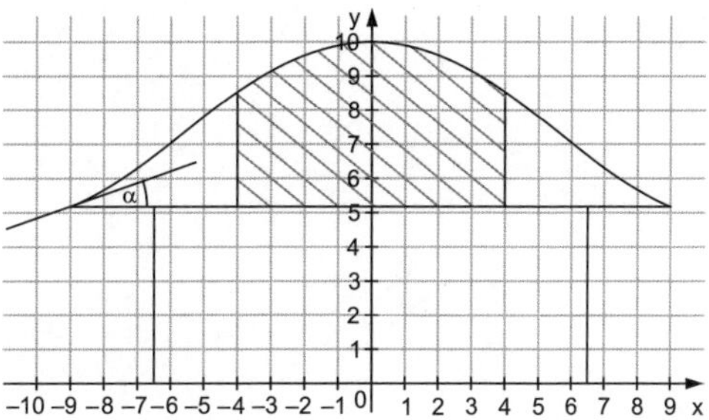

$$m = f'(-9)$$

$$= \frac{(-9)^3}{500} - \frac{1}{5} \cdot (-9)$$

$$\approx 0{,}34$$

Für den Winkel gilt:

$$\tan\alpha = m$$

$$\tan\alpha = 0{,}34$$

$$\Rightarrow \quad \alpha = \underline{\underline{18{,}9^\circ}}$$

Aufstellen der Geradengleichung
Die Steigung $m = 0{,}34$ ist bereits bekannt.
Die Gerade verläuft durch den Punkt $P(-9\,|\,5{,}18)$. Durch Einsetzen in $y = mx + b$ erhält man:

$$5{,}18 = 0{,}34 \cdot (-9) + b$$

$$b = 8{,}24$$

Die Geradengleichung lautet $\underline{\underline{y = 0{,}34x + 8{,}24}}$.

e) Da die Wendepunkte gesucht sind, muss $f''(x)=0$ gelöst werden:

$$f''(x)=\frac{3}{500}x^2-\frac{1}{5}=0$$

$$\frac{3}{500}x^2=\frac{1}{5}$$

$$x^2=\frac{100}{3}$$

$$x_1=\sqrt{\frac{100}{3}}=\frac{10}{\sqrt{3}}=\frac{10\sqrt{3}}{3}$$

$$x_2=-\frac{10\sqrt{3}}{3}$$

Die Höhe des Gitters wird durch den Funktionswert der Wendepunkte angegeben.

$$f\left(\frac{10\sqrt{3}}{3}\right)=f\left(-\frac{10\sqrt{3}}{3}\right)=\frac{1}{2\,000}\left(\frac{10\sqrt{3}}{3}\right)^4-\frac{1}{10}\left(\frac{10\sqrt{3}}{3}\right)^2+10\approx 7{,}22$$

Das Schneefanggitter muss in einer Höhe von $\underline{\underline{7{,}22\text{ m}}}$ angebracht werden.

Reithalle BE

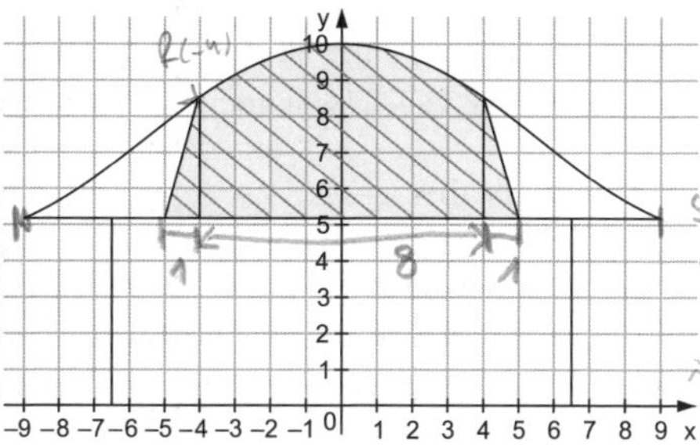

Das Profil des Dachs einer Reithalle kann durch den Graphen einer ganzrationalen Funktion

$$f(x) = \frac{1}{2\,000}x^4 - \frac{1}{10}x^2 + 10 \text{ mit } -9 \le x \le 9 \text{ (1 LE = 1 m)}$$

beschrieben werden (siehe Foto). Dabei liegt die x-Achse in Höhe des Erdbodens, die y-Achse verläuft durch den höchsten Punkt des Dachprofils.

a) Zeigen Sie, dass das Dach symmetrisch ist.
Berechnen Sie die Höhe der seitlichen Dachenden auf 1 cm genau. 5

b) Bestimmen Sie Art und Lage der Extrempunkte des Graphen von f.
Begründen Sie, dass die Tiefpunkte des Graphen von f außerhalb des Bereichs liegen, der das Dachprofil beschreibt.
Untersuchen Sie f auf Nullstellen. 13

c) Die Vorderfront der Reithalle besitzt unter dem Dach eine Glasfläche, die in der Skizze schraffiert dargestellt ist. Nach unten ist sie in einer Höhe von 5,18 m durch eine Waagerechte (siehe Zeichnung) begrenzt. Der mittlere Teil ist 8 Meter breit, die beiden angrenzenden Dreiecke haben jeweils eine Breite von einem Meter.
Berechnen Sie den Inhalt der schraffierten Fläche. 8

d) Auf der linken Seite der Reithalle soll das Dach geradlinig und ohne Knick um 5 m (das heißt in der Darstellung bis x = –14) nach links verlängert werden.
Untersuchen Sie, ob die Dachverlängerung an ihrem Ende die vorgeschriebene Mindesthöhe von 3,00 m unterschreitet. 10

e) An den steilsten Stellen des Daches sollen Schneefanggitter angebracht werden.
Berechnen Sie, in welcher Höhe diese Gitter befestigt werden müssen.
Hinweis: Auf die Untersuchung einer hinreichenden Bedingung kann verzichtet werden. 4

40

Tipps und Hinweise zur Lösung von Aufgabe 1.1 (CAS)

Tipps zu Teilaufgabe a

Symmetrie

- Beachten Sie die Exponenten der x-Terme.

Höhe der seitlichen Dachenden

- Die Höhe entspricht dem Funktionswert für $x = \pm 9$.
- Überlegen Sie, auf wie viele Nachkommastellen genau Sie das Ergebnis angeben müssen.

Tipps zu Teilaufgabe b

Extrempunkte

- Die Bedingungen für relative Tiefpunkte lauten: $f'(x) = 0$; $f''(x) > 0$
- Die Bedingungen für relative Hochpunkte lauten: $f'(x) = 0$; $f''(x) < 0$
- Die zugehörigen y-Werte erhält man durch Einsetzen in die Funktion f.

Nullstellen von f

- Die Bedingung für Nullstellen lautet: $f(x) = 0$

Tipps zu Teilaufgabe c

- Sie können sich die Rechnung erleichtern, wenn Sie die Symmetrie der Funktion ausnutzen.
- Zerlegen Sie die gesuchte Fläche.
- Berechnen Sie die Fläche über einen Integralansatz und mithilfe der Flächenformel für ein rechtwinkliges Dreieck.

Tipps zu Teilaufgabe d

- Sie benötigen eine Gleichung, die die Dachverlängerung beschreibt.
- Die allgemeine Form einer Geraden mit Steigung m und y-Achsenabschnitt b lautet: $y = mx + b$
- Die Steigung stimmt mit der Steigung der Funktion f an der Stelle $x = -9$ überein.
- Setzen Sie die y- und die x-Koordinate eines Punktes der Geraden ein, um b zu berechnen.
- Berechnen Sie den Wert der Geraden an der Stelle $x = -14$ und vergleichen Sie ihn mit 3.

Tipps zu Teilaufgabe e

- Die steilste Stelle liegt am Wendepunkt vor.
- Die notwendige Bedingung für Wendepunkte lautet: $f''(x) = 0$
- Da nach der Höhe gefragt ist, muss die y-Koordinate des Wendepunktes berechnet werden.

Lösungen zu Aufgabe 1.1 (CAS)

a) **Symmetrie**

1. Möglichkeit:

Eine ganzrationale Funktion ist achsensymmetrisch zur y-Achse, wenn sie nur gerade Exponenten bei den x-Termen aufweist, denn es gilt:

$$(+x)^{2n} = (-x)^{2n}$$

Die Funktion f(x) hat nur gerade Exponenten. Daher ist die Funktion achsensymmetrisch zur y-Achse.

2. Möglichkeit:

Die Funktion f ist achsensymmetrisch zur y-Achse, wenn f(–x) = f(x) gilt, und punktsymmetrisch zum Ursprung, wenn f(–x) = –f(x) gilt.

Einsetzen von –x in den Funktionsterm ergibt:

$$f(-x) = \frac{1}{2\,000}(-x)^4 - \frac{1}{10}(-x)^2 + 10 = \frac{1}{2\,000}x^4 - \frac{1}{10}x^2 + 10 = f(x)$$

Daher ist die Funktion achsensymmetrisch zur y-Achse.

Höhe der seitlichen Dachenden

Die Höhe der seitlichen Dachenden wird folgendermaßen berechnet:

$$f(9) = f(-9) \approx 5{,}18\,[\text{m}]$$

Da 1 LE = 1 m vorgegeben ist, muss der Wert auf zwei Stellen nach dem Komma gerundet werden, um das Ergebnis auf 1 cm genau anzugeben.

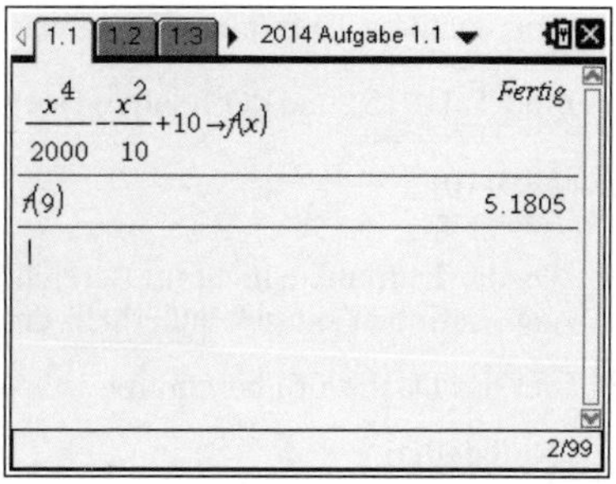

b) **Extrempunkte**

Es muss f'(x) = 0 gelöst werden:

$$f'(x) = \frac{1}{500}x^3 - \frac{1}{5}x = 0$$

$$\Rightarrow \quad x_1 = -10$$

$$x_2 = 0$$

$$x_3 = 10$$

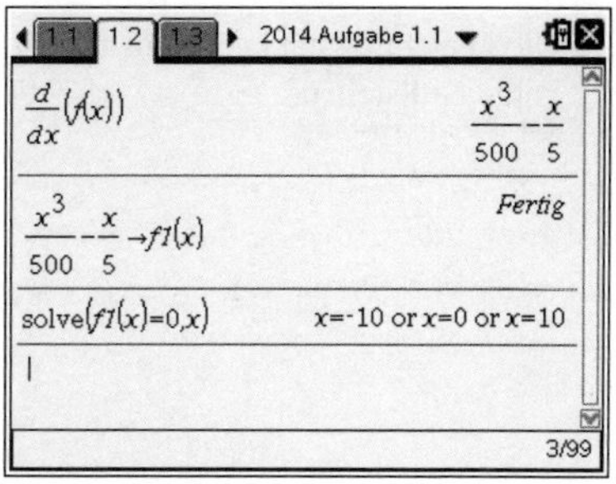

Für die 2. Ableitungsfunktion gilt:

$$f''(x) = \frac{3}{500}x^2 - \frac{1}{5}$$

Einsetzen von $x_1 = -10$, $x_2 = 0$ und $x_3 = 10$ liefert:

$$f''(-10) = \frac{2}{5} > 0 \quad \Rightarrow \quad \text{Tiefpunkt}$$

$$f''(0) = -\frac{1}{5} < 0 \quad \Rightarrow \quad \text{Hochpunkt}$$

$$f''(10) = \frac{2}{5} > 0 \quad \Rightarrow \quad \text{Tiefpunkt}$$

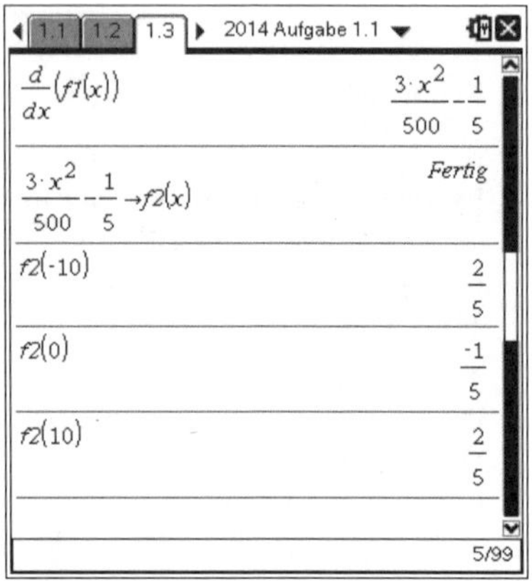

Für die zugehörigen y-Werte gilt:

$$f(-10) = f(10) = 5$$
$$f(0) = 10$$

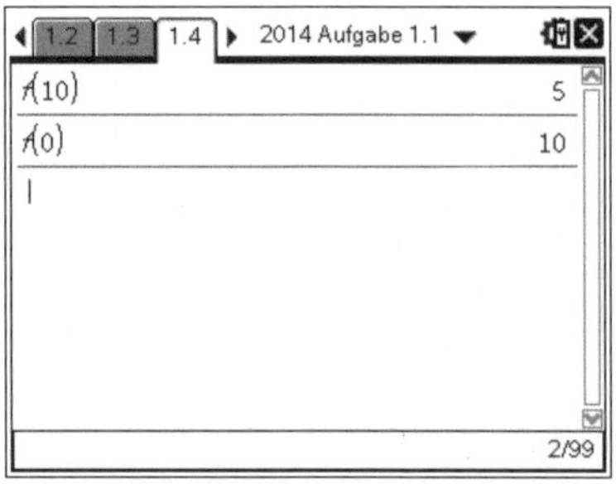

Die relativen Tiefpunkte liegen bei $T_1(-10\,|\,5)$ und $T_2(10\,|\,5)$ und der relative Hochpunkt bei $H(0\,|\,10)$.

Da die Tiefpunkte nicht im Bereich [–9; 9] liegen, befinden sie sich außerhalb des Bereichs, der das Dachprofil beschreibt.

Nullstellen

Es muss $f(x) = 0$ gelöst werden:

$$f(x) = \frac{1}{2\,000}x^4 - \frac{1}{10}x^2 + 10 = 0$$

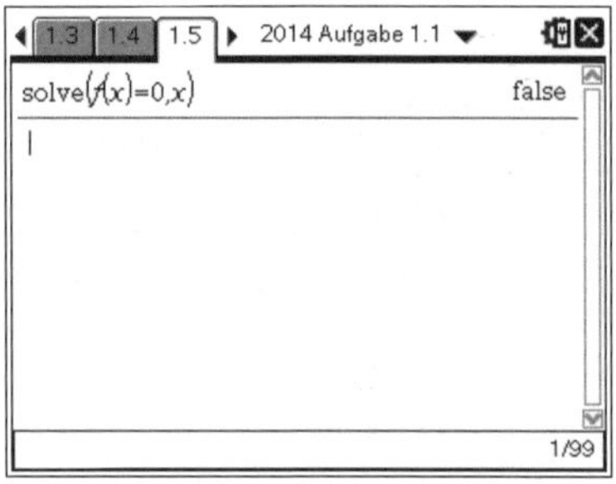

Die Gleichung hat keine Lösung. Daher gibt es keine Nullstellen.

$x^2 = z \qquad x^4 = z^2$

$\frac{1}{2000} z^2 - \frac{1}{10} z + 10 = 0 \quad | \cdot 2000$

$z^2 - 200z + 20\,000$

$z_{1/2} = 100 \pm \sqrt{10000 - 20000}$ n.l., da $\sqrt{\ } < 0$

$p = -200$

$\frac{p}{2} = -100$

c) Die Glasfläche lässt sich in zwei Dreiecke und die Fläche zwischen f(x) und der Geraden g(x) = 5,18 zerlegen:

$$A = A_{\text{Integral}} + 2 \cdot A_{\text{Dreieck}}$$

$$A_{\text{Integral}} = 2 \cdot \int_0^4 (f(x) - g(x))\,dx$$

$$= 2 \cdot \int_0^4 (f(x) - 5{,}18)\,dx$$

$$\approx 34{,}5\,[m^2]$$

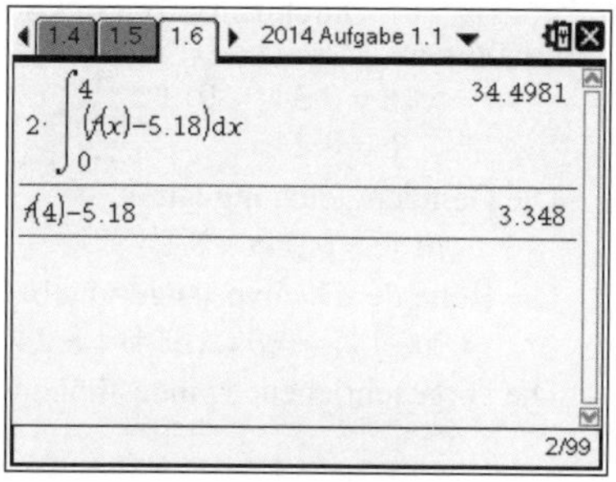

Der Flächeninhalt eines rechtwinkligen Dreiecks mit den Katheten a und b beträgt:

$$A = \frac{1}{2} \cdot a \cdot b$$

Die Breite der Dreiecke beträgt 1 m. Die andere Kathete ist f(4) – 5,18 m lang.

$$2 \cdot A_{\text{Dreieck}} = 2 \cdot \frac{1}{2} \cdot 1 \cdot (f(4) - 5{,}18) = f(4) - 5{,}18 \approx 3{,}35\,[m^2]$$

Die Glasfläche beträgt $34{,}5\ m^2 + 3{,}35\ m^2 = \underline{\underline{37{,}85\ m^2}}$.

d) Skizze:

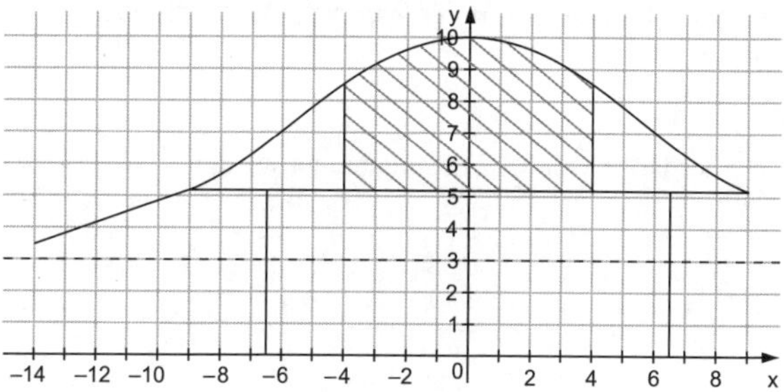

Das Steigungsverhalten im Punkt P(–9 | 5,18) wird durch die 1. Ableitung an dieser Stelle bestimmt. Dadurch ist die Steigungszahl m der gesuchten Geraden y = mx + b bestimmbar.

Für die Steigung gilt:

$$m = f'(-9) \approx 0{,}34$$

Die Gerade verläuft durch den Punkt $P(-9\,|\,5{,}18)$. Durch Einsetzen in $y = mx + b$ erhält man:

$$5{,}18 = 0{,}34 \cdot (-9) + b$$
$$b = 8{,}24$$

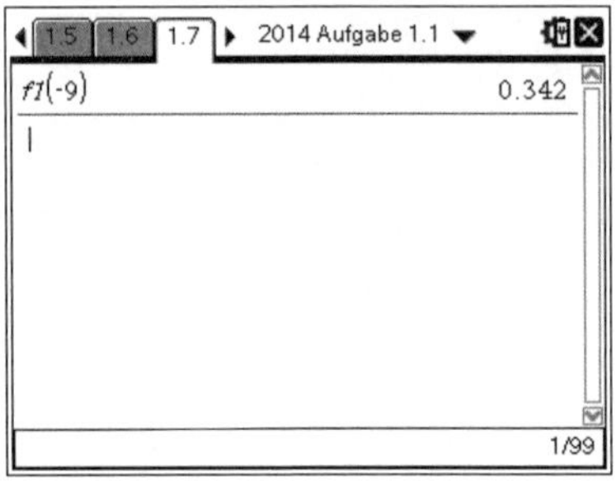

Die Geradengleichung lautet:

$$h(x) = 0{,}34x + 8{,}24$$

Die Höhe der Dachverlängerung beträgt:

$$h(-14) = 0{,}34 \cdot (-14) + 8{,}24 = 3{,}48 > 3$$

Die vorgeschriebene Mindesthöhe wird nicht unterschritten.

e) Da die Wendepunkte gesucht sind, muss $f''(x) = 0$ gelöst werden:

$$f''(x) = \frac{3}{500}x^2 - \frac{1}{5} = 0$$

$$\Rightarrow \quad x_1 = \frac{10\sqrt{3}}{3}$$

$$x_2 = -\frac{10\sqrt{3}}{3}$$

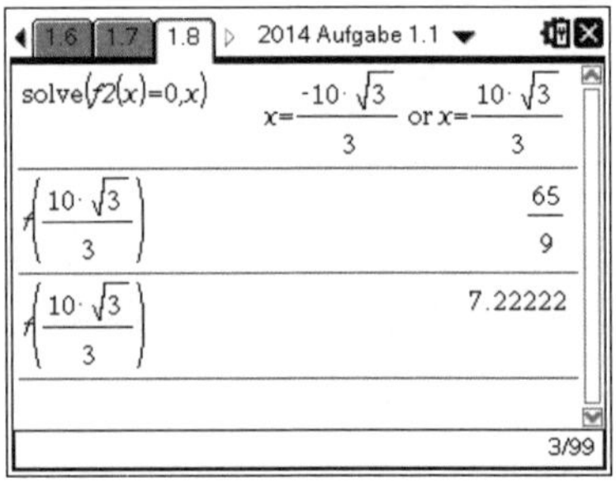

Die Höhe des Gitters wird durch den Funktionswert der Wendepunkte angegeben.

$$f\left(\frac{10\sqrt{3}}{3}\right) = f\left(-\frac{10\sqrt{3}}{3}\right) = \frac{65}{9} \approx 7{,}22$$

Das Schneefanggitter muss in einer Höhe von 7,22 m angebracht werden.

√

Zimmerpflanze

BE

Lena bekommt eine Zimmerpflanze geschenkt. Sie beobachtet das Pflanzenwachstum in den ersten 8 Wochen und beschreibt es näherungsweise durch eine Funktion h_1 mit $h_1(t) = 0{,}05 \cdot e^{0{,}3t}$, wobei h_1 die Höhe der Pflanze in Metern und t die Zeit seit dem Beginn der Beobachtung in Wochen bedeuten.

a) Geben Sie die Höhe der Pflanze zu Beginn der Beobachtung und ihre Höhe 8 Wochen später an.
Berechnen Sie, wie hoch die Pflanze 13 Wochen nach Beginn der Beobachtung wäre. Tatsächlich ist die Pflanze nach 13 Wochen jedoch nur 2,06 m hoch. Die Höhe wird deshalb für $t \geq 8$ durch eine Funktion h_2 mit $h_2(t) = a - b \cdot e^{-0{,}3t}$ beschrieben.
Bestimmen Sie a und b aus den beobachteten Höhen nach 8 und nach 13 Wochen.
[*Zur Kontrolle:* $a \approx 2{,}5$; $b \approx 21{,}4$] 12

b) Lenas Zimmer ist 2,70 m hoch.
Untersuchen Sie, ob die Pflanze nach 20 Wochen gemäß h_2 noch in das Zimmer passt und ob sie irgendwann einmal an die Zimmerdecke stößt. 4

c) Vervollständigen Sie die Wertetabelle auf der nächsten Seite mit den Werten zu h_2.
Ergänzen Sie die grafische Darstellung des Wachstums der Pflanze durch Einzeichnen des Graphen G_2 von h_2 für $8 \leq t \leq 20$ in der Anlage. 7

d) Berechnen Sie $h_1'(8)$ und $h_2'(8)$. Vergleichen Sie die beiden Werte.
Entscheiden Sie begründet, ob die Modellierung zum Zeitpunkt $t = 8$ realistisch ist. 9

e) Um ein optimales Pflanzenwachstum zu garantieren, muss die Pflanze regelmäßig gedüngt werden. Die Maßzahl des Flächeninhalts unter dem aus den Graphen von h_1 und h_2 zusammengesetzten Funktionsgraphen entspricht der zu verabreichenden Düngemittelmenge in $m\ell$.
Berechnen Sie die vom Zeitpunkt $t = 0$ bis zum Ende der 20. Beobachtungswoche notwendige Düngemittelgabe in $m\ell$. 8

40

Anlage

Wertetabelle für h_2:

Zeit t in Wochen	8	9	10	15	20
Höhe der Pflanze in m	0,55				

Koordinatensystem:

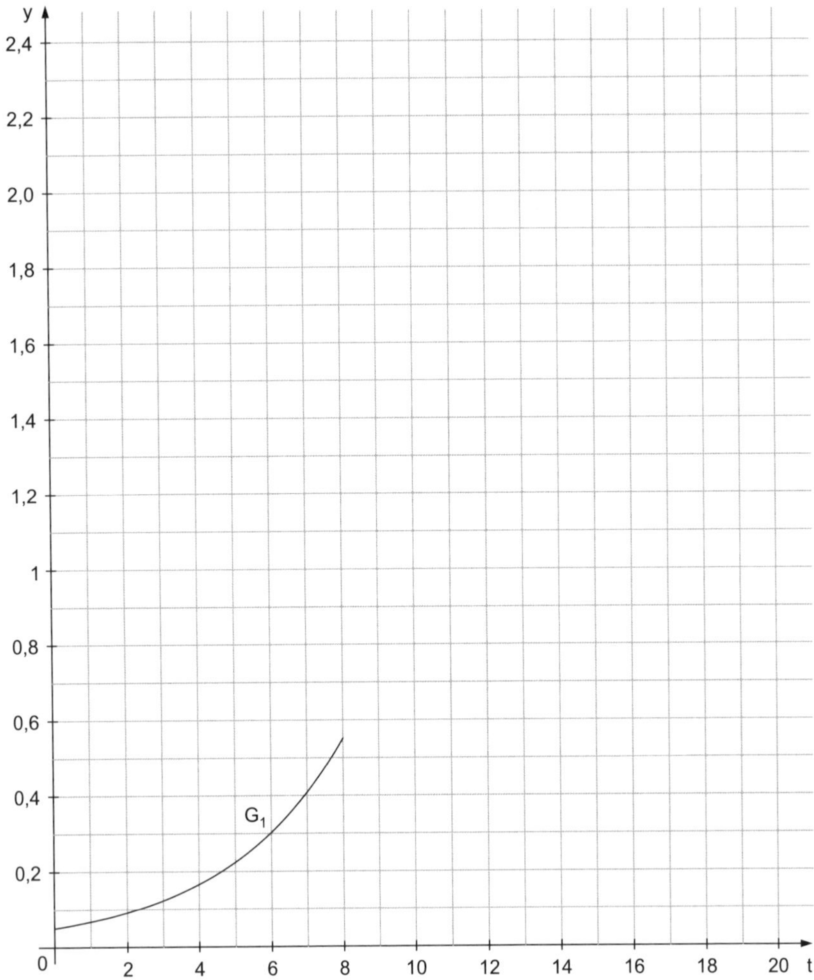

Tipps und Hinweise zur Lösung von Aufgabe 1.2

Tipps zu Teilaufgabe a

Höhe nach 0 bzw. 8 bzw. 13 Wochen

- Berechnen Sie die Funktionswerte von h_1.

Bestimmung von a und b

- Stellen Sie ein Gleichungssystem auf.
- Zum Zeitpunkt $t = 8$ soll die Höhe 0,55 m betragen und zum Zeitpunkt $t = 13$ wird eine Höhe von 2,06 m vorgegeben.
- Durch Einsetzen dieser Werte in die Funktionsgleichung von h_2 erhalten Sie zwei Gleichungen, die nach a und b aufgelöst werden müssen.

Tipps zu Teilaufgabe b

Höhe nach 20 Wochen

- Berechnen Sie den Funktionswert von h_2.

Verhalten des Wachstums bei steigender Wochenanzahl

- Bestimmen Sie die Maximalhöhe über eine Grenzwertbetrachtung oder durch Testeinsetzungen.

Tipps zu Teilaufgabe c

Wertetabelle

- Berechnen Sie die Funktionswerte von h_2.

Einzeichnen von G_2

- Zeichnen Sie die bekannten Punkte ein und verbinden Sie sie.

Tipps zu Teilaufgabe d

Berechnung der Ableitungen für $t = 8$

- Bestimmen Sie die Ableitungen von h_1 und h_2 an der Stelle $t = 8$.
- Beachten Sie die Kettenregel.

Realitätsbetrachtung

- Deuten Sie das Ergebnis für den Wachstumsprozess.
- Was bedeutet es, dass sich unterschiedliche Werte für die Ableitungen ergeben?

Tipps zu Teilaufgabe e

- Bestimmen Sie die Flächenmaßzahl unter den Graphen von h_1 und h_2.
- Die Fläche setzt sich aus der Fläche unter h_1 und der Fläche unter h_2 zusammen.
- Beachten Sie die Regel $\int e^{a \cdot x}\, dx = \frac{1}{a} \cdot e^{a \cdot x} + C$.

Lösungen zu Aufgabe 1.2

a) **Höhe nach 0 bzw. 8 bzw. 13 Wochen**

Die Höhe der Pflanze wird durch die Funktionswerte der Funktion h_1 angegeben.

zu Beginn der Beobachtung: $h_1(0) = \underline{\underline{0{,}05\text{ m}}}$

nach 8 Wochen: $h_1(8) = 0{,}05 \cdot e^{0{,}3 \cdot 8} \approx \underline{\underline{0{,}55\text{ m}}}$

nach 13 Wochen: $h_1(13) = 0{,}05 \cdot e^{0{,}3 \cdot 13} \approx \underline{\underline{2{,}47\text{ m}}}$

Bestimmung von a und b

Aus der Angabe des Anfangsbestandes der Funktion h_2 zum Zeitpunkt $t = 8$ mit 0,55 m und der Angabe von 2,06 m nach 13 Wochen wird ein Gleichungssystem aufgestellt:

$$\text{I} \quad 0{,}55 = a - b \cdot e^{-0{,}3 \cdot 8}$$
$$\text{II} \quad 2{,}06 = a - b \cdot e^{-0{,}3 \cdot 13}$$

Der Parameter a wird eliminiert, indem Gleichung I von Gleichung II subtrahiert wird.

$$1{,}51 = -b \cdot e^{-0{,}3 \cdot 13} - (-b \cdot e^{-0{,}3 \cdot 8})$$
$$1{,}51 = b \cdot e^{-0{,}3 \cdot 8} - b \cdot e^{-0{,}3 \cdot 13}$$
$$1{,}51 = b \cdot (e^{-0{,}3 \cdot 8} - e^{-0{,}3 \cdot 13})$$
$$b = \frac{1{,}51}{e^{-0{,}3 \cdot 8} - e^{-0{,}3 \cdot 13}}$$
$$b \approx \underline{\underline{21{,}4}}$$

Durch Einsetzen in eine der beiden Gleichungen erhält man:

$$0{,}55 = a - 21{,}4 \cdot e^{-0{,}3 \cdot 8}$$
$$a = 0{,}55 + 21{,}4 \cdot e^{-2{,}4}$$
$$a \approx \underline{\underline{2{,}5}}$$

Die Funktion h_2 lautet:

$$h_2(t) = 2{,}5 - 21{,}4 \cdot e^{-0{,}3 \cdot t}$$

b) **Höhe nach 20 Wochen**

$h_2(20)$ gibt die Höhe der Pflanze nach 20 Wochen an.

$$h_2(20) = 2{,}5 - 21{,}4 \cdot e^{-0{,}3 \cdot 20} \approx 2{,}45\text{ m}$$

Da das Zimmer 2,70 m hoch ist, passt die Pflanze nach 20 Wochen noch in das Zimmer.

Verhalten des Wachstums bei steigender Wochenanzahl

Zur Entscheidung, ob die Pflanze irgendwann einmal an die Zimmerdecke stößt, gibt es verschiedene Möglichkeiten.

1. Möglichkeit: Grenzwertbetrachtung

Bei der Funktion h_2 handelt es sich um eine Funktion begrenzten exponentiellen Wachstums.

$$\lim_{t \to \infty} h_2(t) = \lim_{t \to \infty} (2{,}5 - 21{,}4 \cdot e^{-0{,}3 \cdot t}) = 2{,}5$$

Dies gilt, da $e^{-0{,}3 \cdot t}$ für $t \to \infty$ gegen null strebt.

2. Möglichkeit: Probeeinsetzungen

$$h_2(30) = 2{,}5 - 21{,}4 \cdot e^{-0{,}3 \cdot 30} \approx 2{,}4974$$

$$h_2(50) = 2{,}5 - 21{,}4 \cdot e^{-0{,}3 \cdot 50} \approx 2{,}499993$$

$$h_2(100) = 2{,}5 - 21{,}4 \cdot e^{-0{,}3 \cdot 100} \approx 2{,}5$$

$$h_2(200) = 2{,}5 - 21{,}4 \cdot e^{-0{,}3 \cdot 200} \approx 2{,}5$$

Die Höhe 2,5 m wird nicht überschritten. Somit wird die Pflanze nicht an die Zimmerdecke stoßen.

c) **Wertetabelle**

Durch Einsetzen der t-Werte in die Funktion h_2 ergibt sich die jeweilige Höhe der Pflanze in m.

Zeit t in Wochen	8	9	10	15	20
Höhe der Pflanze in m	0,55	1,06	1,43	2,26	2,45

Einzeichnen von G_2

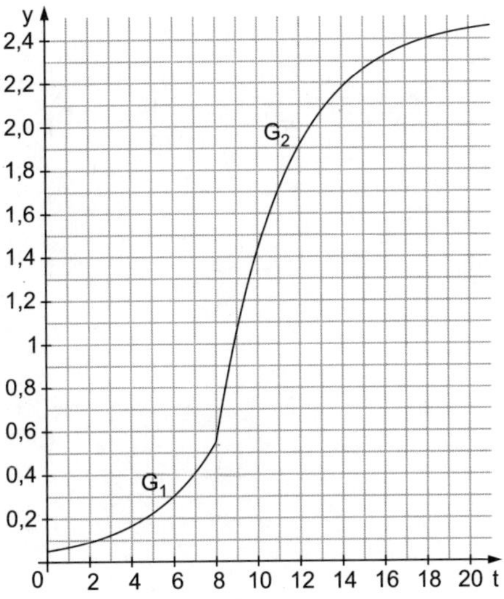

d) **Berechnung der Ableitungen für t = 8**

Bei der Ableitung beider Funktionen ist die Kettenregel zu beachten.

$$h_1'(t) = 0{,}05 \cdot 0{,}3 \cdot e^{0{,}3 \cdot t} = 0{,}015 \cdot e^{0{,}3 \cdot t}$$

$$h_2'(t) = -21{,}4 \cdot (-0{,}3) \cdot e^{-0{,}3 \cdot t} = 6{,}42 \cdot e^{-0{,}3 \cdot t}$$

$$h_1'(8) = \underline{\underline{0{,}17}}$$

$$h_2'(8) = \underline{\underline{0{,}58}}$$

Realitätsbetrachtung
Die Ableitungen geben die momentanen Wachstumsgeschwindigkeiten zum Zeitpunkt $t=8$ an. Es ergeben sich zwei verschiedene Werte. Das würde bedeuten, dass sich die Wachstumsgeschwindigkeit nach 8 Wochen sprunghaft ändert, was <u>unrealistisch</u> ist.

e) Die Integration der verketteten Funktionen h_1 und h_2 erfolgt nach folgender Regel:

$$\int e^{a \cdot x}\,dx = \frac{1}{a} \cdot e^{a \cdot x} + C$$

Für die Fläche unter den Graphen von G_1 und G_2 gilt:

$$\int_0^8 h_1(t)\,dt + \int_8^{20} h_2(t)\,dt = \int_0^8 0{,}05 \cdot e^{0{,}3t}\,dt + \int_8^{20} (2{,}5 - 21{,}4 \cdot e^{-0{,}3t})\,dt$$

$$= \left[\frac{0{,}05}{0{,}3} \cdot e^{0{,}3t}\right]_0^8 + \left[2{,}5t - \frac{21{,}4}{-0{,}3} \cdot e^{-0{,}3t}\right]_8^{20}$$

$$= \left[\frac{1}{6} \cdot e^{0{,}3t}\right]_0^8 + \left[2{,}5t + \frac{214}{3} \cdot e^{-0{,}3t}\right]_8^{20}$$

$$= \left(\frac{1}{6} \cdot e^{2{,}4} - \frac{1}{6}\right) + \left(50 + \frac{214}{3} \cdot e^{-6} - 20 - \frac{214}{3} \cdot e^{-2{,}4}\right)$$

$$\approx 1{,}67 + 23{,}71$$

$$= 25{,}38$$

Es werden etwa <u>25,4 $m\ell$</u> Düngemittel benötigt.

Berlin – Mathematik Grundkurs
2014 – Aufgabe 2.1: Analytische Geometrie

Sandkasten

BE

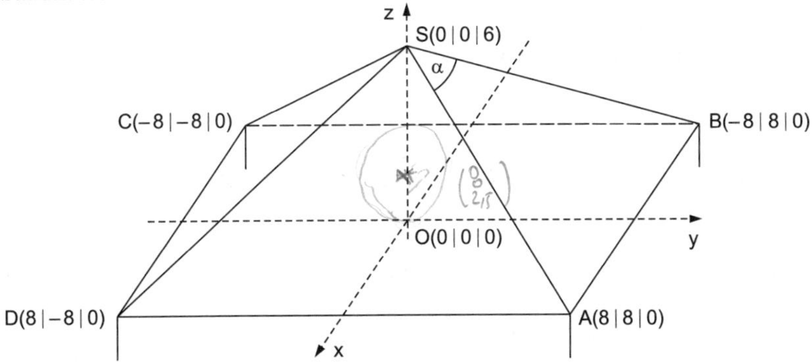

Ein Sandkasten, dessen obere Kanten das Quadrat ABCD bilden, soll als Schutz vor Verschmutzung einen Holzdeckel in Form einer senkrechten Pyramide mit der Spitze S erhalten (siehe Skizze). 1 LE = 1 dm.

a) Zuerst werden die vier Seitenflächen des Deckels zugesägt.
Berechnen Sie dazu die Länge der Pyramidenkante $\overline{AS}$ und den Winkel α zwischen den Kanten $\overline{AS}$ und $\overline{BS}$. 7

b) Berechnen Sie, wie viel Quadratmeter Holz für den Bau des Deckels benötigt werden.
Der entstehende Abfall sowie Verbindungselemente bleiben unberücksichtigt. 6

c) Der Sandkasten ist so gefüllt, dass die ebene Sandoberfläche genau die Fläche ABCD ist. Ein großer Ball mit einem Radius von 2,5 dm liegt in der Mitte auf der Sandfläche, bezogen auf die obige Skizze also genau auf dem Koordinatenursprung.
Geben Sie die Koordinaten des Mittelpunktes des Balls an.
Bestimmen Sie für die Ebene, in der die Seitenfläche ABS liegt, eine Gleichung in Normalenform.
Weisen Sie nach, dass der Ball beim Aufsetzen des Deckels auf den Sandkasten nicht zusammengedrückt wird. 11

d) Zum Anheben des Deckels wird auf den Seitenkanten $\overline{AS}$ und $\overline{CS}$ in gleicher Höhe je ein Haltegriff angebracht.
Erstellen Sie eine Gleichung der Geraden g_{AS}.
Der Befestigungspunkt H_1 des Griffs auf $\overline{AS}$ soll vom Befestigungspunkt H_2 des Griffs auf $\overline{CS}$ einen Abstand von 4 dm haben. Weisen Sie nach, dass H_1 und H_2 diesen Abstand haben, wenn sie sich in der Höhe $z = 6 - \frac{3\sqrt{2}}{4}$ befinden. 6

30

Tipps und Hinweise zur Lösung von Aufgabe 2.1

Tipps zu Teilaufgabe a

Länge der Kante $\overline{AS}$

- Berechnen Sie den Betrag des Vektors $\overrightarrow{AS}$.

Berechnung des Winkels α

- Berechnen Sie den Winkel zwischen den Vektoren $\overrightarrow{SA}$ und $\overrightarrow{SB}$.

Tipps zu Teilaufgabe b

- Die vier Seitenflächen der Pyramide sind gleich groß.
- Bestimmen Sie die Länge der Grundseite und der Höhe im Dreieck ABS.
- Die Höhe des Dreiecks ABS trifft $\overline{AB}$ im Mittelpunkt.

Tipps zu Teilaufgabe c

Koordinaten des Mittelpunktes des Balls

- Zeichnen Sie einen Querschnitt der Situation in der y-z-Ebene.
- Der Mittelpunkt befindet sich direkt über dem Ursprung in der Höhe des Radius.

E_{ABS} in Normalenform

- Stellen Sie die Ebene E_{ABS} zunächst in der Parameterform dar.
- Bestimmen Sie einen Normalenvektor zu E_{ABS}.
- Der Normalenvektor muss auf beiden Richtungsvektoren senkrecht stehen.

Nachweis, dass der Ball nicht zusammengedrückt wird

- Zeichnen Sie in Ihre Skizze den Querschnitt der Dreiecksfläche ABS ein.
- Berechnen Sie den Abstand des Mittelpunktes des Balls zur Dreiecksfläche über die Hesse'sche Normalenform der Ebene.
- Vergleichen Sie den Abstand mit dem Radius des Balls.

Tipps zu Teilaufgabe d

Gleichung der Geraden g_{AS}

- Wählen Sie A als Stützpunkt und $\overrightarrow{AS}$ als Richtungsvektor.

Nachweis der Höhe von H_1 und H_2

- Erstellen Sie eine Skizze von dem Dreieck ASC und den Punkten H_1 und H_2.
- Es ergibt sich eine Strahlensatzfigur.
- Berechnen Sie mit dem Strahlensatz, in welcher Höhe die Verbindung zwischen H_1 und H_2 verläuft.

Lösungen zu Aufgabe 2.1

a) **Länge der Kante $\overline{AS}$**

Aus den Koordinaten von A und S ergibt sich der Vektor $\overrightarrow{AS}$. Der Betrag des Vektors gibt die Länge der Kante $\overline{AS}$ an.

$$|\overrightarrow{AS}| = \left|\begin{pmatrix} -8 \\ -8 \\ 6 \end{pmatrix}\right| = \sqrt{64+64+36} = \sqrt{164} \approx \underline{\underline{12{,}8\,[\text{dm}]}}$$

Berechnung des Winkels α

Für den Winkel α zwischen den Vektoren $\overrightarrow{SA}$ und $\overrightarrow{SB}$ gilt:

$$\cos\alpha = \frac{|\overrightarrow{SA} \circ \overrightarrow{SB}|}{|\overrightarrow{SA}| \cdot |\overrightarrow{SB}|} = \frac{\left|\begin{pmatrix} 8 \\ 8 \\ -6 \end{pmatrix} \circ \begin{pmatrix} -8 \\ 8 \\ -6 \end{pmatrix}\right|}{\sqrt{164} \cdot \sqrt{164}} = \frac{-64+64+36}{164} = \frac{36}{164} = \frac{9}{41}$$

$$\Rightarrow \quad \underline{\underline{\alpha = 77{,}3°}}$$

b) Da die Grundfläche der Pyramide ein Quadrat ist und die Spitze der Pyramide senkrecht über dem Mittelpunkt des Quadrates liegt, sind alle vier Seitenflächen gleich groß.

Die Formel zur Flächenberechnung des Dreiecks ABS lautet:

$$A_{ABS} = \tfrac{1}{2} \cdot |\overline{AB}| \cdot h$$

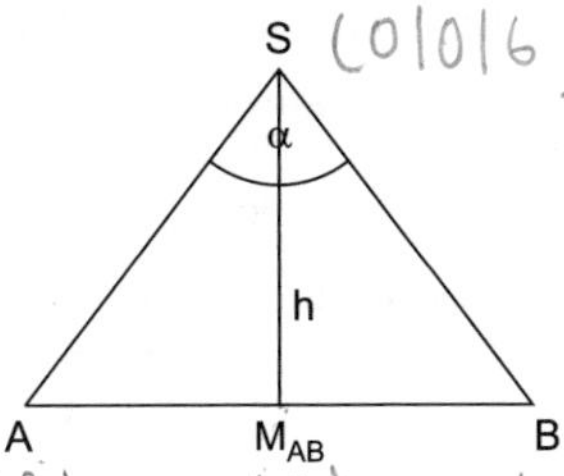

Da $\overline{SA}$ und $\overline{SB}$ gleich lang sind, trifft die Höhe des Dreiecks die Kante $\overline{AB}$ im Mittelpunkt M.

$$\overrightarrow{OM_{AB}} = \frac{1}{2}\left[\begin{pmatrix} 8 \\ 8 \\ 0 \end{pmatrix} + \begin{pmatrix} -8 \\ 8 \\ 0 \end{pmatrix}\right] = \begin{pmatrix} 0 \\ 8 \\ 0 \end{pmatrix}$$

$$\Rightarrow \quad M_{AB}(0\,|\,8\,|\,0)$$

Für die Höhe und die Seitenlänge gilt:

$$h = |\overrightarrow{M_{AB}S}| = \left|\begin{pmatrix} 0 \\ -8 \\ 6 \end{pmatrix}\right| = \sqrt{64+36} = 10\,[\text{dm}]$$

$$|\overrightarrow{AB}| = \left|\begin{pmatrix} -16 \\ 0 \\ 0 \end{pmatrix}\right| = \sqrt{256} = 16\,[\text{dm}]$$

Damit gilt:

$$A_{ABS} = \frac{1}{2} \cdot 16 \cdot 10 = 80\,[\text{dm}^2]$$

Für alle vier Seitenflächen gilt:

$$A = 4 \cdot A_{ABS} = 4 \cdot 80\ \text{dm}^2 = 320\ \text{dm}^2 = 3{,}2\ \text{m}^2$$

Das Gesamtmaterial für den Holzdeckel beträgt $\underline{\underline{3{,}2\ \text{m}^2}}$.

c) **Koordinaten des Mittelpunktes des Balls**

Da der Ball den Radius $r = 2{,}5$ dm hat, besitzt der Ball den Mittelpunkt $\underline{\underline{M_{Ball}(0\,|\,0\,|\,2{,}5)}}$.

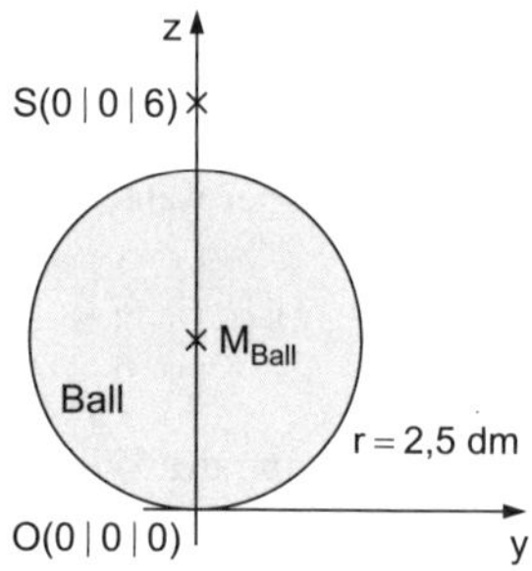

E_{ABS} in Normalenform

Die Parameterform der Ebene lautet:

$$\vec{x} = \begin{pmatrix} 0 \\ 0 \\ 6 \end{pmatrix} + k \cdot \begin{pmatrix} 8 \\ 8 \\ -6 \end{pmatrix} + \ell \cdot \begin{pmatrix} -8 \\ 8 \\ -6 \end{pmatrix}; \quad \ell \in \mathbb{R}$$

Der Normalenvektor muss auf beiden Richtungsvektoren senkrecht stehen.

1. Möglichkeit: Vektorprodukt

$$\begin{pmatrix} 8 \\ 8 \\ -6 \end{pmatrix} \times \begin{pmatrix} -8 \\ 8 \\ -6 \end{pmatrix} = \begin{pmatrix} -48+48 \\ 48+48 \\ 64+64 \end{pmatrix} = \begin{pmatrix} 0 \\ 96 \\ 128 \end{pmatrix}$$

Es wird der dazu kollineare Vektor $\vec{n} = \begin{pmatrix} 0 \\ 3 \\ 4 \end{pmatrix}$ gewählt.

2. Möglichkeit: Skalarprodukt

Der Normalenvektor muss zu beiden Richtungsvektoren der Ebene orthogonal sein.
Es muss gelten: $\vec{u} \circ \vec{n} = 0$ und $\vec{v} \circ \vec{n} = 0$

Daraus ergibt sich das unterbestimmte Gleichungssystem:

$$\begin{aligned} \text{I} \quad & 8x + 8y - 6z = 0 \\ \text{II} \quad & -8x + 8y - 6z = 0 \end{aligned}$$

Eine Variable ist frei wählbar. Hier wird $z = 1$ gewählt.

$$\begin{aligned} \text{I} \quad & 8x + 8y = 6 \\ \text{II} \quad & -8x + 8y = 6 \end{aligned}$$

Durch Addition beider Gleichungen ergibt sich:

$$16y = 12 \quad \Rightarrow \quad y = \frac{3}{4}$$

Durch Einsetzen in I folgt:

$$8x + 6 = 6 \quad \Rightarrow \quad x = 0$$

$\begin{pmatrix} 0 \\ \frac{3}{4} \\ 1 \end{pmatrix}$ ist ein Normalenvektor. Es wird der dazu kollineare Vektor $\vec{n} = \begin{pmatrix} 0 \\ 3 \\ 4 \end{pmatrix}$ gewählt.

E_{ABS} in Normalenform:

$$\underline{\underline{E_{ABS}: \left(\vec{x} - \begin{pmatrix} 0 \\ 0 \\ 6 \end{pmatrix} \right) \circ \begin{pmatrix} 0 \\ 3 \\ 4 \end{pmatrix} = 0}}$$

E_{ABS} in Koordinatenform:

$$E_{ABS}: \; 3y + 4z - 24 = 0$$

Nachweis, dass der Ball nicht zusammengedrückt wird
Der Abstand des Mittelpunktes M_{Ball} zur Ebene E_{ABS} muss größer als der Ballradius sein (siehe Skizze).

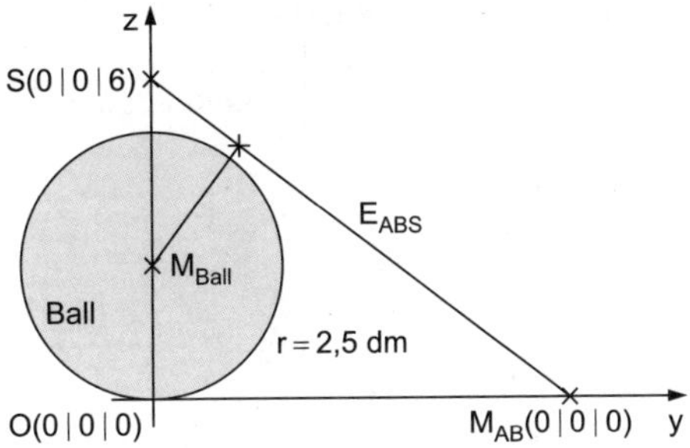

Den Abstand von M_{Ball} zur Ebene E_{ABS} berechnet man über die Hesse'sche Normalenform der Ebenengleichung.

$$|\vec{n}| = \sqrt{9+16} = 5$$

Damit gilt für E_{ABS} in der Hesse'schen Normalenform:

$$E_{ABS}: \frac{1}{5} \cdot (3y + 4z - 24) = 0$$

Durch Einsetzen der Koordinaten von $M_{Ball}(0\,|\,0\,|\,2{,}5)$ in die Hesse'sche Normalenform der Ebene erhält man den Abstand d zur Ebene:

$$d = \left| \frac{1}{5} \cdot (4 \cdot 2{,}5 - 24) \right| = \frac{14}{5} = 2{,}8\,[\text{dm}]$$

$2{,}8 > 2{,}5$, d. h., der Ball wird <u>nicht</u> eingedrückt.

d) **Gleichung der Geraden g_{AS}**

$$g_{AS}: \vec{x} = \begin{pmatrix} 8 \\ 8 \\ 0 \end{pmatrix} + k \cdot \begin{pmatrix} -8 \\ -8 \\ 6 \end{pmatrix}; \quad k \in \mathbb{R}$$

Nachweis der Höhe von H_1 und H_2
Die Skizze zeigt eine Strahlensatzfigur.

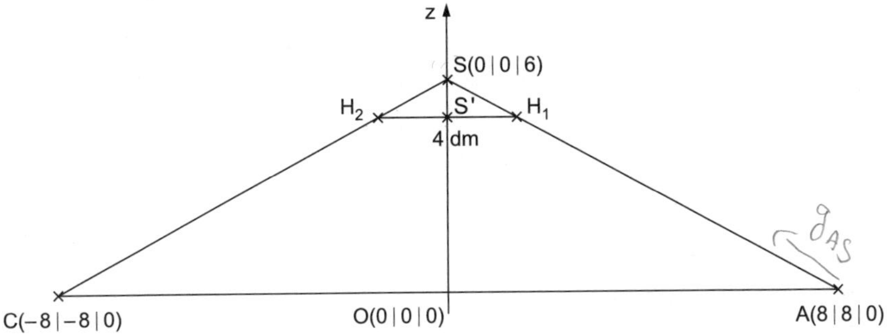

Für die Streckenlängen gilt die folgende Gleichung:

Strahlensatz

$$\frac{\overline{SS'}}{\overline{H_1H_2}} = \frac{\overline{OS}}{\overline{AC}}$$

ges.: $\overline{SS'}$

Für die Länge der Strecke $\overline{AC}$ gilt:

$$|\overrightarrow{AC}| = \left|\begin{pmatrix} -16 \\ -16 \\ 0 \end{pmatrix}\right| = \sqrt{256+256} = \sqrt{512} = 16\sqrt{2}$$

Damit folgt:

$$\frac{\overline{SS'}}{4} = \frac{6}{16\sqrt{2}}$$

$$\overline{SS'} = \frac{24}{16\sqrt{2}} = \frac{3\sqrt{2}}{4}$$

Die Höhe von H_1 und H_2 über der x-y-Ebene beträgt $\underline{\underline{\left(6-\frac{3\sqrt{2}}{4}\right) \text{dm}}}$.

Berlin – Mathematik Grundkurs
2014 – Aufgabe 2.2: Analytische Geometrie

Vogelflug BE

Ein Bussard kreist über einem Feld und erspäht eine Maus auf dem Boden (x-y-Ebene). Er fliegt von A(39 | 3 | 36) aus geradlinig in Richtung $\begin{pmatrix} 1 \\ -3 \\ -6 \end{pmatrix}$ auf die Maus zu (1 LE = 10 m).

a) Geben Sie eine Geradengleichung für die Flugbahn des Bussards an.
Ermitteln Sie die Koordinaten des Punktes M, in dem sich die Maus befindet.
[*Zur Kontrolle:* M(45 | −15 | 0)]

Vom Punkt A aus erreicht der Bussard die Maus in 10 Sekunden.
Bestimmen Sie seine Geschwindigkeit in $\frac{\text{km}}{\text{h}}$. 10

b) In der Ebene E mit der Gleichung $x + y + 12z = 326$ fliegt zur gleichen Zeit ein Schwarm Zugvögel. Der Bussard durchfliegt bei seinem Sturzflug die Flugebene der Vögel.
Berechnen Sie, in welchem Punkt S und unter welchem Winkel er die Ebene E durchfliegt. 8

c) Ein Flugzeug fliegt entlang der Geraden $f: \vec{x} = \begin{pmatrix} 50 \\ 75 \\ 24 \end{pmatrix} + t \begin{pmatrix} -2 \\ -4 \\ 0{,}5 \end{pmatrix}; t \in \mathbb{R}$.

Weisen Sie nach, dass das Flugzeug nicht auf den Vogelschwarm aus b) treffen kann.
Berechnen Sie den Abstand, den die Flugbahn des Flugzeugs von der Flugebene E der Zugvögel hat. 8

d) Der Vogel an der Spitze des Vogelschwarms aus b) trifft im Punkt P(70 | −80 | 28) auf eine nach oben gerichtete Luftströmung und verändert daraufhin seine Flugbahn. Ohne diese Änderung wäre er direkt in Richtung Q(22 | −56 | 30) geflogen. Durch die Richtungsänderung überfliegt er Q aber in einer Höhe von 400 m über dem Boden.
Berechnen Sie, für welchen Wert von z der Vektor $\vec{r} = \begin{pmatrix} -6 \\ 3 \\ z \end{pmatrix}$ die neue Richtung der Flugbahn angibt. 4

30

Tipps und Hinweise zur Lösung von Aufgabe 2.2

Tipps zu Teilaufgabe a

Geradengleichung für die Flugbahn des Bussards

- Benutzen Sie den Stütz- und den Richtungsvektor, die in der Aufgabenstellung gegeben sind.

Koordinaten des Punktes M

- Die Maus befindet sich in der x-y-Ebene.
- Berechnen Sie den Schnittpunkt M der Fluggeraden des Bussards mit der x-y-Ebene.
- Für alle Punkte der x-y-Ebene gilt $z = 0$.

Fluggeschwindigkeit

- Berechnen Sie die Länge der Strecke, die der Bussard zurücklegt.
- Achten Sie auf die gegebene Längeneinheit.

Tipps zu Teilaufgabe b

Schnittpunkt S der Fluggeraden g_B mit der Ebene der Zugvögel

- Setzen Sie die Koordinatengleichungen der Fluggeraden in die Ebenengleichung ein.

Berechnung des Winkels α

- Um den Winkel zwischen dem Richtungsvektor einer Geraden und dem Normalenvektor einer Ebene zu berechnen, benötigen Sie den Sinus.

Tipps zu Teilaufgabe c

Nachweis, dass es keinen Schnittpunkt gibt

- Sie können entweder versuchen, den Schnittpunkt zu berechnen, oder nachweisen, dass die Gerade und die Ebene echt parallel sind.

Abstandsberechnung Gerade/Ebene

- Da die Gerade und die Ebene parallel sind, genügt es, den Abstand von einem Punkt der Geraden f zur Ebene E zu berechnen.
- Setzen Sie die Koordinaten des Stützvektors der Geraden f in die Hesse'sche Normalenform der Ebene E ein.

Tipps zu Teilaufgabe d

- Geben Sie die Koordinaten vom Punkt Q* an, durch den der Vogel an der Spitze des Vogelschwarms jetzt fliegt.
- Stellen Sie die Gleichung der neuen Fluggeraden mit dem Stützpunkt P und dem Richtungsvektor $\vec{r}$ auf.
- Da Q* auf der Fluggeraden liegen muss, können Sie z berechnen, indem Sie die Koordinaten von Q* in die Geradengleichung einsetzen.

Lösungen zu Aufgabe 2.2

a) **Geradengleichung für die Flugbahn des Bussards**

$$g_B\colon \vec{x} = \begin{pmatrix} 39 \\ 3 \\ 36 \end{pmatrix} + k \cdot \begin{pmatrix} 1 \\ -3 \\ -6 \end{pmatrix}; \quad k \in \mathbb{R}$$

Koordinaten des Punktes M

M ist der Schnittpunkt der Fluggeraden g_B mit der x-y-Ebene E_{xy}.
Da für alle Punkte in der x-y-Ebene $z = 0$ gilt, muss folgende Gleichung erfüllt sein:

$$0 = 36 - 6k$$
$$k = 6$$

Durch Einsetzen in die Geradengleichung von g_B ergeben sich die Koordinaten der Mausposition M.

$$\overrightarrow{OM} = \begin{pmatrix} 39 \\ 3 \\ 36 \end{pmatrix} + 6 \cdot \begin{pmatrix} 1 \\ -3 \\ -6 \end{pmatrix} = \begin{pmatrix} 45 \\ -15 \\ 0 \end{pmatrix}$$

Die Maus befindet sich im Punkt $\underline{\underline{M(45 \mid -15 \mid 0)}}$.

Fluggeschwindigkeit

$|\overrightarrow{AM}|$ gibt die Fluglänge in 10 Sekunden an.

$$\overrightarrow{AM} = \begin{pmatrix} 6 \\ -18 \\ -36 \end{pmatrix}$$

$$|\overrightarrow{AM}| = \sqrt{36 + 324 + 1\,296} = \sqrt{1\,656} = 6\sqrt{46} \approx 40{,}7$$

Da 1 LE 10 Metern entspricht, fliegt der Bussard 407 m in 10 Sekunden.

$$v_{Bussard} = \frac{407\text{ m}}{10\text{ s}} = \frac{2\,442\text{ m}}{60\text{ s}} = \frac{2\,442\text{ m}}{1\text{ min}} = \frac{146\,520\text{ m}}{60\text{ min}} = \frac{146{,}52\text{ km}}{1\text{ h}}$$

Die Geschwindigkeit des Bussards beträgt $\underline{\underline{146{,}52\ \frac{\text{km}}{\text{h}}}}$.

b) **Schnittpunkt S der Fluggeraden g_B mit der Ebene der Zugvögel**

Die Koordinatengleichungen der Geraden g_B werden in die Ebenengleichung von E eingesetzt.

Mit $x = 39 + k$, $y = 3 - 3k$, $z = 36 - 6k$ und E: $x + y + 12z = 326$ folgt:

$$39 + k + 3 - 3k + 432 - 72k = 326$$
$$-74k = -148$$
$$k = 2$$

Eingesetzt in g_B ergeben sich die Koordinaten von S:

$$\overrightarrow{OS} = \begin{pmatrix} 39 \\ 3 \\ 36 \end{pmatrix} + 2 \cdot \begin{pmatrix} 1 \\ -3 \\ -6 \end{pmatrix} = \begin{pmatrix} 41 \\ -3 \\ 24 \end{pmatrix}$$

Der Bussard durchfliegt den Schwarm in $\underline{\underline{S(41 \mid -3 \mid 24)}}$.

Berechnung des Winkels α

Für den Winkel zwischen der Geraden mit dem Richtungsvektor $\vec{u}$ und der Ebene mit dem Normalenvektor $\vec{n}$ gilt:

$$\sin\alpha = \frac{|\vec{u} \circ \vec{n}|}{|\vec{u}| \cdot |\vec{n}|}$$

Damit folgt:

$$\sin\alpha = \frac{\left|\begin{pmatrix}1\\-3\\-6\end{pmatrix} \circ \begin{pmatrix}1\\1\\12\end{pmatrix}\right|}{\sqrt{1+9+36} \cdot \sqrt{1+1+144}} = \frac{74}{\sqrt{46} \cdot \sqrt{146}} \quad \Rightarrow \quad \underline{\underline{\alpha \approx 64{,}6°}}$$

c) **Nachweis, dass es keinen Schnittpunkt gibt**

Die neue Fluggerade f lautet:

$$f\colon\ \vec{x} = \begin{pmatrix}50\\75\\24\end{pmatrix} + t \cdot \begin{pmatrix}-2\\-4\\0{,}5\end{pmatrix}$$

1. Möglichkeit:

Die Koordinatengleichungen der Geraden f werden in die Ebenengleichung von E eingesetzt.

$$\begin{aligned} 50 - 2t + 75 - 4t + 288 + 6t &= 326 \\ 413 &\neq 326 \end{aligned}$$

Es gibt $\underline{\underline{\text{keinen Schnittpunkt.}}}$

2. Möglichkeit:

Eine Gerade und eine Ebene haben keinen Schnittpunkt, wenn sie echt parallel sind. Die Richtung des Flugzeugs ist parallel zur Ebene, wenn $\vec{u}_f$ orthogonal zu $\vec{n}$ ist. Dies ist der Fall, wenn $\vec{u}_f \circ \vec{n} = 0$ erfüllt ist.

$$\begin{pmatrix}-2\\-4\\0{,}5\end{pmatrix} \circ \begin{pmatrix}1\\1\\12\end{pmatrix} = -2 - 4 + 6 = 0$$

Damit sind die Gerade f und die Ebene E parallel.

Anschließend wird überprüft, ob sie echt parallel sind, also ob ein Punkt der Geraden in der Ebene E liegt:

$$50 + 75 + 288 \neq 326 \quad \Rightarrow \quad (50\,|\,75\,|\,24) \notin E$$

Die Gerade f und die Ebene E sind echt parallel und besitzen daher $\underline{\underline{\text{keinen Schnittpunkt.}}}$

Abstandsberechnung Gerade/Ebene

Zur Berechnung des Abstands vom Punkt $(50\,|\,75\,|\,24)$ zur Ebene E muss diese in die Hesse'sche Normalenform gebracht werden.

Die Länge des Normalenvektors wurde bereits in Teilaufgabe b berechnet:

$$|\vec{n}| = \sqrt{146} \quad \text{(siehe Teilaufgabe b)}$$

Hesse'sche Normalenform von E:

$$\frac{1}{\sqrt{146}} \cdot (x + y + 12z - 326) = 0$$

Durch Einsetzen der Koordinaten von (50 | 75 | 24) in die Hesse'sche Normalenform erhält man den Abstand zur Ebene E.

$$d = \left| \frac{1}{\sqrt{146}} \cdot (50 + 75 + 12 \cdot 24 - 326) \right| = \frac{87}{\sqrt{146}} \approx 7{,}2$$

Der Abstand des Flugzeugs zur Flugebene der Zugvögel beträgt 72 m.

d) *1. Möglichkeit:*

Q* liegt senkrecht über Q, 400 m über der x-y-Ebene. Die z-Koordinate lautet somit 40.

Q*(22 | −56 | 40)

Die Gleichung der neuen Fluggeraden lautet:

$$\vec{x} = \begin{pmatrix} 70 \\ -80 \\ 28 \end{pmatrix} + k \cdot \begin{pmatrix} -6 \\ 3 \\ z \end{pmatrix}$$

Diese muss durch Q* gehen. Daher muss das folgende Gleichungssystem erfüllt sein:

$$\begin{array}{lll} \text{I} & 22 = 70 - 6k & \Rightarrow\ k = 8 \\ \text{II} & -56 = -80 + 3k & \text{stimmt für } k = 8 \\ \text{III} & 40 = 28 + kz & \Rightarrow\ z = \frac{12}{k} \ \Rightarrow\ z = \frac{12}{8} = \frac{3}{2} \end{array}$$

2. Möglichkeit:

Der Vogelschwarm fliegt in Richtung $\overrightarrow{PQ^*}$:

$$\overrightarrow{PQ^*} = \begin{pmatrix} -48 \\ 24 \\ 12 \end{pmatrix}$$

Dieser Richtungsvektor muss parallel zu $\vec{r}$ verlaufen:

$$\begin{pmatrix} -48 \\ 24 \\ 12 \end{pmatrix} = k \cdot \begin{pmatrix} -6 \\ 3 \\ z \end{pmatrix} \Rightarrow \begin{array}{l} -48 = -6k \\ 24 = 3k \\ 12 = kz \end{array} \Rightarrow \begin{array}{l} k = 8 \\ k = 8 \\ z = \frac{12}{k} = \frac{12}{8} = \frac{3}{2} \end{array}$$

Für $z = \frac{3}{2}$ wird die neue Richtung angegeben.

Berlin – Mathematik Grundkurs
2014 – Aufgabe 3.1: Stochastik

Sommerfest BE

Jana geht am Wochenende mit ihrer Schwester auf ein Sommerfest. An einer Losbude kann man Lose aus einer großen Trommel ziehen. Zehn Prozent der Lose sind Gewinnlose, die restlichen sind Nieten, mit denen nichts gewonnen wird.

a) Bestimmen Sie die Wahrscheinlichkeiten für die folgenden Ereignisse:
A: Unter 20 gezogenen Losen sind nur Nieten.
B: Genau drei von 20 gezogenen Losen gewinnen einen Preis.
C: Unter 20 gezogenen Losen sind mindestens drei Lose, die einen Preis gewinnen. 8

b) Der Losverkäufer verspricht, dass unter 30 Losen mit 99 %iger Sicherheit mindestens ein Gewinnlos ist.
– Zeigen Sie, dass die versprochene Gewinnwahrscheinlichkeit zu hoch ist.
– Berechnen Sie, wie viele Lose tatsächlich gekauft werden müssen, um mit mindestens 99 %iger Wahrscheinlichkeit wenigstens ein Gewinnlos zu erhalten. 7

c) Jana kauft zehn Lose. Sie hat zwei Gewinnlose und acht Nieten. Zwei Lose schenkt sie ihrer Schwester, ohne zu prüfen, ob es sich dabei um Gewinnlose oder Nieten handelt.
Berechnen Sie die Wahrscheinlichkeit, mit der Jana dann noch genau ein Gewinnlos hat. 5

d) Jana hat zwei Plüschtiere gewonnen. Es gibt Bären, Hasen und Affen.
Unter den drei Tierarten wählt sie zwei verschiedene aus.
Bestimmen Sie die Anzahl der Möglichkeiten, die Jana für die Auswahl hat.

Jana kann sich nicht entscheiden. Deshalb wählt sie mit geschlossenen Augen aus einem Korb mit 8 Bären, 7 Hasen und 5 Affen zwei der 20 Plüschtiere aus.
Berechnen Sie die Wahrscheinlichkeit, mit der sie zwei verschiedene Tierarten gewählt hat. 6

e) Jana kauft weitere sechs Lose. Unter diesen Losen befinden sich drei Gewinnlose.
Sie öffnet wahllos drei der gekauften Lose.
Betrachtet wird das Ereignis E: „Unter den drei geöffneten Losen sind k Gewinnlose.“
Zeigen Sie, dass es zwei Werte für k gibt, sodass für die Wahrscheinlichkeit P(E) gilt: P(E) = 0,45. 4

30

Summierte Binomialverteilungen

Gerundet auf vier Nachkommastellen, weggelassen ist „0,“,
alle freien Plätze enthalten 1,0000.
Wird die Tabelle „von unten“ gelesen ($p > 0{,}5$), ist der richtige Wert 1 – (abgelesener Wert).

n	k	p										k	n
		0,05	0,10	$\frac{1}{6}$	0,20	0,25	0,30	$\frac{1}{3}$	0,40	0,45	0,50		
5	0	7738	5905	4019	3277	2373	1681	1317	0778	0503	0313	4	5
	1	9774	9185	8038	7373	6328	5282	4609	3370	2562	1875	3	
	2	9988	9914	9645	9421	8965	8369	7901	6826	5931	5000	2	
	3		9995	9967	9933	9844	9692	9547	9130	8688	8125	1	
	4			9999	9997	9990	9976	9959	9898	9815	9688	0	
10	0	5987	3487	1615	1074	0563	0282	0173	0060	0025	0010	9	10
	1	9139	7361	4845	3758	2440	1493	1040	0464	0233	0107	8	
	2	9885	9298	7752	6778	5256	3828	2991	1673	0996	0547	7	
	3	9990	9872	9303	8791	7759	6496	5593	3823	2660	1719	6	
	4	9999	9984	9845	9672	9219	8497	7869	6331	5044	3770	5	
	5		9999	9976	9936	9803	9527	9234	8338	7384	6230	4	
	6			9997	9991	9965	9894	9803	9452	8980	8281	3	
	7				9999	9996	9984	9966	9877	9726	9453	2	
	8						9999	9996	9983	9955	9893	1	
	9								9999	9997	9990	0	
15	0	4633	2059	0649	0352	0134	0047	0023	0005	0001	0000	14	15
	1	8290	5490	2596	1671	0802	0353	0194	0052	0017	0005	13	
	2	9638	8159	5322	3980	2361	1268	0794	0271	0107	0037	12	
	3	9945	9444	7685	6482	4613	2969	2092	0905	0424	0176	11	
	4	9994	9873	9102	8358	6865	5155	4041	2173	1204	0592	10	
	5	9999	9978	9726	9389	8516	7216	6184	4032	2608	1509	9	
	6		9997	9934	9819	9434	8689	7970	6098	4522	3036	8	
	7			9987	9958	9827	9500	9118	7869	6535	5000	7	
	8			9998	9992	9958	9848	9682	9050	8182	6964	6	
	9				9999	9992	9963	9915	9662	9231	8491	5	
	10					9999	9993	9982	9907	9745	9408	4	
	11						9999	9997	9981	9937	9824	3	
	12								9997	9989	9963	2	
	13									9999	9995	1	
20	0	3585	1216	0261	0115	0032	0008	0003	0000	0000	0000	19	20
	1	7358	3917	1304	0692	0243	0076	0033	0005	0001	0000	18	
	2	9245	6769	3287	2061	0913	0355	0176	0036	0009	0002	17	
	3	9841	8670	5665	4114	2252	1071	0604	0160	0049	0013	16	
	4	9974	9568	7687	6296	4148	2375	1515	0510	0189	0059	15	
	5	9997	9887	8982	8042	6172	4164	2972	1256	0553	0207	14	
	6		9976	9629	9133	7858	6080	4793	2500	1299	0577	13	
	7		9996	9887	9679	8982	7723	6615	4159	2520	1316	12	
	8		9999	9972	9887	9591	8867	8095	5956	4143	2517	11	
	9			9994	9972	9861	9520	9081	7553	5914	4119	10	
	10			9999	9994	9961	9829	9624	8725	7507	5881	9	
	11				9999	9991	9949	9870	9435	8692	7483	8	
	12					9998	9987	9963	9790	9420	8684	7	
	13						9997	9991	9935	9786	9423	6	
	14							9998	9984	9936	9793	5	
	15								9997	9985	9941	4	
	16									9997	9987	3	
	17										9998	2	
n	k	0,95	0,90	$\frac{5}{6}$	0,80	0,75	0,70	$\frac{2}{3}$	0,60	0,55	0,50	k	n
		p											

Tipps und Hinweise zur Lösung von Aufgabe 3.1

Tipps zu Teilaufgabe a

- Es handelt sich um Bernoulli-Ketten. Wenden Sie daher die Binomialverteilung mit den Parametern n und p an.
- Verwenden Sie für Ereignis C das Gegenereignis und die summierte Binomialverteilung aus der Anlage.

Tipps zu Teilaufgabe b

Überprüfung der 99 %-Aussage

- Berechnen Sie die Wahrscheinlichkeit $P(X \geq 1)$ und vergleichen Sie sie mit 99 %.

Berechnung der notwendigen Anzahl n der Loskäufe

- Stellen Sie die Wahrscheinlichkeit $P(X \geq 1)$ in Abhängigkeit von n dar.
- Diese Wahrscheinlichkeit soll mindestens 99 % betragen.
- Beachten Sie die Rechenregeln für den Logarithmus.

Tipps zu Teilaufgabe c

- Berechnen Sie die Wahrscheinlichkeit über das Lottomodell oder mit dem Baumdiagramm.
- Da Jana ein Gewinnlos behält, gibt sie genau ein Gewinnlos ab.

Tipps zu Teilaufgabe d

Anzahl der Auswahlmöglichkeiten

- Es werden zwei aus drei ausgewählt. Die Reihenfolge spielt keine Rolle.
- Die Anzahl wird über den Binomialkoeffizienten berechnet.

Wahrscheinlichkeit für zwei verschiedene Tierarten

- Stellen Sie sich den Sachverhalt durch ein geeignetes Baumdiagramm dar.
- Benutzen Sie die Pfadregeln.

Tipps zu Teilaufgabe e

- Es handelt sich um ein dreistufiges Zufallsexperiment.
- Berechnen Sie die Wahrscheinlichkeiten für die verschiedenen Anzahlen der Gewinnlose unter den 3 geöffneten.

Lösungen zu Aufgabe 3.1

a) Es liegt eine Bernoulli-Kette der Länge n = 20 und der Trefferwahrscheinlichkeit p = 0,1 vor. Die Zufallsgröße X sei die Anzahl der Gewinne und ist $B_{20;\,0,1}$-binomialverteilt.

Wenn unter 20 Losen nur Nieten vorhanden sind, so gibt es keinen Gewinn.

$$P(A) = P(X=0) = \binom{20}{0} \cdot 0{,}1^0 \cdot 0{,}9^{20} \approx \underline{\underline{0{,}122}}$$

$$P(B) = P(X=3) = \binom{20}{3} \cdot 0{,}1^3 \cdot 0{,}9^{17} \approx \underline{\underline{0{,}190}}$$

$$P(C) = P(X \geq 3) = 1 - P(X \leq 2) = 1 - 0{,}6769 = \underline{\underline{0{,}3231}}$$

Der Wert für $P(X \leq 2)$ kann aus der Tabelle für summierte Binomialverteilungen abgelesen werden.

b) **Überprüfung der 99 %-Aussage**

X ist jetzt $B_{30;\,0,1}$-binomialverteilt.
Es soll mindestens ein Gewinnlos unter 30 Losen sein:

$$P(X \geq 1) = 1 - P(X=0) = 1 - \binom{30}{0} \cdot 0{,}1^0 \cdot 0{,}9^{30} = 1 - 0{,}042 = 0{,}958$$

Die Angabe von 99 % ist $\underline{\underline{\text{zu groß}}}$.

Berechnung der notwendigen Anzahl n der Loskäufe

Es soll mindestens ein Gewinnlos unter n Losen sein:

$$P(X \geq 1) = 1 - P(X=0) = 1 - \binom{n}{0} \cdot 0{,}1^0 \cdot 0{,}9^n = 1 - 0{,}9^n$$

Folgende Ungleichung muss erfüllt sein:

$$1 - 0{,}9^n \geq 0{,}99 \qquad |-0{,}99; +0{,}9^n$$

$$0{,}01 \geq 0{,}9^n \qquad |\ln$$

Es gilt: $\ln a^b = b \cdot \ln a$

$$\ln 0{,}01 \geq n \cdot \ln 0{,}9 \qquad |:\ln 0{,}9$$

Es muss das Inversionsgesetz beachtet werden. Da $\ln 0{,}9 < 0$ ist, drehen sich die Größenbeziehungen um.

$$\frac{\ln 0{,}01}{\ln 0{,}9} \leq n$$

$$n \geq 43{,}7$$

Es müssen mindestens $\underline{\underline{\text{44 Lose}}}$ gekauft werden, um mit 99 %iger Sicherheit mindestens ein Gewinnlos zu erhalten.

c) *1. Möglichkeit:* Lottomodell

Insgesamt hat Jana 2 Gewinnlose und 8 Nieten. Davon gibt Jana genau ein Gewinnlos und eine Niete ab.

$$p = \frac{\binom{2}{1} \cdot \binom{8}{1}}{\binom{10}{2}} \approx 0{,}356$$

2. Möglichkeit: Baumdiagramm

Mit G: Gewinn und $\overline{G}$: Niete ergibt sich das nebenstehende Baumdiagramm.

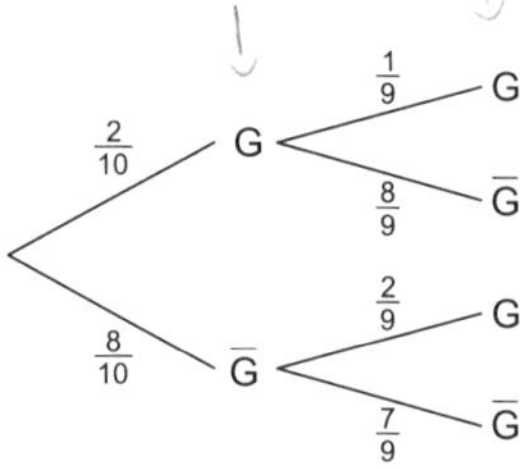

Damit gilt:

$$\begin{aligned} p &= P(G \cap \overline{G}) + P(\overline{G} \cap G) \\ &= \frac{2}{10} \cdot \frac{8}{9} + \frac{8}{10} \cdot \frac{2}{9} \\ &= 2 \cdot \frac{2}{10} \cdot \frac{8}{9} \\ &\approx 0{,}356 \end{aligned}$$

Jana hat mit 35,6 %iger Wahrscheinlichkeit noch genau ein Gewinnlos.

d) **Anzahl der Auswahlmöglichkeiten**

Die Anzahl der Möglichkeiten ergibt sich als Auswahl von 2 aus 3 ohne Reihenfolge:

$$\binom{3}{2} = 3$$

Es gibt 3 Möglichkeiten.

Die Möglichkeiten sind auch leicht aufzählbar: {B H; B A; A H}

Wahrscheinlichkeit für zwei verschiedene Tierarten

Im Baumdiagramm werden nur die relevanten Pfade dargestellt.

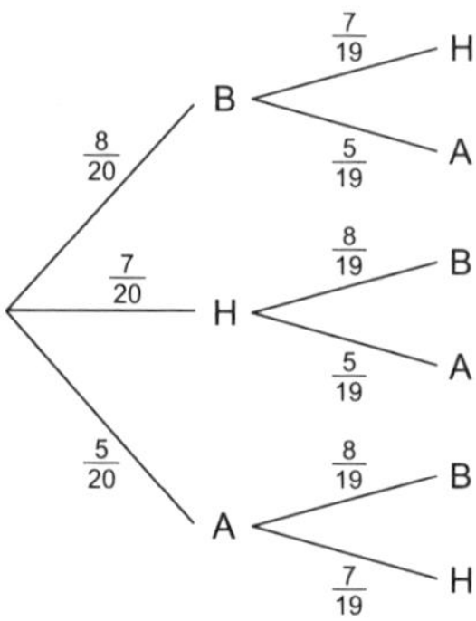

Für die Wahrscheinlichkeit gilt:

$$\begin{aligned} &P(\text{2 verschiedene Tierarten}) \\ &= 2 \cdot P(B \cap H) + 2 \cdot P(B \cap A) + 2 \cdot P(H \cap A) \\ &= 2 \cdot \frac{8}{20} \cdot \frac{7}{19} + 2 \cdot \frac{8}{20} \cdot \frac{5}{19} + 2 \cdot \frac{7}{20} \cdot \frac{5}{19} \\ &\approx 0{,}6895 \end{aligned}$$

Jana wählt mit 68,95 %iger Wahrscheinlichkeit zwei verschiedene Tierarten.

e) Für $k=0$:
typischer Pfad im Baumdiagramm: $-\overline{G}-\overline{G}-\overline{G}$

$$P(\overline{G}\cap\overline{G}\cap\overline{G})=\frac{3}{6}\cdot\frac{2}{5}\cdot\frac{1}{4}=\frac{1}{20}=0{,}05$$

Für $k=1$:
typischer Pfad im Baumdiagramm: $-G-\overline{G}-\overline{G}$
Es gibt 3 Äste dieser Form (in anderer Reihenfolge, aber mit gleicher Wahrscheinlichkeit).

$$3\cdot P(G\cap\overline{G}\cap\overline{G})=3\cdot\frac{3}{6}\cdot\frac{3}{5}\cdot\frac{2}{4}=\frac{9}{20}=0{,}45$$

Für $k=2$:
typischer Pfad im Baumdiagramm: $-G-G-\overline{G}$
Es gibt 3 Äste dieser Form (in anderer Reihenfolge, aber mit gleicher Wahrscheinlichkeit).

$$3\cdot P(G\cap G\cap\overline{G})=3\cdot\frac{3}{6}\cdot\frac{2}{5}\cdot\frac{3}{4}=\frac{9}{20}=0{,}45$$

Für $k=3$:
typischer Pfad im Baumdiagramm: $-G-G-G$

$$P(G\cap G\cap G)=\frac{3}{6}\cdot\frac{2}{5}\cdot\frac{1}{4}=\frac{1}{20}=0{,}05$$

Man erhält nur für $\underline{\underline{k=1}}$ und $\underline{\underline{k=2}}$ die Wahrscheinlichkeit 0,45.

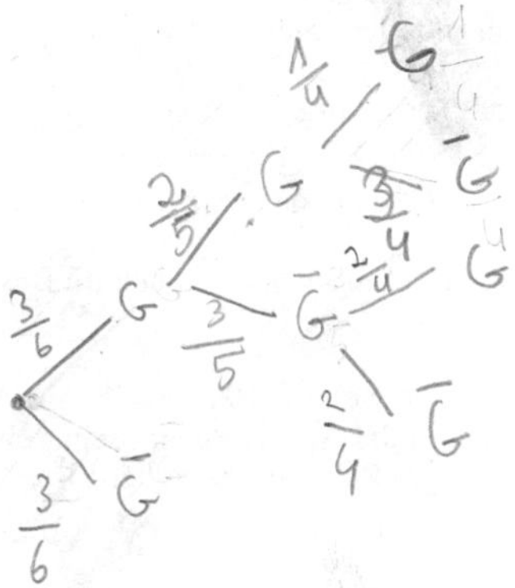

Berlin – Mathematik Grundkurs
2014 – Aufgabe 3.2: Stochastik

App BE

Apps (Anwendungsprogramme für Mobilgeräte) werden für unterschiedliche Zwecke genutzt. Durch eine Umfrage wurde ermittelt, welcher Anteil der Befragten Apps für bestimmte Zwecke nutzt. Mehrfachnennungen waren möglich. Die Tabelle zeigt auszugsweise die Ergebnisse der Umfrage. Zum Beispiel nutzen 19% der Befragten Spiele-Apps.

Zweck	mobile Suche	Terminorganisation	Spiele	Zeitung	Navigation
Anteil	28 %	20 %	19 %	16 %	14 %

(Quelle: Statista-Datenbank)

a) Man trifft zwei der Befragten.
Bestimmen Sie die Wahrscheinlichkeiten der folgenden Ereignisse:
A: Beide nutzen Apps zur mobilen Suche.
B: Der erste der beiden nutzt Apps zur Terminorganisation, der zweite nutzt Apps zur Navigation. 5

b) Unter den Befragten werden 15 Personen zufällig ausgewählt.
Bestimmen Sie die Wahrscheinlichkeit der folgenden Ereignisse:
C: Genau fünf der Ausgewählten nutzen Apps zur mobilen Suche.
D: Keiner der Ausgewählten nutzt Apps zur Navigation.
E: Mindestens fünf der Befragten nutzen Apps zur Terminorganisation. 9

c) In einem Bus sitzen 15 Personen, von denen genau 10 Apps nutzen. An einer Haltestelle steigen 5 Personen aus.
Berechnen Sie die Wahrscheinlichkeit, mit der noch genau sechs Personen im Bus sitzen, die Apps nutzen. 6

Tanja kann mit einer App per Zufall entscheiden lassen, in welcher Reihenfolge sie alle ihre sechs Freundinnen anruft. Sie trägt die Namen in die App-Liste ein, schüttelt das Handy und schon stehen die sechs Namen in zufälliger Reihenfolge in der Liste. Eine der sechs Freundinnen heißt Nicole.

d) Nach dem Schütteln ist Nicole unter den ersten beiden Namen der Liste.
Begründen Sie, dass die Wahrscheinlichkeit dafür $p = \frac{1}{3}$ ist.
Nachdem Tanja zehnmal auf diese Art alle sechs Freundinnen angerufen hat, stellt sie fest, dass Nicole viermal unter den ersten beiden Angerufenen war.
Untersuchen Sie, mit welcher Wahrscheinlichkeit dieser Fall eintritt. 6

e) Mit der Zufalls-App wird 20-mal die Reihenfolge der sechs Telefonate bestimmt.
Die Wahrscheinlichkeit, mit der Nicole mehr als k-mal zuerst angerufen wird, soll über 80 % liegen. Untersuchen Sie, für welche k dies möglich ist. 4

30

Summierte Binomialverteilungen

Gerundet auf vier Nachkommastellen, weggelassen ist „0,“,
alle freien Plätze enthalten 1,0000.
Wird die Tabelle „von unten“ gelesen (p > 0,5), ist der richtige Wert 1 – (abgelesener Wert).

n	k	p: 0,05	0,10	$\frac{1}{6}$	0,20	0,25	0,30	$\frac{1}{3}$	0,40	0,45	0,50	k	n
5	0	7738	5905	4019	3277	2373	1681	1317	0778	0503	0313	4	5
	1	9774	9185	8038	7373	6328	5282	4609	3370	2562	1875	3	
	2	9988	9914	9645	9421	8965	8369	7901	6826	5931	5000	2	
	3		9995	9967	9933	9844	9692	9547	9130	8688	8125	1	
	4			9999	9997	9990	9976	9959	9898	9815	9688	0	
10	0	5987	3487	1615	1074	0563	0282	0173	0060	0025	0010	9	10
	1	9139	7361	4845	3758	2440	1493	1040	0464	0233	0107	8	
	2	9885	9298	7752	6778	5256	3828	2991	1673	0996	0547	7	
	3	9990	9872	9303	8791	7759	6496	5593	3823	2660	1719	6	
	4	9999	9984	9845	9672	9219	8497	7869	6331	5044	3770	5	
	5		9999	9976	9936	9803	9527	9234	8338	7384	6230	4	
	6			9997	9991	9965	9894	9803	9452	8980	8281	3	
	7				9999	9996	9984	9966	9877	9726	9453	2	
	8						9999	9996	9983	9955	9893	1	
	9								9999	9997	9990	0	
15	0	4633	2059	0649	0352	0134	0047	0023	0005	0001	0000	14	15
	1	8290	5490	2596	1671	0802	0353	0194	0052	0017	0005	13	
	2	9638	8159	5322	3980	2361	1268	0794	0271	0107	0037	12	
	3	9945	9444	7685	6482	4613	2969	2092	0905	0424	0176	11	
	4	9994	9873	9102	8358	6865	5155	4041	2173	1204	0592	10	
	5	9999	9978	9726	9389	8516	7216	6184	4032	2608	1509	9	
	6		9997	9934	9819	9434	8689	7970	6098	4522	3036	8	
	7			9987	9958	9827	9500	9118	7869	6535	5000	7	
	8			9998	9992	9958	9848	9682	9050	8182	6964	6	
	9				9999	9992	9963	9915	9662	9231	8491	5	
	10					9999	9993	9982	9907	9745	9408	4	
	11						9999	9997	9981	9937	9824	3	
	12								9997	9989	9963	2	
	13									9999	9995	1	
20	0	3585	1216	0261	0115	0032	0008	0003	0000	0000	0000	19	20
	1	7358	3917	1304	0692	0243	0076	0033	0005	0001	0000	18	
	2	9245	6769	3287	2061	0913	0355	0176	0036	0009	0002	17	
	3	9841	8670	5665	4114	2252	1071	0604	0160	0049	0013	16	
	4	9974	9568	7687	6296	4148	2375	1515	0510	0189	0059	15	
	5	9997	9887	8982	8042	6172	4164	2972	1256	0553	0207	14	
	6		9976	9629	9133	7858	6080	4793	2500	1299	0577	13	
	7		9996	9887	9679	8982	7723	6615	4159	2520	1316	12	
	8		9999	9972	9887	9591	8867	8095	5956	4143	2517	11	
	9			9994	9972	9861	9520	9081	7553	5914	4119	10	
	10			9999	9994	9961	9829	9624	8725	7507	5881	9	
	11				9999	9991	9949	9870	9435	8692	7483	8	
	12					9998	9987	9963	9790	9420	8684	7	
	13						9997	9991	9935	9786	9423	6	
	14							9998	9984	9936	9793	5	
	15								9997	9985	9941	4	
	16									9997	9987	3	
	17										9998	2	
n	k	0,95	0,90	$\frac{5}{6}$	0,80	0,75	0,70	$\frac{2}{3}$	0,60	0,55	0,50	k	n
		p											

Tipps und Hinweise zur Lösung von Aufgabe 3.2

Tipps zu Teilaufgabe a

- Nehmen Sie an, dass die Anzahl der Befragten in der Umfrage so groß ist, dass die Beantwortung eines Einzelnen die Grundwahrscheinlichkeiten nicht ändert.
- Verwenden Sie die erste Pfadregel (Pfadmultiplikationsregel).

Tipps zu Teilaufgabe b

- Es handelt sich jeweils um eine Bernoulli-Kette.
- Beachten Sie, dass bei jedem Ereignis eine andere Trefferwahrscheinlichkeit zu verwenden ist.

Tipps zu Teilaufgabe c

- Berechnen Sie die Wahrscheinlichkeit über das Lottomodell oder mit dem Baumdiagramm.
- Wie viele App-Nutzer müssen sich unter den 5 aussteigenden Personen befinden, damit dann noch 6 App-Nutzer im Bus sitzen?

Tipps zu Teilaufgabe d

Begründung für $p = \frac{1}{3}$

- Es gibt insgesamt 6 Plätze auf der Liste, von denen zwei günstig sind.

Berechnung der Wahrscheinlichkeit

- Es handelt sich um eine Bernoulli-Kette mit $p = \frac{1}{3}$.

Tipps zu Teilaufgabe e

- Stellen Sie die Ungleichung in Abhängigkeit von k auf.
- Gehen Sie zur Gegenwahrscheinlichkeit über und suchen Sie die entsprechende Eintragung in der Tabelle der summierten Binomialverteilung.

Lösungen zu Aufgabe 3.2

Die Anzahl der Befragten in der Umfrage ist so groß, dass die Beantwortung eines Einzelnen die Grundwahrscheinlichkeiten nicht ändert.

a) Die Wahrscheinlichkeiten werden mithilfe der ersten Pfadregel (Pfadmultiplikationsregel) berechnet:

$$P(A) = 0{,}28 \cdot 0{,}28 = \underline{\underline{0{,}0784}}$$

$$P(B) = 0{,}2 \cdot 0{,}14 = \underline{\underline{0{,}028}}$$

b) Es handelt sich jeweils um eine Bernoulli-Kette.

Sei M die Anzahl der Befragten, die Apps zur mobilen Suche verwenden.
M sei $B_{15;\,0,28}$-binomialverteilt.

$$P(C) = P(M = 5) = \binom{15}{5} \cdot 0{,}28^5 \cdot 0{,}72^{10} \approx \underline{\underline{0{,}1935}}$$

Sei N die Anzahl der Befragten, die Apps zur Navigation verwenden.
N sei $B_{15;\,0,14}$-binomialverteilt.

$$P(D) = P(N = 0) = \binom{15}{0} \cdot 0{,}14^0 \cdot 0{,}86^{15} \approx \underline{\underline{0{,}1041}}$$

Sei T die Anzahl der Befragten, die Apps zur Terminorganisation verwenden.
T sei $B_{15;\,0,2}$-binomialverteilt.

$$P(E) = P(T \geq 5) = 1 - P(T \leq 4) = 1 - 0{,}8358 = \underline{\underline{0{,}1642}}$$

Der Wert für $P(T \leq 4)$ kann aus der Tabelle für summierte Binomialverteilungen abgelesen werden.

c) *1. Möglichkeit:* Lottomodell

Damit noch 6 App-Nutzer im Bus sitzen bleiben, müssen unter den 5 aussteigenden Personen 4 App-Nutzer sein. Es müssen also von den 10 App-Nutzern 4 aussteigen.

$$p = \frac{\binom{10}{4} \cdot \binom{5}{1}}{\binom{15}{5}} \approx \underline{\underline{0{,}3497}}$$

2. Möglichkeit: Baumdiagramm

Typischer Ast des Baumdiagramms: $A - A - A - A - \overline{A}$

Es gibt 5 Äste dieser Form (in anderer Reihenfolge, aber mit gleicher Wahrscheinlichkeit).

Es ergibt sich die Pfadwahrscheinlichkeit:

$$p = 5 \cdot \frac{10}{15} \cdot \frac{9}{14} \cdot \frac{8}{13} \cdot \frac{7}{12} \cdot \frac{5}{11} \approx \underline{\underline{0{,}3497}}$$

d) **Begründung für $p = \frac{1}{3}$**

1. Möglichkeit:

2 von den 6 Plätzen sind günstig: $2 \cdot \frac{1}{6}$

$$p = \frac{2}{6} = \frac{1}{3}$$

2. Möglichkeit:

Die Wahrscheinlichkeit, dass Nicole auf dem 1. Platz steht, ist:

$$P(N) = \frac{1}{6}$$

Für die Wahrscheinlichkeit, dass Nicole auf dem 2. Platz steht, gilt:

$$P(\overline{N} \cap N) = \frac{5}{6} \cdot \frac{1}{5} = \frac{1}{6}$$

Die Wahrscheinlichkeit dafür, dass Nicole unter den ersten beiden Namen der Liste ist, ist somit:

$$p = \frac{1}{6} + \frac{1}{6} = \frac{1}{3}$$

Berechnung der Wahrscheinlichkeit

Sei Y die Anzahl, dass Nicole unter den ersten beiden Angerufenen ist. Y sei $B_{10;\frac{1}{3}}$-binomialverteilt.

$$P(Y = 4) = \binom{10}{4} \cdot \left(\frac{1}{3}\right)^4 \cdot \left(\frac{2}{3}\right)^6 \approx \underline{\underline{0,2276}}$$

$n = 10$
$k = 4$
$p = \frac{1}{3}$

e) X sei die Anzahl der Anrufe. X sei $B_{20;\frac{1}{6}}$-binomialverteilt.

Gesucht ist:

$n = 20$ $k = ?$
$p = \frac{1}{6}$ $P(X > k) > 80\%$

$$P(X > k) = 1 - P(X \le k) > 0,8$$
$$P(X \le k) < 0,2$$

Die Tabelle der summierten Binomialverteilung ergibt $k \le 1$.

Die Wahrscheinlichkeit, mit der Nicole mehr als $\underline{\underline{\text{0-mal}}}$ oder mehr als $\underline{\underline{\text{1-mal}}}$ zuerst angerufen wird, liegt über 80 %.

Berlin – Mathematik Grundkurs
2015 – Aufgabe 1.1: Analysis

Bienen BE

Die Funktion b mit $b(t) = 60 - 54 \cdot e^{-0,25t}$ beschreibt für $0 \leq t \leq 12$ näherungsweise die Anzahl der Bienen in einem Bienenvolk im Zeitraum von April bis Juni. Dabei ist t die Zeit seit Beobachtungsbeginn in Wochen und b(t) die Anzahl der Bienen in Tausend.

a) Ermitteln Sie die Bienenanzahl zu Beobachtungsbeginn, nach 4 Wochen und nach 12 Wochen.
Begründen Sie, dass die Funktion b für $t \to \infty$ einen Grenzwert hat. Geben Sie diesen Grenzwert an.
Skizzieren Sie den Graphen von b für $0 \leq t \leq 12$ mithilfe der ermittelten Werte im Koordinatensystem in der Anlage. 10

b) Vom Imkerverband wird eine neue Bienensorte empfohlen, bei der der Bienenbestand f(t) besonders schnell wächst (t in Wochen und f(t) in Tausend).
Die Wachstumsgeschwindigkeit (gemessen in 1 000 Bienen pro Woche) wird durch die Funktion v mit $v(t) = f'(t) = 3 \cdot e^{0,25t}$ angegeben.
Ermitteln Sie für beide Bienensorten die Wachstumsgeschwindigkeiten zu Beobachtungsbeginn und nach 6 Wochen.
Vergleichen Sie das Wachstum des Bienenbestands bei beiden Sorten. 9

c) Ein Bienenvolk der neuen Sorte hat zu Beobachtungsbeginn 2 000 Bienen.
Ermitteln Sie die Gleichung der Funktion f, die die Entwicklung des Bienenbestands beschreibt.
[*Zur Kontrolle:* $f(t) = 12 \cdot e^{0,25t} - 10$]
Zeichnen Sie den Graphen von f für $0 \leq t \leq 8$ mithilfe von drei geeigneten Wertepaaren in das Koordinatensystem von Teilaufgabe a ein. 10

d) Die Funktion d mit $d(t) = b(t) - f(t)$ beschreibt den Unterschied des Bienenbestands zwischen der alten und der neuen Sorte.
Ermitteln Sie den Zeitpunkt t, bei dem der Unterschied in den ersten 6 Wochen am größten ist.
Für die Berechnung von t genügt die Verwendung der notwendigen Bedingung. 7

e) Weisen Sie nach, dass zum Zeitpunkt t, bei dem der Unterschied bei der alten und der neuen Bienensorte am größten ist, die momentanen Wachstumsgeschwindigkeiten bei beiden Sorten gleich sind. Für diesen Nachweis sollen die Wachstumsgeschwindigkeiten nicht konkret berechnet werden. 4

40

Anlage

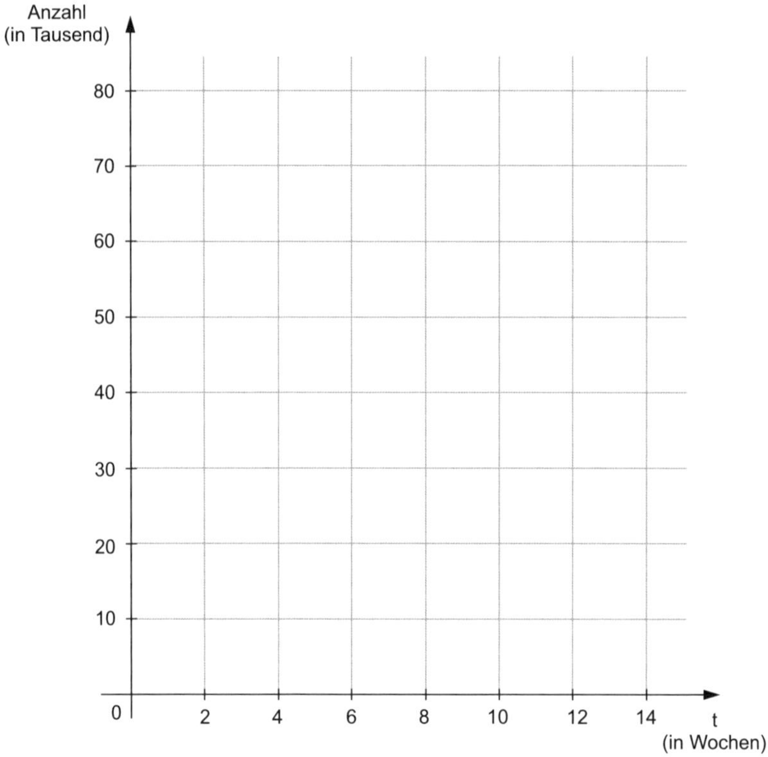

Anzahl
(in Tausend)
80
70
60
50
40
30
20
10
0
2
4
6
8
10
12
14
t
(in Wochen)

Tipps und Hinweise zur Lösung von Aufgabe 1.1

Tipps zu Teilaufgabe a

Anzahl zu Beginn der Beobachtung und nach 4 bzw. 12 Wochen

- Berechnen Sie die Funktionswerte von b(t).
- Beachten Sie, dass b(t) die Anzahl in Tausend angibt.

Grenzwert von b für $t \to \infty$

- Beachten Sie den Grenzwert von $e^{-0,25t}$ für $t \to \infty$.
- Was folgt daraus für die gesamte Funktion?

Skizze

- Zeichnen Sie die bekannten Punkte ein und verbinden Sie sie.

Tipps zu Teilaufgabe b

Wachstumsgeschwindigkeiten der neuen Sorte

- Berechnen Sie die Funktionswerte von v(t) zu den Zeitpunkten $t=0$ und $t=6$.

Wachstumsgeschwindigkeiten der alten Sorte

- Die Wachstumsgeschwindigkeit wird durch b'(t) berechnet.
- Beachten Sie bei der Ableitung die Kettenregel.

Vergleich

- Vergleichen Sie die Wachstumsgeschwindigkeit beider Sorten zu den Zeitpunkten $t=0$ bzw. $t=6$.

Tipps zu Teilaufgabe c

Funktionsgleichung von f

- Es ist die 1. Ableitung von f(t) gegeben. Wie können Sie daraus die Funktion f(t) berechnen?
- Beachten Sie dabei die Regel $\int e^{a \cdot t}\,dt = \frac{1}{a} \cdot e^{a \cdot t} + C$.
- C bestimmen Sie durch den angegebenen Bestand zum Zeitpunkt $t=0$.

Zeichnung

- Berechnen Sie die Koordinaten dreier Punkte, zeichnen Sie diese ein und verbinden Sie sie.

Tipps zu Teilaufgabe d

- Bestimmen Sie die Lage des relativen Maximums der Funktion d.
- Verwenden Sie zur Berechnung der 1. Ableitung von d(t) die Kettenregel.
- Die notwendige Bedingung für die Existenz eines Extremums ist $d'(t) = 0$.
- Für die Lösung der Gleichung benötigen Sie die logarithmischen Rechengesetze.

Tipps zu Teilaufgabe e

- Für eine zusammengesetzte Funktion $f(x) = g(x) + h(x)$ gilt: $f'(x) = g'(x) + h'(x)$
- Beachten Sie, dass zu dem Zeitpunkt des größten Unterschieds $d'(t) = 0$ gilt.
- Was lässt sich daraus auf die Bestandteile von d'(t) schließen?

Lösungen zu Aufgabe 1.1

a) **Anzahl zu Beginn der Beobachtung und nach 4 bzw. 12 Wochen**

Die Anzahl der Bienen wird durch die Funktionswerte der Funktion b angegeben. Dabei gibt b(t) die Anzahl der Bienen in Tausend an.

$$b(t) = 60 - 54 \cdot e^{-0,25t}$$

Zu Beginn der Beobachtung:

$$b(0) = 60 - 54 \cdot e^{0} - 60 - 54 = 6 \quad \Rightarrow \quad \underline{\underline{6\,000 \text{ Bienen}}}$$

Nach 4 Wochen:

$$b(4) = 60 - 54 \cdot e^{-0,25 \cdot 4} = 60 - 54 \cdot e^{-1} \approx 40,1 \quad \Rightarrow \quad \underline{\underline{40\,100 \text{ Bienen}}}$$

Nach 12 Wochen:

$$b(12) = 60 - 54 \cdot e^{-0,25 \cdot 12} = 60 - 54 \cdot e^{-3} \approx 57,3 \quad \Rightarrow \quad \underline{\underline{57\,300 \text{ Bienen}}}$$

Grenzwert von b für $t \to \infty$

Der Grenzwert von $e^{-0,25t}$ für $t \to \infty$ ist 0. Damit gilt:

$$\lim_{t \to \infty} b(t) = \lim_{t \to \infty} (60 - 54 \cdot e^{-0,25t}) = 60 - 54 \cdot 0 = 60$$

Der Grenzbestand des Bienenvolkes beträgt $\underline{\underline{60\,000 \text{ Bienen}}}$.

Skizze

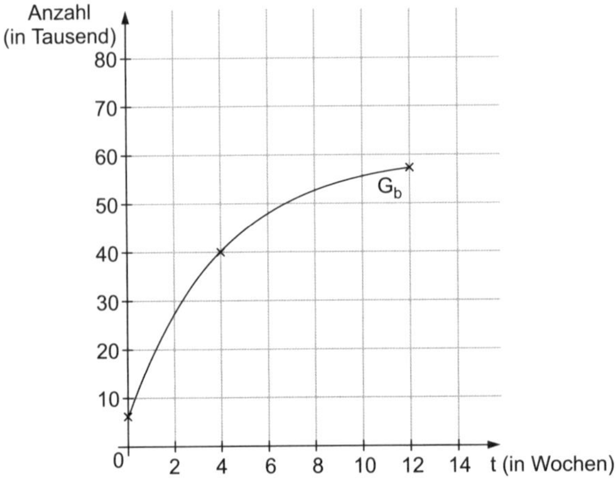

b) **Wachstumsgeschwindigkeiten der neuen Sorte**

Die Wachstumsgeschwindigkeit wird durch die Funktionswerte von v(t) zu den Zeitpunkten $t = 0$ und $t = 6$ angegeben.

$$v(t) = f'(t) = 3 \cdot e^{0,25t}$$

Zu Beginn der Beobachtung:

$$v(0) = 3 \cdot e^{0} = \underline{\underline{3}}$$

Nach 6 Wochen:

$$v(6) = 3 \cdot e^{0,25 \cdot 6} = 3 \cdot e^{1,5} \approx \underline{\underline{13,4}}$$

Wachstumsgeschwindigkeiten der alten Sorte

Die 1. Ableitung b'(t) drückt die Steigung der Funktion b(t) aus. Sie stellt also die Wachstumsgeschwindigkeit dar. Die Ableitung wird mithilfe der Kettenregel berechnet.

$$b'(t) = -54 \cdot (-0,25) \cdot e^{-0,25t} = 13,5 \cdot e^{-0,25t}$$

Zu Beginn der Beobachtung:

$$b'(0) = 13,5 \cdot e^{0} = \underline{\underline{13,5}}$$

Nach 6 Wochen:

$$b'(6) = 13,5 \cdot e^{-0,25 \cdot 6} = 13,5 \cdot e^{-1,5} \approx \underline{\underline{3}}$$

Vergleich

Die alte Bienensorte wächst zu Anfang schneller als die neue Sorte. Nach 6 Wochen ist das umgekehrt.

c) **Funktionsgleichung von f**

Die Funktion f(t) wird mithilfe der gegebenen 1. Ableitung f'(t) berechnet. Für eine Funktion und ihre Ableitung gilt der folgende Zusammenhang:

$$f(t) = \int f'(t)\, dt$$

Für die Stammfunktion einer Exponentialfunktion gilt:

$$\int e^{a \cdot t}\, dt = \frac{1}{a} \cdot e^{a \cdot t} + C$$

Damit folgt:

$$\begin{aligned} f(t) &= \int f'(t)\, dt \\ &= \int 3 \cdot e^{0,25t}\, dt \\ &= 3 \cdot \frac{1}{0,25} \cdot e^{0,25t} + C \\ &= 3 \cdot 4 \cdot e^{0,25t} + C \\ &= 12 \cdot e^{0,25t} + C \end{aligned}$$

Die Konstante C wird durch den angegebenen Bestand zum Zeitpunkt $t = 0$ festgelegt. Da zu Beobachtungsbeginn 2 000 Bienen vorhanden sind und die Anzahl der Bienen in Tausend angegeben ist, muss $f(0) = 2$ gelten.

Damit muss die folgende Gleichung erfüllt sein:

$$\begin{aligned} 2 &= 12 \cdot e^{0} + C \\ 2 &= 12 + C \\ C &= -10 \end{aligned}$$

Die vollständige Gleichung von f lautet:

$$f(t) = \underline{\underline{12 \cdot e^{0,25t} - 10}}$$

Zeichnung

Es werden die folgenden Wertepaare verwendet:

$$f(0) = 2$$

$$f(4) = 12 \cdot e^{0,25 \cdot 4} - 10 = 12 \cdot e^{1} - 10 \approx 23$$

$$f(8) = 12 \cdot e^{0,25 \cdot 8} - 10 = 12 \cdot e^{2} - 10 \approx 79$$

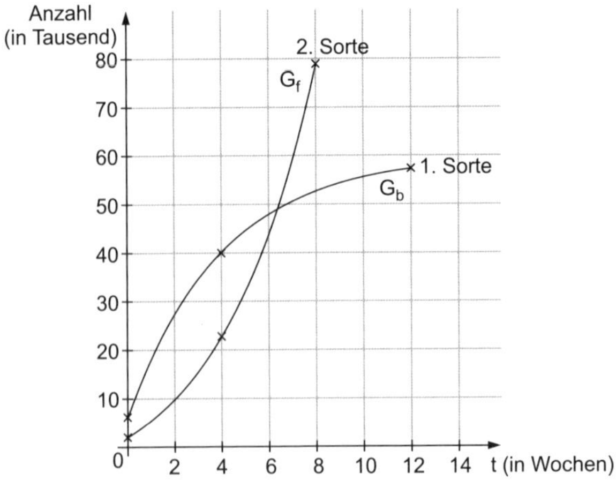

d) Gesucht ist die Lage des relativen Maximums der Funktion d(t).

$$d(t) = b(t) - f(t)$$
$$= (60 - 54 \cdot e^{-0,25t}) - (12 \cdot e^{0,25t} - 10)$$
$$= 60 - 54 \cdot e^{-0,25t} - 12 \cdot e^{0,25t} + 10$$
$$= 70 - 54 \cdot e^{-0,25t} - 12 \cdot e^{0,25t}$$

Die Ableitung wird mithilfe der Kettenregel berechnet.

$$d'(t) = -54 \cdot (-0,25) \cdot e^{-0,25t} - 12 \cdot 0,25 \cdot e^{0,25t} = 13,5 \cdot e^{-0,25t} - 3 \cdot e^{0,25t}$$

Notwendige Bedingung für die Existenz eines Extremums: $d'(t) = 0$

$$13,5 \cdot e^{-0,25t} - 3 \cdot e^{0,25t} = 0 \qquad | + 3 \cdot e^{0,25t}$$
$$13,5 \cdot e^{-0,25t} = 3 \cdot e^{0,25t} \qquad | : 3$$
$$4,5 \cdot e^{-0,25t} = e^{0,25t} \qquad | : e^{-0,25t}$$
$$4,5 = \frac{e^{0,25t}}{e^{-0,25t}}$$
$$4,5 = e^{0,25t} \cdot e^{0,25t}$$
$$4,5 = e^{0,5t} \qquad | \ln \ldots$$
$$\ln 4,5 = 0,5t \qquad | \cdot 2$$

Hierbei wurde das logarithmische Gesetz $\ln a^{b} = b \cdot \ln a$ angewendet.

$$t = 2 \cdot \ln 4,5 \approx 3$$

Die hinreichende Bedingung muss nicht überprüft werden, da in der Aufgabenstellung gegeben ist, dass die Verwendung der notwendigen Bedingung genügt.

Zum Zeitpunkt $\underline{\underline{t = 3}}$, also nach 3 Wochen, ist der Unterschied im Bestand der beiden Bienenvölker am größten.

e) Wegen der Summenregel lässt sich die 1. Ableitung von $d(t) = b(t) - f(t)$ auch folgendermaßen darstellen:

$$d'(t) = b'(t) - f'(t)$$

Es wird nun der Zeitpunkt betrachtet, zu dem der Unterschied zwischen der alten und der neuen Bienensorte am größten ist. Aus Teilaufgabe d ist bekannt:

$$d'(3) = 0$$

Damit muss nun auch Folgendes gelten:

$$d'(3) = b'(3) - f'(3) = 0$$

$$\Rightarrow \quad \underline{\underline{b'(3) = f'(3)}}$$

Zum Zeitpunkt des größten Unterschiedes im Bestand der beiden Bienenvölker $(t = 3)$ sind die momentanen Wachstumsgeschwindigkeiten für beide Völker gleich.

Bienen BE

Die Funktion b mit $b(t) = 60 - 54 \cdot e^{-0{,}25t}$ beschreibt für $0 \leq t \leq 12$ näherungsweise die Anzahl der Bienen in einem Bienenvolk im Zeitraum von April bis Juni. Dabei ist t die Zeit seit Beobachtungsbeginn in Wochen und b(t) die Anzahl der Bienen in Tausend.

a) Ermitteln Sie die Bienenanzahl zu Beobachtungsbeginn, nach 4 Wochen und nach 12 Wochen.
Begründen Sie, dass die Funktion b für $t \to \infty$ einen Grenzwert hat. Geben Sie diesen Grenzwert an.
Skizzieren Sie den Graphen von b für $0 \leq t \leq 12$ mithilfe der ermittelten Werte im Koordinatensystem in der Anlage. 9

b) Vom Imkerverband wird eine neue Bienensorte empfohlen, bei der der Bienenbestand f(t) besonders schnell wächst (t in Wochen und f(t) in Tausend).
Die Wachstumsgeschwindigkeit (gemessen in 1 000 Bienen pro Woche) wird durch die Funktion v mit $v(t) = f'(t) = 3 \cdot e^{0{,}25t}$ angegeben.
Ermitteln Sie für beide Bienensorten die Wachstumsgeschwindigkeiten zu Beobachtungsbeginn und nach 6 Wochen und vergleichen Sie das Wachstum des Bienenbestands bei beiden Sorten.
Berechnen Sie den Zeitpunkt, bei dem die Wachstumsgeschwindigkeit bei beiden Bienensorten 12 000 Bienen pro Woche beträgt. 9

c) Ein Bienenvolk der neuen Sorte hat zu Beobachtungsbeginn 2 000 Bienen.
Ermitteln Sie die Gleichung der Funktion f, die die Entwicklung des Bienenbestands beschreibt.
[*Zur Kontrolle:* $f(t) = 12 \cdot e^{0{,}25t} - 10$]
Berechnen Sie, nach welcher Zeit sich der Anfangsbestand verfünffacht hat.
Zeichnen Sie den Graphen von f für $0 \leq t \leq 8$ mithilfe von drei geeigneten Wertepaaren in das Koordinatensystem von Aufgabenteil a ein. 11

d) Die Funktion d mit $d(t) = b(t) - f(t)$ beschreibt den Unterschied des Bienenbestands zwischen der alten und der neuen Sorte.
Ermitteln Sie den Zeitpunkt t, bei dem der Unterschied in den ersten 6 Wochen am größten ist. Begründen Sie, dass der Unterschied zum berechneten Zeitpunkt maximal ist. 7

e) Weisen Sie nach, dass zum Zeitpunkt t, bei dem der Unterschied bei der alten und der neuen Bienensorte am größten ist, die momentanen Wachstumsgeschwindigkeiten bei beiden Sorten gleich sind. Für diesen Nachweis sollen die Wachstumsgeschwindigkeiten nicht konkret berechnet werden. 4

40

Anlage

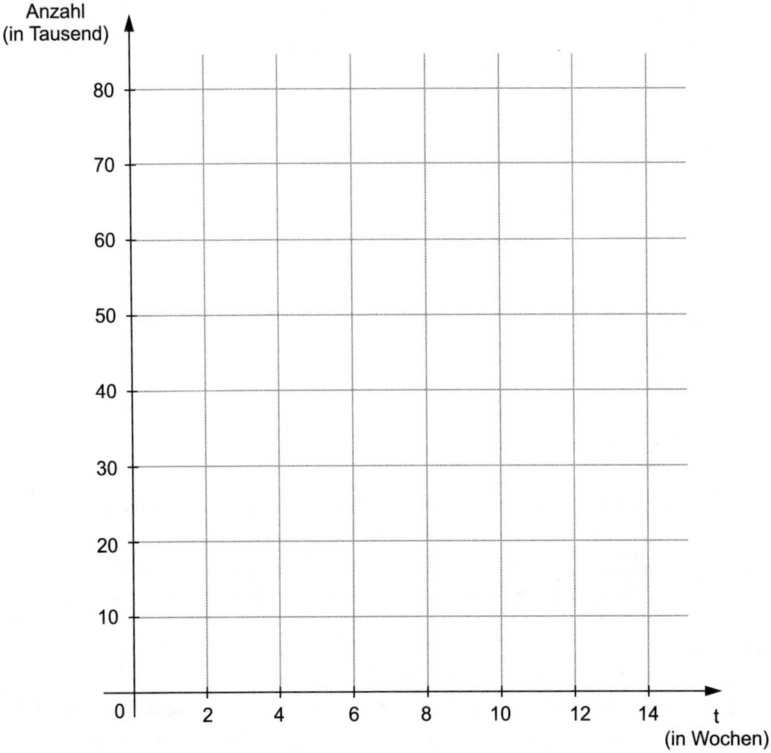

Anzahl
(in Tausend)
80
70
60
50
40
30
20
10
0
2
4
6
8
10
12
14
t
(in Wochen)

Tipps und Hinweise zur Lösung von Aufgabe 1.1 (CAS)

Tipps zu Teilaufgabe a

Anzahl zu Beginn der Beobachtung und nach 4 bzw. 12 Wochen

- Berechnen Sie die Funktionswerte von b(t).
- Beachten Sie, dass b(t) die Anzahl in Tausend angibt.

Grenzwert von b für $t \to \infty$

- Beachten Sie den Grenzwert von $e^{-0,25t}$ für $t \to \infty$.
- Was folgt daraus für die gesamte Funktion?

Skizze

- Zeichnen Sie die bekannten Punkte ein und verbinden Sie sie.

Tipps zu Teilaufgabe b

Wachstumsgeschwindigkeiten der neuen Sorte

- Berechnen Sie die Funktionswerte von v(t) zu den Zeitpunkten $t=0$ und $t=6$.

Wachstumsgeschwindigkeiten der alten Sorte

- Die Wachstumsgeschwindigkeit wird durch b'(t) berechnet.

Vergleich

- Vergleichen Sie die Wachstumsgeschwindigkeit beider Sorten zu den Zeitpunkten $t=0$ bzw. $t=6$.

Zeitpunkt, zu dem die Wachstumgsgeschwindigkeit 12 000 Bienen pro Woche beträgt

- Berechnen Sie, welches t die Gleichung $b'(t)=12$ bzw. $v(t)=12$ erfüllt.

Tipps zu Teilaufgabe c

Funktionsgleichung von f

- Es ist die 1. Ableitung von f(t) gegeben. Wie können Sie daraus die Funktion f(t) berechnen?
- Die Integrationskonstante C bestimmen Sie durch den angegebenen Bestand zum Zeitpunkt $t=0$.

Zeit, nach der sich der Anfangsbestand verfünffacht hat

- Welchen Wert muss f(t) annehmen?
- Lösen Sie die Gleichung nach t auf.

Zeichnung

- Berechnen Sie die Koordinaten dreier Punkte, zeichnen Sie diese ein und verbinden Sie sie.

Tipps zu Teilaufgabe d

- Bestimmen Sie die Lage des relativen Maximums der Funktion d.
- Die notwendige Bedingung für die Existenz eines Extremums ist $d'(t)=0$.
- Die hinreichende Bedingung für die Existenz eines Extremums ist $d'(t)=0$ und $d''(t)=0$.

Tipps zu Teilaufgabe e

- Für eine zusammengesetzte Funktion $f(x)=g(x)+h(x)$ gilt: $f'(x)=g'(x)+h'(x)$
- Beachten Sie, dass zu dem Zeitpunkt des größten Unterschieds $d'(t)=0$ gilt.
- Was lässt sich daraus auf die Bestandteile von d'(t) schließen?

Lösungen zu Aufgabe 1.1 (CAS)

a) **Anzahl zu Beginn der Beobachtung und nach 4 bzw. 12 Wochen**

Die Anzahl der Bienen wird durch die Funktionswerte der Funktion b angegeben. Dabei gibt b(t) die Anzahl der Bienen in Tausend an.

$$b(t) = 60 - 54 \cdot e^{-0{,}25t}$$

Zu Beginn der Beobachtung:

$$b(0) = 6 \quad \Rightarrow \quad \underline{\underline{6\,000 \text{ Bienen}}}$$

Nach 4 Wochen:

$$b(4) \approx 40{,}1 \quad \Rightarrow \quad \underline{\underline{40\,100 \text{ Bienen}}}$$

Nach 12 Wochen:

$$b(12) \approx 57{,}3 \quad \Rightarrow \quad \underline{\underline{57\,300 \text{ Bienen}}}$$

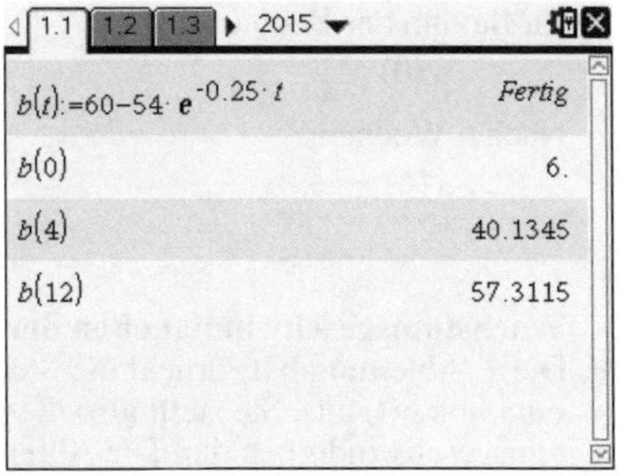

Grenzwert von b für $t \to \infty$

Der Grenzwert von $e^{-0{,}25t}$ für $t \to \infty$ ist 0.
Damit gilt:

$$\lim_{t \to \infty} b(t) = \lim_{t \to \infty} (60 - 54 \cdot e^{-0{,}25t})$$
$$= 60 - 54 \cdot 0$$
$$= 60$$

Der Grenzbestand des Bienenvolkes beträgt $\underline{\underline{60\,000 \text{ Bienen.}}}$

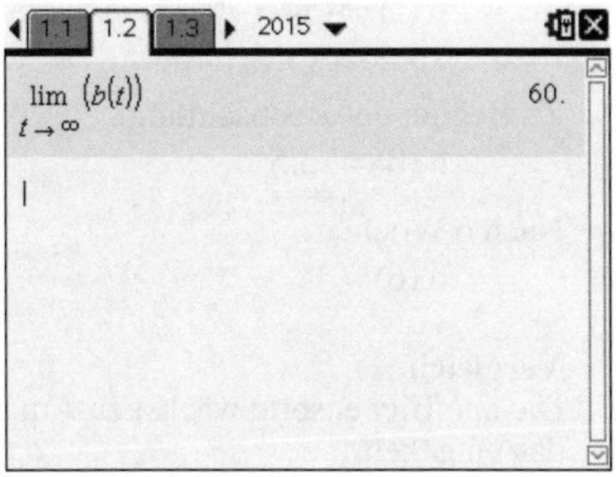

Skizze

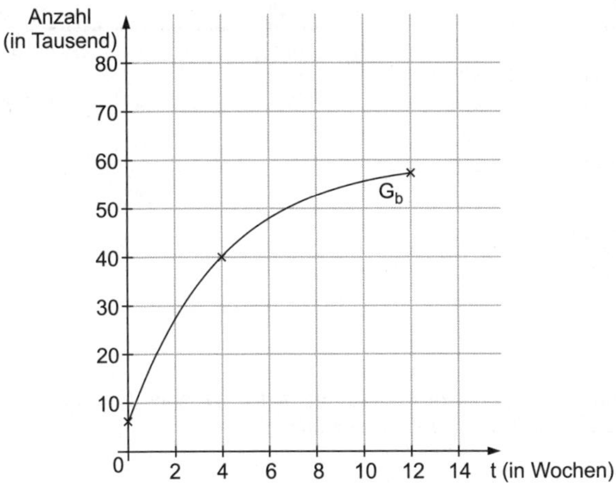

b) **Wachstumsgeschwindigkeiten der neuen Sorte**

Die Wachstumsgeschwindigkeit wird durch die Funktionswerte von v(t) zu den Zeitpunkten t = 0 und t = 6 angegeben.

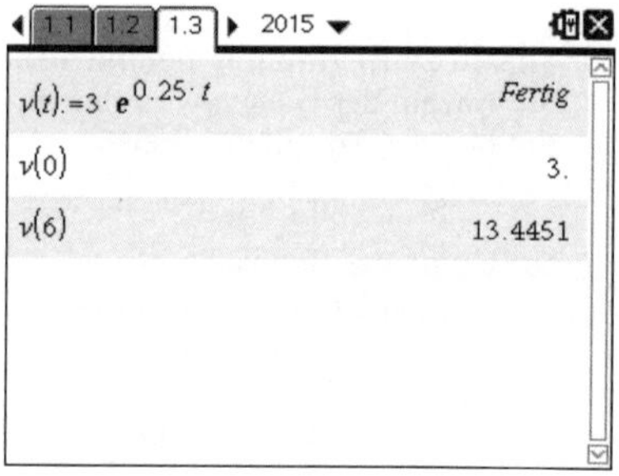

$$v(t) = f'(t) = 3 \cdot e^{0,25t}$$

Zu Beginn der Beobachtung:

$$v(0) = 3$$

Nach 6 Wochen:

$$v(6) \approx 13,4$$

Wachstumsgeschwindigkeiten der alten Sorte

Die 1. Ableitung b'(t) drückt die Steigung der Funktion b(t) aus. Sie stellt also die Wachstumsgeschwindigkeit dar. Die Ableitung wird mithilfe der Kettenregel berechnet.

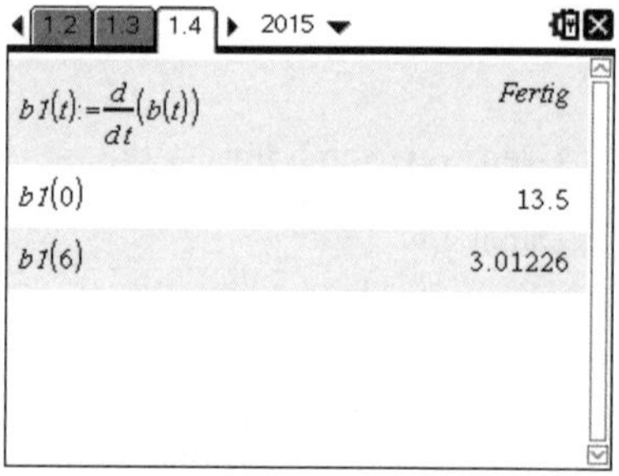

$$b'(t) = -54 \cdot (-0,25) \cdot e^{-0,25t}$$
$$= 13,5 \cdot e^{-0,25t}$$

Zu Beginn der Beobachtung:

$$b'(0) = 13,5$$

Nach 6 Wochen:

$$b'(6) \approx 3$$

Vergleich

Die alte Bienensorte wächst zu Anfang schneller als die neue Sorte. Nach 6 Wochen ist das umgekehrt.

Zeitpunkt, zu dem die Wachstumsgeschwindigkeit 12 000 Bienen pro Woche beträgt

Für die alte Sorte muss gelten:

$$b'(t) = 12 \quad \Leftrightarrow \quad t \approx 0,5$$

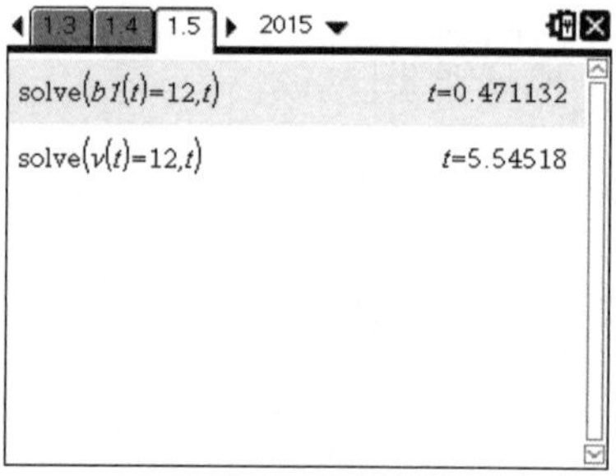

Die Wachstumsgeschwindigkeit bei der alten Sorte beträgt nach etwa einer halben Woche 12 000 Bienen pro Woche.

Für die neue Sorte muss gelten:

$$v(t) = 12 \quad \Leftrightarrow \quad t \approx 5,5$$

Die Wachstumsgeschwindigkeit bei der neuen Sorte beträgt nach ungefähr 5,5 Wochen 12 000 Bienen pro Woche.

c) **Funktionsgleichung von f**

Die Funktion f(t) wird mithilfe der gegebenen 1. Ableitung f'(t) berechnet. Für eine Funktion und ihre Ableitung gilt der folgende Zusammenhang:

$$f(t) = \int f'(t)\,dt$$

Damit folgt:

$$f(t) = \int f'(t)\,dt$$
$$= \int v(t)\,dt$$
$$= 12 \cdot e^{0,25t} + C$$

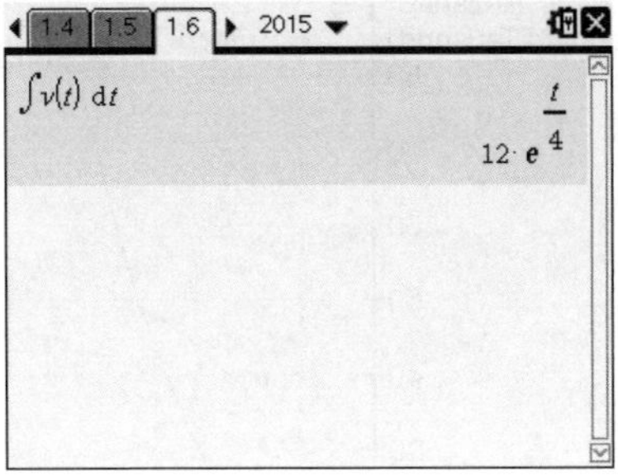

Die Konstante C wird durch den angegebenen Bestand zum Zeitpunkt t = 0 festgelegt. Da zu Beobachtungsbeginn 2 000 Bienen vorhanden sind und die Anzahl der Bienen in Tausend angegeben ist, muss f(0) = 2 gelten.

Damit muss die folgende Gleichung erfüllt sein:

$$2 = 12 \cdot e^0 + C$$
$$2 = 12 + C$$
$$C = -10$$

Die vollständige Gleichung von f lautet:

$$f(t) = \underline{\underline{12 \cdot e^{0,25t} - 10}}$$

Zeit, nach der sich der Anfangsbestand verfünffacht hat

Es muss gelten:

$$f(t) = 5 \cdot 2 \quad \Leftrightarrow \quad t \approx 2$$

Der Anfangsbestand hat sich nach etwa $\underline{\underline{\text{2 Wochen}}}$ verfünffacht.

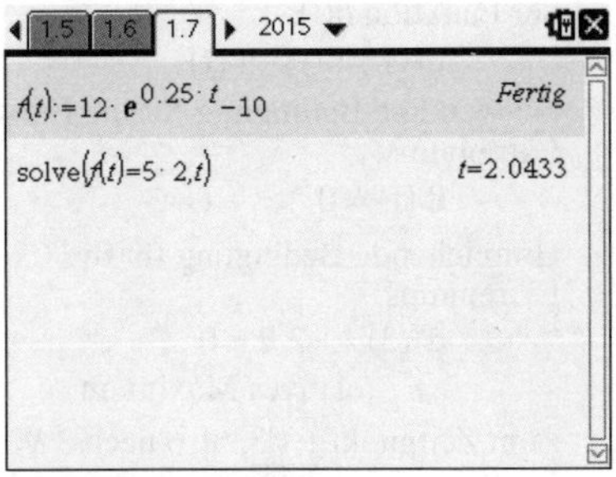

Zeichnung

Es werden die folgenden Wertepaare verwendet:

$$f(0) = 2$$
$$f(4) \approx 23$$
$$f(8) \approx 79$$

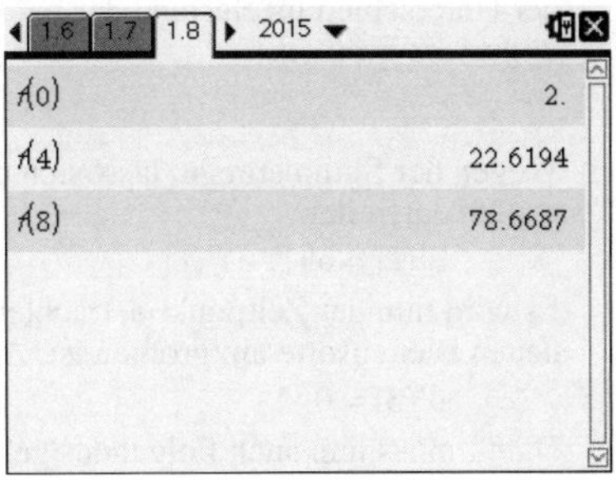

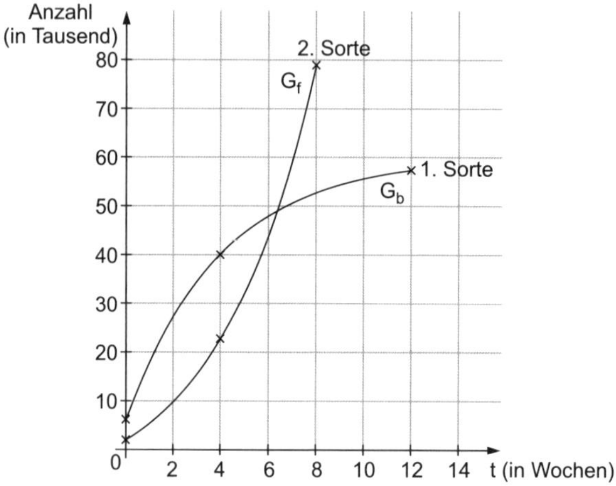

d) Gesucht ist die Lage des relativen Maximums der Funktion d(t).

$$d(t) = b(t) - f(t)$$

Notwendige Bedingung für die Existenz eines Extremums:

$$d'(t) = 0 \quad \Leftrightarrow \quad t \approx 3$$

Hinreichende Bedingung für die Existenz eines Extremums:

$$d''(3) \approx -3{,}2 < 0$$

$$\Rightarrow \quad \text{relatives Maximum}$$

Zum Zeitpunkt $\underline{\underline{t = 3}}$, also nach 3 Wochen, ist der Unterschied im Bestand der beiden Bienenvölker am größten.

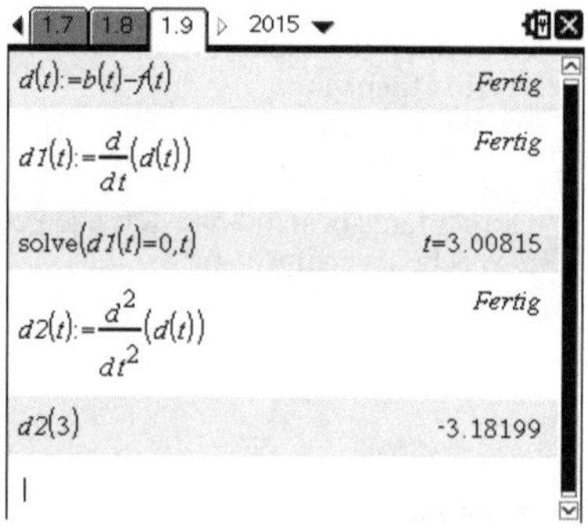

e) Wegen der Summenregel lässt sich die 1. Ableitung von d(t) = b(t) − f(t) auch folgendermaßen darstellen:

$$d'(t) = b'(t) - f'(t)$$

Es wird nun der Zeitpunkt betrachtet, zu dem der Unterschied zwischen der alten und der neuen Bienensorte am größten ist. Aus Teilaufgabe d ist bekannt:

$$d'(3) = 0$$

Damit muss nun auch Folgendes gelten:

$$d'(3) = b'(3) - f'(3) = 0$$

$$\Rightarrow \quad \underline{\underline{b'(3) = f'(3)}}$$

Zum Zeitpunkt des größten Unterschiedes im Bestand der beiden Bienenvölker (t = 3) sind die momentanen Wachstumsgeschwindigkeiten für beide Völker gleich.

Berlin – Mathematik Grundkurs
2015 – Aufgabe 1.2: Analysis

Fischmobile BE

Gegeben ist die Funktion f mit der Gleichung $f(x) = \frac{1}{16}x^3 - \frac{5}{8}x^2 + \frac{25}{16}x;\ x \in \mathbb{R}$.
Der Graph dieser Funktion ist G_f.

a) Geben Sie das Verhalten der Funktionswerte von f für $x \to +\infty$ und $x \to -\infty$ an.
Berechnen Sie die Nullstellen von f.
Begründen Sie, dass der Graph der Funktion f nicht achsensymmetrisch zur y-Achse verlaufen kann. 9

b) Bestimmen Sie die Art und die Koordinaten lokaler Extrempunkte von G_f.
Der Graph von f besitzt an der Stelle $x_W = \frac{10}{3}$ einen Wendepunkt.
Ermitteln Sie die Größe des Steigungswinkels der Tangente an den Graphen der Funktion f in diesem Wendepunkt.
Zeichnen Sie G_f im Intervall [0; 8] in das in der Anlage gegebene Koordinatensystem. 14

Für ein Mobile soll eine Figur in der Form eines Fisches aus Pappe hergestellt werden. Das Profil des Fisches wird durch den Graphen G_f und den durch Spiegelung von G_f an der x-Achse entstandenen Graphen G_g begrenzt. Im Aufhängepunkt $P(5\,|\,0)$ berühren sich die beiden Graphen, siehe nebenstehende Darstellung.

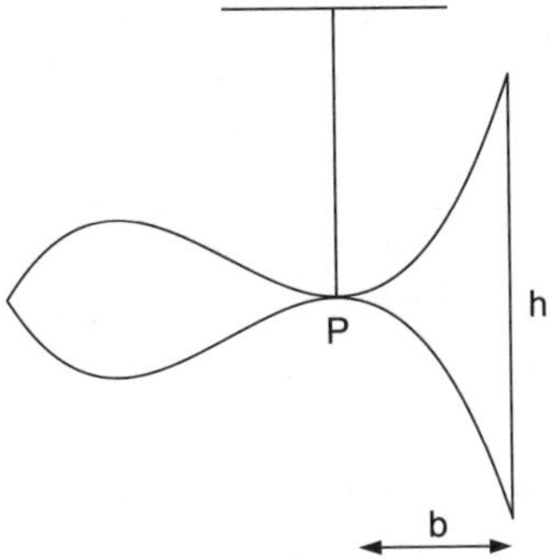

c) Der gespiegelte Graph G_g ist der Graph einer Funktion g.
Geben Sie eine Funktionsgleichung von g an.
Zeichnen Sie G_g in das Koordinatensystem in der Anlage ein. 3

d) Im Folgenden gilt: 1 LE = 1 cm.
Der Fisch soll so hergestellt werden, dass die Schwanzflosse (rechts von P) denselben Flächeninhalt wie der vordere Teil des Fischkörpers (links von P) hat.
Zeigen Sie, dass für die Breite b = 2,8 cm der Schwanzflosse die beiden Flächeninhalte auf Zehntel gerundet gleich sind.
Bestimmen Sie die Höhe h dieser Schwanzflosse. 8

e) Ein Mobile besteht aus mehreren solcher Fische. Der Verkauf erfolgt in einer Schachtel, die die Form eines dreiseitigen Prismas hat. Die Grundfläche der Schachtel wird durch die Tangenten an die Graphen G_f und G_g in den Punkten $T_1(1\,|\,1)$ und $T_2(1\,|\,-1)$ sowie die Gerade, auf der das Ende der Schwanzflosse liegt, begrenzt.
Ermitteln Sie den Flächeninhalt der Grundfläche für eine solche Schachtel. 6

40

Anlage

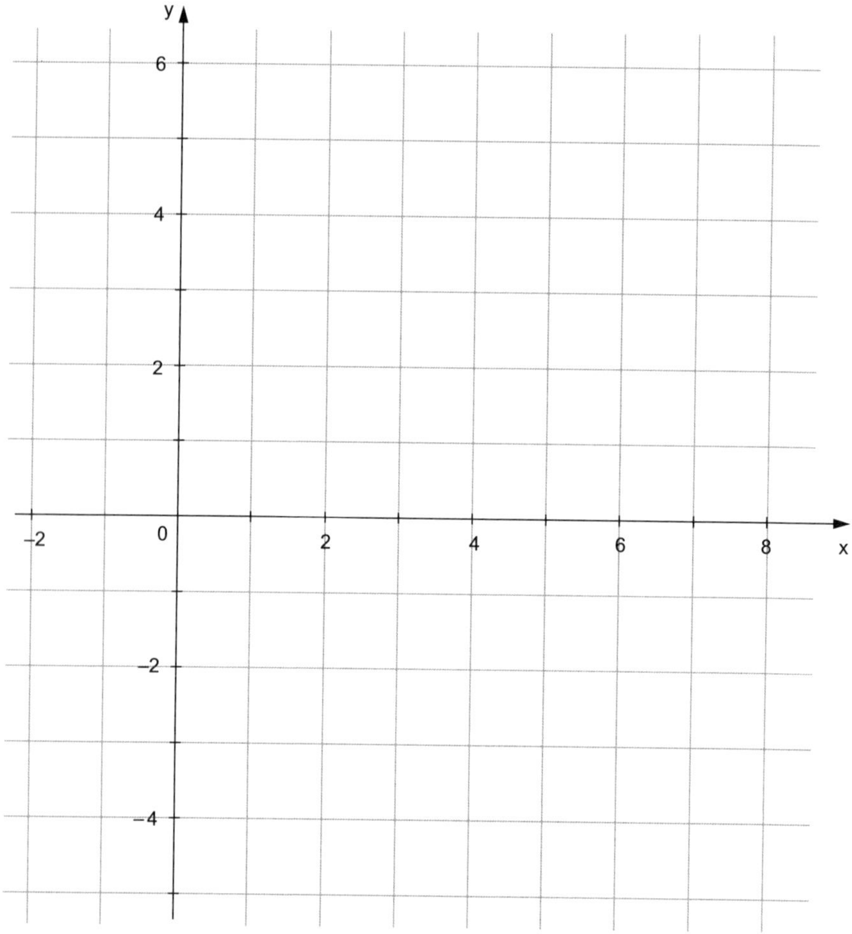

Tipps und Hinweise zur Lösung von Aufgabe 1.2

Tipps zu Teilaufgabe a

Verhalten für $x \to \pm\infty$

- Betrachten Sie für den Grenzwert den Term mit dem höchsten Exponenten.
- Alternativ können Sie große Werte in den Funktionsterm einsetzen.

Nullstellen

- Setzen Sie den Funktionsterm gleich null.
- Klammern Sie x aus und verwenden Sie anschließend die pq-Formel.

Achsensymmetrie

- Betrachten Sie die Exponenten der x-Terme.

Tipps zu Teilaufgabe b

Lokale Extrempunkte

- Die notwendige Bedingung für die Existenz eines Extremums ist $f'(x) = 0$.
- Prüfen Sie mithilfe der 2. Ableitung, ob es sich um ein Maximum oder ein Minimum handelt.
- Die zugehörigen y-Werte erhalten Sie über die Funktion f.

Steigungswinkel im Wendepunkt

- Welcher Zusammenhang besteht zwischen der Steigung und $\tan\alpha$?
- Für $\alpha < 0$ ist der Steigungswinkel der Ergänzungswinkel zu 180°.

Zeichnung

- Zeichnen Sie die bekannten Punkte in das Koordinatensystem ein und verbinden Sie sie.

Tipps zu Teilaufgabe c

Gleichung der gespiegelten Funktion g

- Wie verändern sich die y-Werte, wenn ein Graph an der x-Achse gespiegelt wird?

Zeichnung

- Spiegeln Sie den Graphen von f an der x-Achse.

Tipps zu Teilaufgabe d

Nachweis, dass die beiden Flächeninhalte gleich sind

- Nutzen Sie zur Berechnung der beiden Flächen die Symmetrie zur x-Achse.
- Die Körperfläche wird durch die beiden Nullstellen begrenzt.
- Berechnen Sie mithilfe von $b = 2{,}8$ die rechte Begrenzung der Schwanzfläche.

Bestimmung der Höhe h der Schwanzflosse

- Berechnen Sie den Funktionswert f(7,8). Wie kann daraus die Höhe ermittelt werden?

Tipps zu Teilaufgabe e

- Stellen Sie die Gleichung der Tangente mithilfe der allgemeinen Form einer Geradengleichung $y = mx + b$ auf.
- Die Steigung lässt sich mithilfe der 1. Ableitung bestimmen. b ergibt sich durch Einsetzen der Koordinaten von T_1.
- Beachten Sie wieder die Symmetrie der Graphen G_f und G_g.

- Skizzieren Sie die dreieckige Fläche in einem Koordinatensystem.
- Für die Fläche eines Dreiecks gilt: $A_{Dreieck} = \frac{1}{2} \cdot \text{Grundseite} \cdot \text{Höhe}$
- Die Grundseite des Dreiecks können Sie mithilfe des y-Werts der Tangenten an der Stelle $x = 7{,}8$ berechnen.
- Berechnen Sie den Schnittpunkt der Tangente mit der x-Achse. Ermitteln Sie daraus die Höhe des Dreiecks.

Lösungen zu Aufgabe 1.2

a) **Verhalten für $x \to \pm\infty$**

1. Möglichkeit:

Bei ganzrationalen Funktionen kann der Grenzwert $x \to \pm\infty$ direkt aus dem Term mit dem höchsten Exponenten abgelesen werden.

$$\lim_{x \to \infty} \frac{1}{16}x^3 = \infty \quad \Rightarrow \quad \lim_{x \to \infty} f(x) = \lim_{x \to \infty} \left(\frac{1}{16}x^3 - \frac{5}{8}x^2 + \frac{25}{16}x \right) = \underline{\underline{\infty}}$$

$$\lim_{x \to -\infty} \frac{1}{16}x^3 = -\infty \quad \Rightarrow \quad \lim_{x \to -\infty} f(x) = \lim_{x \to -\infty} \left(\frac{1}{16}x^3 - \frac{5}{8}x^2 + \frac{25}{16}x \right) = \underline{\underline{-\infty}}$$

2. Möglichkeit:

Das Verhalten wird aus Probeeinsetzungen geschlossen.

x	20	50
f(x)	281,25	6 328,125

$$\lim_{x \to \infty} f(x) = \underline{\underline{\infty}}$$

x	–20	–50
f(x)	–781,25	–9 453,125

$$\lim_{x \to -\infty} f(x) = \underline{\underline{-\infty}}$$

Nullstellen

Die Bedingung für Nullstellen lautet: $y = 0$

$$\frac{1}{16}x^3 - \frac{5}{8}x^2 + \frac{25}{16}x = 0$$

Durch Ausklammern erhält man folgende Gleichung:

$$x \cdot \left(\frac{1}{16}x^2 - \frac{5}{8}x + \frac{25}{16} \right) = 0$$

Ein Produkt ist null, wenn mindestens einer der Faktoren null ist.

$$x_1 = 0 \quad \text{oder} \quad \frac{1}{16}x^2 - \frac{5}{8}x + \frac{25}{16} = 0$$

Um die quadratische Gleichung mit der pq-Formel zu lösen, multipliziert man sie zuerst mit 16.

$$x^2 - 10x + 25 = 0$$

1. Möglichkeit:

$$x_{2;3} = 5 \pm \sqrt{25-25} = 5$$

2. Möglichkeit:

$$x^2 - 10x + 25 = (x-5)^2 = 0$$

$$x_{2;3} = 5$$

Die Nullstellen liegen bei $\underline{\underline{x = 0}}$ und $\underline{\underline{x = 5}}$.

Achsensymmetrie
Der Graph der Funktion ist nicht achsensymmetrisch zur y-Achse, da sowohl gerade als auch ungerade Exponenten der x-Terme vorkommen.

b) **Lokale Extrempunkte**
Zunächst werden die 1. und die 2. Ableitung berechnet:

$$f'(x) = \frac{3}{16}x^2 - \frac{5}{4}x + \frac{25}{16}$$

$$f''(x) = \frac{3}{8}x - \frac{5}{4}$$

Notwendige Bedingungen für relative Extrema: $f'(x) = 0$

$$\frac{3}{16}x^2 - \frac{5}{4}x + \frac{25}{16} = 0$$

Um die quadratische Gleichung mit der pq-Formel zu lösen, multipliziert man sie mit $\frac{16}{3}$.

$$x^2 - \frac{20}{3}x + \frac{25}{3} = 0$$

$$x_{1;2} = \frac{10}{3} \pm \sqrt{\frac{100}{9} - \frac{25}{3}} = \frac{10}{3} \pm \sqrt{\frac{100}{9} - \frac{75}{9}} = \frac{10}{3} \pm \sqrt{\frac{25}{9}} = \frac{10}{3} \pm \frac{5}{3}$$

$$x_1 = \frac{5}{3} \quad x_2 = 5$$

Hinreichende Bedingungen für relative Extrema: $f'(x) = 0;\ f''(x) \neq 0$

$$f''\left(\frac{5}{3}\right) = \frac{3}{8} \cdot \frac{5}{3} - \frac{5}{4} = \frac{5}{8} - \frac{5}{4} = -\frac{5}{8} < 0 \quad \Rightarrow \quad \text{relatives Maximum}$$

$$f''(5) = \frac{3}{8} \cdot 5 - \frac{5}{4} = \frac{15}{8} - \frac{10}{8} = \frac{5}{8} > 0 \quad \Rightarrow \quad \text{relatives Minimum}$$

Die zugehörigen y-Werte erhält man durch Einsetzen der x-Werte in den Funktionsterm f(x).

$$f\left(\frac{5}{3}\right) = \frac{1}{16} \cdot \left(\frac{5}{3}\right)^3 - \frac{5}{8} \cdot \left(\frac{5}{3}\right)^2 + \frac{25}{16} \cdot \frac{5}{3} = \frac{125}{108}$$

$$f(5) = \frac{1}{16} \cdot 5^3 - \frac{5}{8} \cdot 5^2 + \frac{25}{16} \cdot 5 = 0$$

Damit gilt für die lokalen Extrempunkte:

$$\underline{\underline{\text{Max}\left(\frac{5}{3} \,\middle|\, \frac{125}{108}\right)}} \qquad \underline{\underline{\text{Min}(5 \mid 0)}}$$

Steigungswinkel im Wendepunkt

Der Steigungswinkel α wird bestimmt durch $f'(x_W) = \tan\alpha = m$.

$$f'\left(\frac{10}{3}\right) = \frac{3}{16}\cdot\left(\frac{10}{3}\right)^2 - \frac{5}{4}\cdot\frac{10}{3} + \frac{25}{16} = -\frac{25}{48} \approx -0{,}521$$

Damit folgt:

$$\tan\alpha = -\frac{25}{48} \quad\Rightarrow\quad \alpha \approx -27{,}5°$$

Für $\alpha < 0$ ist der Steigungswinkel der Ergänzungswinkel zu 180°:

$$180° - 27{,}5° = 152{,}5°$$

Der Steigungswinkel im Wendepunkt beträgt $\underline{\underline{152{,}5°}}$.

Zeichnung

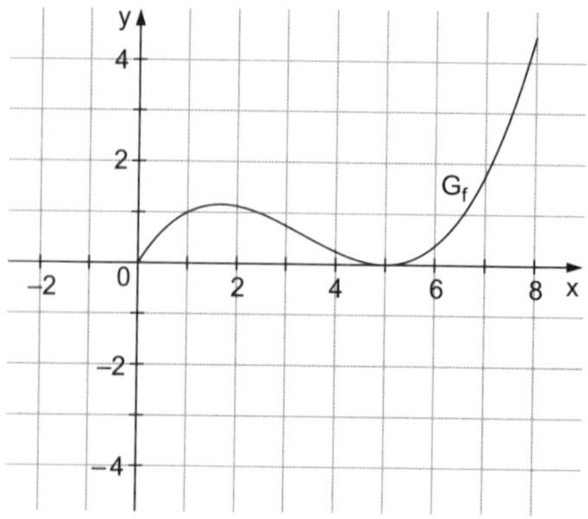

c) **Gleichung der gespiegelten Funktion g**

$$g(x) = -f(x) = \underline{\underline{-\frac{1}{16}x^3 + \frac{5}{8}x^2 - \frac{25}{16}x}}$$

Zeichnung

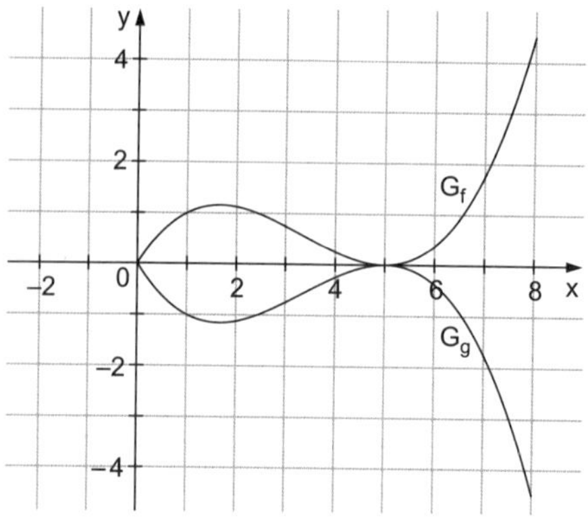

d) **Nachweis, dass die beiden Flächeninhalte gleich sind**

Für beide Flächen kann die Symmetrie zur x-Achse ausgenutzt werden. Es wird jeweils die Fläche zwischen der x-Achse und dem Graphen G_f in den entsprechenden Intervallen berechnet und anschließend verdoppelt.

Die Körperfläche wird von den Nullstellen $x = 0$ und $x = 5$ begrenzt.
Es gilt:

$$\begin{aligned} A_{\text{Körper}} &= 2 \cdot \int_0^5 \left(\frac{1}{16}x^3 - \frac{5}{8}x^2 + \frac{25}{16}x \right) dx \\ &= 2 \cdot \left[\frac{1}{64}x^4 - \frac{5}{24}x^3 + \frac{25}{32}x^2 \right]_0^5 \\ &= 2 \cdot \left(\frac{625}{64} - \frac{625}{24} + \frac{625}{32} - 0 \right) \\ &= 2 \cdot \frac{625}{192} \\ &\approx 6{,}5\,[\text{cm}^2] \end{aligned}$$

Da für die Breite b der Schwanzflosse $b = 2{,}8$ cm angegeben ist, muss das Integral von $x = 5$ bis $x = 5 + 2{,}8 = 7{,}8$ berechnet werden.
Für die Fläche der Schwanzflosse gilt:

$$\begin{aligned} A_{\text{Schwanzflosse}} &= 2 \cdot \int_5^{7,8} \left(\frac{1}{16}x^3 - \frac{5}{8}x^2 + \frac{25}{16}x \right) dx \\ &= 2 \cdot \left[\frac{1}{64}x^4 - \frac{5}{24}x^3 + \frac{25}{32}x^2 \right]_5^{7,8} \\ &\approx 2 \cdot (6{,}50 - 3{,}26) \\ &= 6{,}48 \\ &\approx 6{,}5\,[\text{cm}^2] \end{aligned}$$

Die beiden Flächen sind auf Zehntel gerundet gleich groß, nämlich 6,5 cm^2.

Bestimmung der Höhe h der Schwanzflosse

Die Höhe h wird über den Funktionswert f(7,8) bestimmt. Wegen der Symmetrie von G_f und G_g muss der Funktionswert verdoppelt werden.

$$f(7{,}8) = \frac{1}{16} \cdot 7{,}8^3 - \frac{5}{8} \cdot 7{,}8^2 + \frac{25}{16} \cdot 7{,}8 \approx 3{,}8$$

$$h = 2 \cdot f(7{,}8) \approx 7{,}6\,[\text{cm}]$$

Die Höhe der Schwanzflosse beträgt 7,6 cm.

e) Die allgemeine Form einer Geradengleichung mit der Steigung m und dem y-Achsenabschnitt b lautet:

$$t(x) = mx + b$$

Für die Steigung der Tangente in T_1 gilt:

$$m = f'(1)$$

$$f'(1) = \frac{3}{16} - \frac{5}{4} + \frac{25}{16} = \frac{1}{2}$$

Die Tangentengleichung lautet somit:

$$t(x) = \frac{1}{2}x + b$$

b ergibt sich durch Einsetzen der Koordinaten von T_1:

$$1 = \frac{1}{2} \cdot 1 + b$$

$$b = \frac{1}{2}$$

Für die Tangentengleichung folgt somit:

$$t(x) = \frac{1}{2}x + \frac{1}{2}$$

Zur Klärung der Sachlage wird die dreieckige Fläche in einem Koordinatensystem skizziert. Die Tangente durch T_2 erhält man durch Spiegelung an der x-Achse.

Für die Fläche eines Dreiecks gilt:

$$A_{\text{Dreieck}} = \frac{1}{2} \cdot \text{Grundseite} \cdot \text{Höhe}$$

Die Grundseite des Dreiecks lässt sich über den y-Wert der Tangente an der Stelle $x = 7{,}8$ berechnen.

Die Höhe des Dreiecks wird über die Nullstelle der Tangente mit der x-Achse ermittelt.

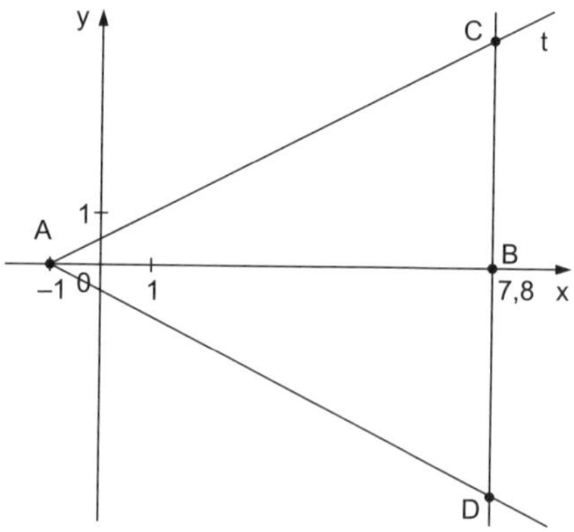

Für den y-Wert des Schnittpunktes C der Tangente mit dem Ende der Schwanzflosse gilt:

$$t(7{,}8) = \frac{1}{2} \cdot 7{,}8 + \frac{1}{2} = 4{,}4 \quad \Rightarrow \quad C(7{,}8 \mid 4{,}4)$$

Für die Nullstelle der Tangente mit der x-Achse gilt:

$$\frac{1}{2}x + \frac{1}{2} = 0$$

$$x = -1$$

In Abhängigkeit von der Wahl der Grundseite und Höhe der zu berechnenden Dreiecksfläche ergeben sich mehrere Möglichkeiten. Im Folgenden sind zwei Varianten aufgeführt.

1. Möglichkeit:

Grundseite ist $\overline{CD}$; Höhe ist $\overline{AB}$.

$$A_{\text{Dreieck}} = \frac{1}{2} \cdot (2 \cdot t(7{,}8)) \cdot (7{,}8 + 1) = 4{,}4 \cdot 8{,}8 = 38{,}72\,[\text{cm}^2]$$

2. *Möglichkeit:*
Betrachtet wird das Dreieck ABC, dessen Flächeninhalt dann verdoppelt wird.
Grundseite ist $\overline{AB}$; Höhe ist $\overline{BC}$.

$$A_{Dreieck} = 2 \cdot \left(\frac{1}{2} \cdot (7{,}8 + 1) \cdot t(7{,}8) \right) = 8{,}8 \cdot 4{,}4 = 38{,}72 \,[cm^2]$$

Die Flächenmaßzahl der dreieckigen Grundfläche des Prismas beträgt $\underline{\underline{38{,}72\ cm^2}}$.

Methanmolekül BE

Ein Tetraeder ist gegeben durch seine Eckpunkte $H_1(8\,|\,0\,|\,0)$, $H_2(0\,|\,8\,|\,0)$, $H_3(0\,|\,0\,|\,8)$ und $H_4(8\,|\,8\,|\,8)$.

a) Der Tetraeder wird als Modell eines Methanmoleküls verwendet. Dabei stellen die vier Eckpunkte die vier Wasserstoffatome und der Punkt $C(4\,|\,4\,|\,4)$ das Kohlenstoffatom dar.
Zeichnen Sie das Methanmodell als Tetraeder in das beigefügte Koordinatensystem ein. 4

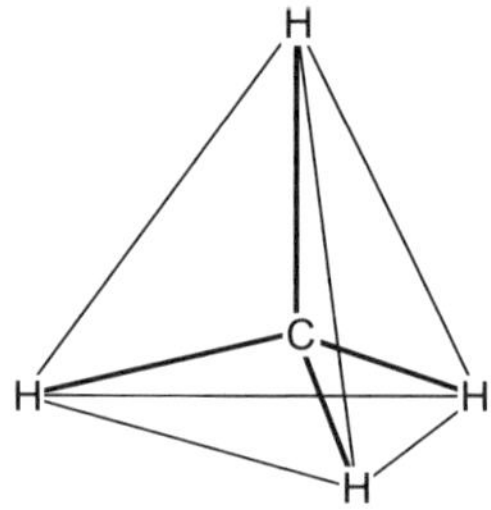

b) Zeigen Sie, dass der Punkt C der Mittelpunkt des Tetraeders ist. 5

c) Weisen Sie nach, dass der Vektor $\overrightarrow{H_1H_2}$ ein Normalenvektor der Ebene E ist, in der die Punkte H_3, H_4 und C liegen.
Stellen Sie eine Koordinatengleichung der Ebene E auf.
[*Zur Kontrolle:* E: $-x + y = 0$] 9

d) Zeigen Sie, dass der Mittelpunkt der Strecke $\overrightarrow{H_1H_2}$ in der Ebene E (aus Teil c) liegt.
Begründen Sie, dass die Ebene E Symmetrieebene des Tetraeders ist. 4

e) Der Winkel α zwischen den Strecken $\overline{CH_1}$ und $\overline{CH_2}$ wird Bindungswinkel genannt.
Berechnen Sie den Bindungswinkel im Methanmolekül. 4

f) Methan hat die nebenstehende Strukturformel.
Erklären Sie, dass diese auch aus geometrischer Sicht gerechtfertigt ist, wenn man das Methanmolekül in eine geeignete Ebene projiziert. 4

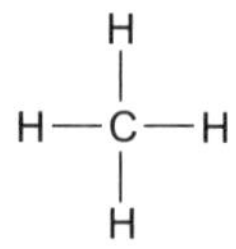

30

Anlage

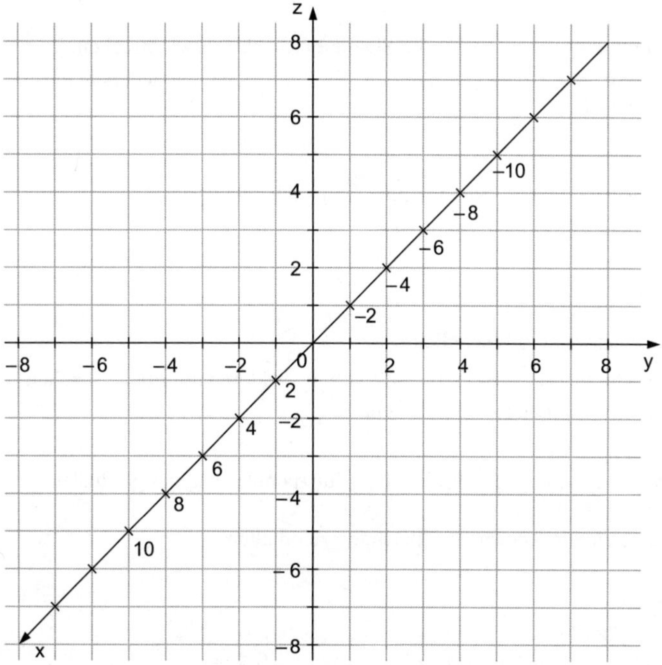

Tipps und Hinweise zur Lösung von Aufgabe 2.1

Tipps zu Teilaufgabe a

- Tragen Sie die gegebenen Punkte ein und verbinden Sie die Eckpunkte durch Strecken.
- Lassen Sie sich nicht davon irritieren, dass der räumliche Eindruck eines Tetraeders in dieser Zeichnung kaum zu erkennen ist.

Tipps zu Teilaufgabe b

- Der Mittelpunkt eines Tetraeders liegt zu allen Eckpunkten gleich weit entfernt.
- Berechnen Sie den Betrag der zugehörigen Vektoren.

Tipps zu Teilaufgabe c

Normalenvektor zur Ebene E

- Stellen Sie zwei Richtungsvektoren der Ebene E auf.
- Was muss für die Skalarprodukte von $\overrightarrow{H_1H_2}$ mit den Richtungsvektoren der Ebene E gelten, damit $\overrightarrow{H_1H_2}$ senkrecht auf den Richtungsvektoren steht?

Koordinatengleichung der Ebene E

- Stellen Sie die Normalenform der Ebene E mithilfe eines Stützpunktes und des Normalenvektors auf.
- Multiplizieren Sie diese aus, um die Koordinatengleichung zu erhalten.

Tipps zu Teilaufgabe d

Mittelpunkt M von $\overline{H_1H_2}$ liegt in E

- Für den Mittelpunkt einer Strecke $\overline{AB}$ gilt: $M\left(\frac{x_A + x_B}{2} \,\middle|\, \frac{y_A + y_B}{2} \,\middle|\, \frac{z_A + z_B}{2}\right)$
- Setzen Sie die Koordinaten von M in die Ebenengleichung von E ein und prüfen Sie, ob eine wahre Aussage entsteht.

E ist Symmetrieebene des Tetraeders

- Begründen Sie, dass H_1 und H_2 symmetrisch zur Ebene E liegen.
- Was lässt sich dann für das gesamte Tetraeder folgern?

Tipps zu Teilaufgabe e

- Berechnen Sie den Winkel zwischen den Vektoren $\overrightarrow{CH_1}$ und $\overrightarrow{CH_2}$.

Tipps zu Teilaufgabe f

- Bestimmen Sie die Form der in die x-y-Ebene projizierten Eckpunkte des Tetraeders und vergleichen Sie die geometrischen Eigenschaften der ebenen Form mit denen des Tetraeders.

Lösungen zu Aufgabe 2.1

a) $H_1(8|0|0)$, $H_2(0|8|0)$, $H_3(0|0|8)$ und $H_4(8|8|8)$

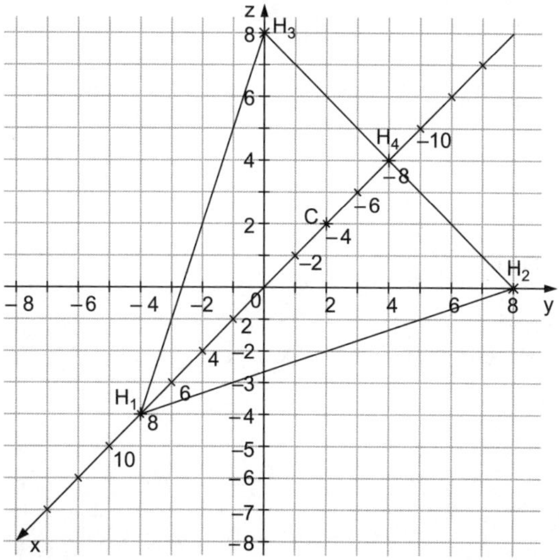

Da in dieser Zeichnung der räumliche Eindruck des Tetraeders kaum zu erkennen ist, betrachten Sie für Ihre Überlegungen in den folgenden Teilaufgaben lieber die Skizze des Tetraeders in der Aufgabenstellung.

b) $C(4|4|4)$ ist der Mittelpunkt des Tetraeders, wenn die Entfernung zu allen Eckpunkten gleich groß ist.

Für die Verbindungsvektoren gilt:

$$\overrightarrow{CH_1} = \begin{pmatrix} 4 \\ -4 \\ -4 \end{pmatrix} \quad \overrightarrow{CH_2} = \begin{pmatrix} -4 \\ 4 \\ -4 \end{pmatrix} \quad \overrightarrow{CH_3} = \begin{pmatrix} -4 \\ -4 \\ 4 \end{pmatrix} \quad \overrightarrow{CH_4} = \begin{pmatrix} 4 \\ 4 \\ 4 \end{pmatrix}$$

Da alle Vektoren betragsmäßig dieselben Komponenten haben, haben alle Verbindungsvektoren dieselbe Länge:

$$|\overrightarrow{CH_1}| = |\overrightarrow{CH_2}| = |\overrightarrow{CH_3}| = |\overrightarrow{CH_4}| = \sqrt{16+16+16} = \sqrt{16 \cdot 3} = 4\sqrt{3}$$

C ist Mittelpunkt des Tetraeders.

c) **Normalenvektor zur Ebene E**

$\overrightarrow{H_1H_2}$ ist Normalenvektor zu E, wenn das Skalarprodukt mit den Richtungsvektoren von der Ebene E null ergibt.

Mögliche Richtungsvektoren der Ebene E sind $\overrightarrow{CH_3}$ und $\overrightarrow{CH_4}$ (siehe Teilaufgabe b).

$$\overrightarrow{CH_3} = \begin{pmatrix} -4 \\ -4 \\ 4 \end{pmatrix} \quad \overrightarrow{CH_4} = \begin{pmatrix} 4 \\ 4 \\ 4 \end{pmatrix}$$

Für $\overrightarrow{H_1H_2}$ gilt:

$$\overrightarrow{H_1H_2} = \begin{pmatrix} -8 \\ 8 \\ 0 \end{pmatrix}$$

Berechnung der Skalarprodukte:

$$\begin{pmatrix} -8 \\ 8 \\ 0 \end{pmatrix} \circ \begin{pmatrix} -4 \\ -4 \\ 4 \end{pmatrix} = 32 - 32 + 0 = 0$$

$$\begin{pmatrix} -8 \\ 8 \\ 0 \end{pmatrix} \circ \begin{pmatrix} 4 \\ 4 \\ 4 \end{pmatrix} = -32 + 32 + 0 = 0$$

$\overrightarrow{H_1H_2}$ ist Normalenvektor zur Ebene E.

Koordinatengleichung der Ebene E

Mithilfe eines Stützpunktes (z. B. H_3) und des Normalenvektors $\overrightarrow{H_1H_2}$ wird die Normalenform der Ebene E aufgestellt.

$$E: \left(\vec{x} - \begin{pmatrix} 0 \\ 0 \\ 8 \end{pmatrix} \right) \circ \begin{pmatrix} -8 \\ 8 \\ 0 \end{pmatrix} = 0$$

Diese wird ausmultipliziert:

$$-8x + 8y = 0 \quad |:8$$
$$-x + y = 0$$

Die Koordinatenform der Ebene E lautet:

$$\underline{\underline{E:\ -x + y = 0}}$$

d) **Mittelpunkt M von $\overrightarrow{H_1H_2}$ liegt in E**

Die Koordinaten von M erhält man durch das arithmetische Mittel der Koordinaten von H_1 und H_2.

$$M\left(\frac{8+0}{2} \,\middle|\, \frac{0+8}{2} \,\middle|\, 0 \right) = M(4\,|\,4\,|\,0)$$

Die Koordinaten von M erfüllen die Normalengleichung der Ebene E:

$$-4 + 4 = 0$$

Somit liegt M in der Ebene E.

E ist Symmetrieebene des Tetraeders

Aus Teilaufgabe c und d folgt, dass H_1 und H_2 symmetrisch zur Ebene E liegen, da $\overline{H_1H_2}$ senkrecht auf der Ebene E steht und der Mittelpunkt M in der Ebene E liegt. Da auch H_3 in der Ebene E liegt, teilt die Ebene E das gleichseitige Dreieck $H_1H_2H_3$ symmetrisch. Da auch H_4 in der Ebene E liegt, ist die Ebene E Symmetrieebene des gesamten Tetraeders.

e) Für den Bindungswinkel gilt:

$$\cos\alpha = \frac{\begin{pmatrix} 4 \\ -4 \\ -4 \end{pmatrix} \circ \begin{pmatrix} -4 \\ 4 \\ -4 \end{pmatrix}}{4 \cdot \sqrt{3} \cdot 4 \cdot \sqrt{3}} = \frac{-16-16+16}{48} = -\frac{1}{3}$$

$$\Rightarrow \quad \alpha \approx \underline{\underline{109{,}5°}}$$

f) Projiziert man Punkte in die x-y-Ebene, so erhält man bei allen Punkten den z-Wert 0. Die projizierten Punkte des Tetraeders haben die Koordinaten:

$$H_1'(8|0|0) \quad H_2'(0|8|0) \quad H_3'(0|0|0) \quad H_4'(8|8|0) \quad C'(4|4|0)$$

H_1', H_2', H_3' und H_4' bilden die Eckpunkte eines Quadrates, sind also wie beim Tetraeder von den jeweils benachbarten Punkten gleich weit entfernt.
C' ist der Mittelpunkt des Quadrates.
Die geometrischen Eigenschaften der ebenen Form sind mit denen des Tetraeders vergleichbar.

Berlin – Mathematik Grundkurs
2015 – Aufgabe 2.2: Analytische Geometrie

Gebirgsflüge BE

Ein Flugzeug fliegt geradlinig und mit konstanter Geschwindigkeit auf einer Geraden, die durch die Punkte $A(4\,|\,2\,|\,2{,}3)$ und $B(15\,|\,8\,|\,2{,}5)$ verläuft.
Um 12:13 Uhr durchfliegt das Flugzeug A und eine Minute später B.
Die Erdoberfläche liegt in der x-y-Ebene. Die Einheit für die Zeit t ist 1 min, 1 LE = 1 km.

a) Geben Sie eine Parametergleichung für den Kurs des Flugzeugs an.
Voraus befindet sich ein Berg mit der Bergspitze $T(59\,|\,32\,|\,3)$. Weisen Sie nach, dass die Bergspitze nicht auf der Flugbahn liegt.
Berechnen Sie die Geschwindigkeit des Flugzeugs, geben Sie das Ergebnis in $\frac{\text{km}}{\text{h}}$ an. 12

b) Bestimmen Sie den Punkt P, in dem das Flugzeug seine Reiseflughöhe von 3,5 km erreicht, und ermitteln Sie die Flugzeit bis zum Erreichen von P.
[*Kontrollergebnis:* $P(70\,|\,38\,|\,3{,}5)$]
Im Punkt P ändert der Flugkapitän seinen Kurs und fliegt in Richtung $Q(81\,|\,44\,|\,3{,}5)$ weiter. Das Flugzeug erreicht Q nach einer Minute.
Bestimmen Sie eine Geradengleichung für den neuen Kurs. 8

c) Ein Rettungshubschrauber startet von einem Berghang vom Punkt $R(139\,|\,89\,|\,2{,}1)$ und fliegt entlang der Geraden h: $\vec{x} = \begin{pmatrix} 139 \\ 89 \\ 2{,}1 \end{pmatrix} + t \cdot \begin{pmatrix} -2 \\ -3 \\ 0{,}2 \end{pmatrix}$.
Der Berghang liegt in einer Ebene E mit der Gleichung $15x - 18y + 50z = 588$.
Bestimmen Sie die Größe des Winkels, unter dem der Hubschrauber vom Berghang abhebt. 6

d) Die Gerade h schneidet die Gerade durch P und Q im Punkt $S(125\,|\,68\,|\,3{,}5)$.
Der Hubschrauber startet um 12:17 Uhr. Er legt in einer Minute genau die Strecke zurück, die dem Betrag des Richtungsvektors von h entspricht.
Das Flugzeug fliegt nach der Kursänderung um 12:19 Uhr (vergleiche Teil b) auf konstanter Reiseflughöhe.
Entscheiden Sie begründet, ob eine Kurskorrektur erforderlich wird, damit es zwischen dem Hubschrauber und dem Flugzeug nicht zu einer Kollision kommt. 4

30

Tipps und Hinweise zur Lösung von Aufgabe 2.2

Tipps zu Teilaufgabe a

Aufstellen der Geradengleichung

- Verwenden Sie A als Stützvektor.
- Den Richtungsvektor berechnen Sie aus den Koordinaten der Punkte A und B.

Bergspitze T befindet sich nicht auf der Flugbahn

- Setzen Sie die Koordinaten von T in die Gleichung der Fluggeraden ein.
- Zeigen Sie, dass es keinen Wert für den Parameter gibt, der alle drei Koordinaten erfüllt.

Geschwindigkeit des Flugzeugs

- Berechnen Sie die Entfernung, die das Flugzeug in 1 Minute zurücklegt.
- Ermitteln Sie damit die Geschwindigkeit und wandeln Sie sie in die Einheit $\frac{\text{km}}{\text{h}}$ um.

Tipps zu Teilaufgabe b

Koordinaten von P

- Die Reiseflughöhe gibt die z-Koordinate von P an.
- Berechnen Sie daraus den zugehörigen Wert für den Parameter der Geradengleichung.
- Damit können Sie die x- und die y-Koordinate ermitteln.

Flugzeit

- Der Parameter k in der Bestimmung der Koordinaten von P gibt die Flugzeit in Minuten seit dem Passieren des Stützpunktes an.

Geradengleichung für den neuen Kurs

- Verwenden Sie P als Stützvektor.
- Den Richtungsvektor berechnen Sie aus den Koordinaten der Punkte P und Q.

Tipps zu Teilaufgabe c

- Um den Winkel zwischen dem Richtungsvektor einer Geraden und dem Normalenvektor einer Ebene zu berechnen, benötigen Sie den Sinus.
- Den Normalenvektor können Sie aus der Koordinatenform der Ebene E ablesen.

Tipps zu Teilaufgabe d

- Es ist zu klären, ob beide Flugobjekte den Punkt S zur gleichen Zeit erreichen würden.
- Berechnen Sie dafür aus beiden Geradengleichungen den zum Punkt S gehörigen Parameter.

Lösungen zu Aufgabe 2.2

a) **Aufstellen der Geradengleichung**

Mit A(4 | 2 | 2,3) und B(15 | 8 | 2,5) gilt für die Fluggerade des Flugzeugs:

$$g_1\colon \vec{x} = \overrightarrow{OA} + k \cdot \overrightarrow{AB} = \underline{\underline{\begin{pmatrix} 4 \\ 2 \\ 2{,}3 \end{pmatrix} + k \cdot \begin{pmatrix} 11 \\ 6 \\ 0{,}2 \end{pmatrix}}};\ k \in \mathbb{R}$$

Bergspitze T befindet sich nicht auf der Flugbahn

Die Koordinaten der Bergspitze T(59 | 32 | 3) werden in g_1 eingesetzt:

$$\begin{pmatrix} 59 \\ 32 \\ 3 \end{pmatrix} = \begin{pmatrix} 4 \\ 2 \\ 2{,}3 \end{pmatrix} + k \cdot \begin{pmatrix} 11 \\ 6 \\ 0{,}2 \end{pmatrix}$$

Die Koordinaten von T erfüllen nicht die Gleichung der Fluggeraden, denn es gilt:

$$\begin{aligned} &x\colon\ 59 = 4 + 11k \ \Rightarrow\ k = 5 \\ &y\colon\ 32 = 2 + 5 \cdot 6 \\ &z\colon\ 3 \neq 2{,}3 + 5 \cdot 0{,}2 \end{aligned}$$

Die z-Koordinate erfüllt die Gleichung nicht. T liegt $\underline{\underline{\text{nicht}}}$ auf der Flugbahn des Flugzeuges.

Geschwindigkeit des Flugzeugs

In einer Minute legt das Flugzeug die Strecke $|\overrightarrow{AB}|$ zurück.

$$|\overrightarrow{AB}| = \left|\begin{pmatrix} 11 \\ 6 \\ 0{,}2 \end{pmatrix}\right| = \sqrt{121 + 36 + 0{,}04} = \sqrt{157{,}04}\ [\text{km}]$$

$$v = \sqrt{157{,}04}\ \frac{\text{km}}{\text{min}} = 60 \cdot \sqrt{157{,}04}\ \frac{\text{km}}{\text{h}} \approx 752\ \frac{\text{km}}{\text{h}}$$

Die Geschwindigkeit des Flugzeuges beträgt ungefähr $\underline{\underline{\text{752 km pro Stunde.}}}$

b) **Koordinaten von P**

Da die Erdoberfläche in der x-y-Ebene liegt, gibt die z-Koordinate die Reiseflughöhe an.

Von P ist bekannt: P(x | y | 3,5)

Da P auf g_1 liegt, folgt aus der Gleichung für z:

$$\begin{aligned} 3{,}5 &= 2{,}3 + 0{,}2 \cdot k \\ 1{,}2 &= 0{,}2 \cdot k \\ k &= 6 \end{aligned}$$

Eingesetzt in die Geradengleichung von g_1 ergeben sich die vollständigen Koordinaten von P:

$$\overrightarrow{OP} = \begin{pmatrix} 4 \\ 2 \\ 2{,}3 \end{pmatrix} + 6 \cdot \begin{pmatrix} 11 \\ 6 \\ 0{,}2 \end{pmatrix} = \begin{pmatrix} 70 \\ 38 \\ 3{,}5 \end{pmatrix}$$

Der Punkt P hat die Koordinaten $\underline{\underline{P(70 \mid 38 \mid 3{,}5).}}$

Flugzeit

Da der Richtungsvektor von g_1 die Fahrstrecke pro Minute angibt, besagt die Lösung $k = 6$, dass das Flugzeug 6 Minuten von A bis P braucht. Es erreicht P also um $\underline{\underline{\text{12:19 Uhr.}}}$

Geradengleichung für den neuen Kurs

$$g_2\colon \vec{x} = \overrightarrow{OP} + \ell \cdot \overrightarrow{PQ} = \begin{pmatrix} 70 \\ 38 \\ 3{,}5 \end{pmatrix} + \ell \cdot \begin{pmatrix} 11 \\ 6 \\ 0 \end{pmatrix};\ \ell \in \mathbb{R}$$

c) Der Winkel zwischen einer Geraden und einer Ebene wird mittels Sinus ermittelt. Dafür werden der Richtungsvektor der Geraden und der Normalenvektor der Ebene benötigt. Der Normalenvektor wird aus der Koordinatenform der Ebene E abgelesen.

Flugbahn h des Rettungshubschraubers:

$$\vec{x} = \begin{pmatrix} 139 \\ 89 \\ 2{,}1 \end{pmatrix} + t \cdot \begin{pmatrix} -2 \\ -3 \\ 0{,}2 \end{pmatrix};\ t \in \mathbb{R}$$

Ebene E: $15x - 18y + 50z = 588$

Ein Normalenvektor der Ebene E lautet:

$$\vec{n} = \begin{pmatrix} 15 \\ -18 \\ 50 \end{pmatrix}$$

Für den Winkel gilt:

$$\sin\alpha = \frac{|\vec{u}_h \circ \vec{n}_E|}{|\vec{u}_h| \cdot |\vec{n}_E|} = \frac{\left|\begin{pmatrix} -2 \\ -3 \\ 0{,}2 \end{pmatrix} \circ \begin{pmatrix} 15 \\ -18 \\ 50 \end{pmatrix}\right|}{\sqrt{4+9+0{,}04} \cdot \sqrt{225+324+2\,500}}$$

$$= \frac{|-30+54+10|}{\sqrt{13{,}04} \cdot \sqrt{3\,049}} = \frac{34}{\sqrt{13{,}04} \cdot \sqrt{3\,049}}$$

$$\Rightarrow \quad \alpha \approx 9{,}8°$$

Der Hubschrauber hebt unter einem Winkel von 9,8° ab.

d) S(125 | 68 | 3,5) liegt auf beiden Flugrouten g_2 und h.
Es ist zu klären, ob beide Flugobjekte den Punkt S zur gleichen Zeit erreichen würden.
Die zum Punkt S gehörigen Parameter ℓ und t müssen berechnet werden:

$$g_2\colon \begin{pmatrix} 125 \\ 68 \\ 3{,}5 \end{pmatrix} = \begin{pmatrix} 70 \\ 38 \\ 3{,}5 \end{pmatrix} + \ell \cdot \begin{pmatrix} 11 \\ 6 \\ 0 \end{pmatrix} \quad \Rightarrow \quad \ell = 5$$

$$h\colon \begin{pmatrix} 125 \\ 68 \\ 3{,}5 \end{pmatrix} = \begin{pmatrix} 139 \\ 89 \\ 2{,}1 \end{pmatrix} + t \cdot \begin{pmatrix} -2 \\ -3 \\ 0{,}2 \end{pmatrix} \quad \Rightarrow \quad t = 7$$

Die Parameter geben die Minuten bis zum Erreichen des Punktes S an.
Das Flugzeug würde S um 12:19 Uhr + 5 Minuten erreichen, also um 12:24 Uhr.
Der Hubschrauber würde S um 12:17 Uhr + 7 Minuten erreichen, also auch um 12:24 Uhr.
Damit es nicht zu einer Kollision kommt, muss eine Kurskorrektur stattfinden.

Berlin – Mathematik Grundkurs
2015 – Aufgabe 3.1: Stochastik

Onlineshopping BE

Die Tabelle gibt repräsentativ die Kaufgewohnheiten der Verbraucher in Deutschland beim Onlineshopping wieder. So wurde beispielsweise ermittelt, dass 32 % der befragten Verbraucher gelegentlich Computer im Internet kaufen. Jeder Verbraucher kann dabei unabhängig von den anderen für die Artikel verschiedene Kaufgewohnheiten besitzen.

	regelmäßig	gelegentlich	nie
Bücher	50 %	30 %	20 %
Sportartikel	13 %	33 %	54 %
Computer	33 %	32 %	35 %

(Quelle: Statista-Datenbank 2012)

In einem Statistikprojekt befragt Tom zufällig ausgewählte Personen nach ihren Kaufgewohnheiten. Die Gültigkeit der Tabellenangaben wird dabei vorausgesetzt.

a) Bestimmen Sie die Wahrscheinlichkeiten der folgenden Ereignisse:
A: Zwei Ausgewählte kaufen beide nie Computer im Internet.
B: Die erste Person kauft regelmäßig Bücher und die zweite regelmäßig Computer im Internet.
C: Genau einer von zwei Ausgewählten kauft regelmäßig Sportartikel im Internet. 7

b) Tom wählt nun 20 Personen für die nächste Fragerunde aus.
Bestimmen Sie die Wahrscheinlichkeit der folgenden Ereignisse:
D: Von den 20 kaufen genau sechs Personen gelegentlich Bücher im Internet.
E: Höchstens fünf der 20 Ausgewählten kaufen gelegentlich Bücher im Internet.
F: Unter den 20 ausgewählten Personen sind mindestens drei, die nie Bücher im Internet kaufen. 10

c) Berechnen Sie, wie viele Personen mindestens befragt werden müssen, um mit einer Wahrscheinlichkeit von mindestens 99 % wenigstens eine Person zu finden, die regelmäßig Computer im Internet kauft. 5

d) In einem Internetcafé sitzen 20 Personen. 15 von ihnen kaufen Waren im Internet.
Tom befragt vier von den 20 Personen nach ihren Kaufgewohnheiten.
Berechnen Sie die Wahrscheinlichkeit dafür, dass alle vier Befragten Waren im Internet kaufen.
Berechnen Sie die Wahrscheinlichkeit dafür, dass unter den vier Befragten mindestens eine Person war, die Waren im Internet kauft. 8

30

Summierte Binomialverteilungen

Gerundet auf vier Nachkommastellen, weggelassen ist „0,“, alle freien Plätze enthalten 1,0000.
Wird die Tabelle „von unten“ gelesen (p > 0,5), ist der richtige Wert 1 – (abgelesener Wert).

n	k	p: 0,05	0,10	$\frac{1}{6}$	0,20	0,25	0,30	$\frac{1}{3}$	0,40	0,45	0,50	k	n
5	0	7738	5905	4019	3277	2373	1681	1317	0778	0503	0313	4	5
	1	9774	9185	8038	7373	6328	5282	4609	3370	2562	1875	3	
	2	9988	9914	9645	9421	8965	8369	7901	6826	5931	5000	2	
	3		9995	9967	9933	9844	9692	9547	9130	8688	8125	1	
	4			9999	9997	9990	9976	9959	9898	9815	9688	0	
10	0	5987	3487	1615	1074	0563	0282	0173	0060	0025	0010	9	10
	1	9139	7361	4845	3758	2440	1493	1040	0464	0233	0107	8	
	2	9885	9298	7752	6778	5256	3828	2991	1673	0996	0547	7	
	3	9990	9872	9303	8791	7759	6496	5593	3823	2660	1719	6	
	4	9999	9984	9845	9672	9219	8497	7869	6331	5044	3770	5	
	5		9999	9976	9936	9803	9527	9234	8338	7384	6230	4	
	6			9997	9991	9965	9894	9803	9452	8980	8281	3	
	7				9999	9996	9984	9966	9877	9726	9453	2	
	8						9999	9996	9983	9955	9893	1	
	9								9999	9997	9990	0	
15	0	4633	2059	0649	0352	0134	0047	0023	0005	0001	0000	14	15
	1	8290	5490	2596	1671	0802	0353	0194	0052	0017	0005	13	
	2	9638	8159	5322	3980	2361	1268	0794	0271	0107	0037	12	
	3	9945	9444	7685	6482	4613	2969	2092	0905	0424	0176	11	
	4	9994	9873	9102	8358	6865	5155	4041	2173	1204	0592	10	
	5	9999	9978	9726	9389	8516	7216	6184	4032	2608	1509	9	
	6		9997	9934	9819	9434	8689	7970	6098	4522	3036	8	
	7			9987	9958	9827	9500	9118	7869	6535	5000	7	
	8			9998	9992	9958	9848	9692	9050	8182	6964	6	
	9				9999	9992	9963	9915	9662	9231	8491	5	
	10					9999	9993	9982	9907	9745	9408	4	
	11						9999	9997	9981	9937	9824	3	
	12								9997	9989	9963	2	
	13									9999	9995	1	
20	0	3585	1216	0261	0115	0032	0008	0003	0000	0000	0000	19	20
	1	7358	3917	1304	0692	0243	0076	0033	0005	0001	0000	18	
	2	9245	6769	3287	2061	0913	0355	0176	0036	0009	0002	17	
	3	9841	8670	5665	4114	2252	1071	0604	0160	0049	0013	16	
	4	9974	9568	7687	6296	4148	2375	1515	0510	0189	0059	15	
	5	9997	9887	8982	8042	6172	4164	2972	1256	0553	0207	14	
	6		9976	9629	9133	7858	6080	4793	2500	1299	0577	13	
	7		9996	9887	9679	8982	7723	6615	4159	2520	1316	12	
	8		9999	9972	9887	9591	8867	8095	5956	4143	2517	11	
	9			9994	9972	9861	9520	9081	7553	5914	4119	10	
	10			9999	9994	9961	9829	9624	8725	7507	5881	9	
	11				9999	9991	9949	9870	9435	8692	7483	8	
	12					9998	9987	9963	9790	9420	8684	7	
	13						9997	9991	9935	9786	9423	6	
	14							9998	9984	9936	9793	5	
	15								9997	9985	9941	4	
	16									9997	9987	3	
	17										9998	2	
n	k	0,95	0,90	$\frac{5}{6}$	0,80	0,75	0,70	$\frac{2}{3}$	0,60	0,55	0,50	k	n
		p											

Tipps und Hinweise zur Lösung von Aufgabe 3.1

Tipps zu Teilaufgabe a

- Die Anzahl der Befragten in der Umfrage ist so groß, dass die Beantwortung eines Einzelnen die Grundwahrscheinlichkeiten nicht ändert.
- Verwenden Sie die Pfadregeln.

Tipps zu Teilaufgabe b

- Es handelt sich jeweils um Bernoulli-Ketten.
- Für E und F nutzen Sie die Tabelle der summierten Binomialverteilungen.

Tipps zu Teilaufgabe c

- Der Text entspricht der mathematischen Ungleichung $P(Z \geq 1) \geq 0{,}99$.
- Gehen Sie über das Gegenereignis.
- Beachten Sie die Rechenregeln für den Logarithmus.

Tipps zu Teilaufgabe d

Wahrscheinlichkeit für alle vier Befragten

- Berechnen Sie die Wahrscheinlichkeit über das Lottomodell oder mit dem Baumdiagramm.

Wahrscheinlichkeit für mindestens eine Person

- Verwenden Sie das Gegenereignis.

Lösungen zu Aufgabe 3.1

a) Die Anzahl der Befragten in der Umfrage ist so groß, dass die Beantwortung eines Einzelnen die Grundwahrscheinlichkeiten nicht ändert. Die Kaufgewohnheiten sind unabhängig voneinander.
Es gilt die erste Pfadregel (Pfadmultiplikationsregel), bei Ereignis C auch die zweite Pfadregel (Pfadadditionsregel).

Ereignis A

$$P(A) = 0{,}35 \cdot 0{,}35 = \underline{\underline{0{,}1225}}$$

Ereignis B

$$P(B) = 0{,}5 \cdot 0{,}33 = \underline{\underline{0{,}165}}$$

Ereignis C
Nur eine ausgewählte Person kauft regelmäßig Sportartikel, die andere nicht. (Die andere Person kauft also entweder gelegentlich oder nie Sportartikel im Internet.) Für dieses Ereignis gibt es zwei Pfade, da die Person, die regelmäßig Sportartikel kauft, als Erstes oder als Zweites befragt werden kann.

$$\begin{aligned} P(C) &= 0{,}13 \cdot (0{,}33 + 0{,}54) + (0{,}33 + 0{,}54) \cdot 0{,}13 \\ &= 0{,}13 \cdot 0{,}87 + 0{,}87 \cdot 0{,}13 \\ &= \underline{\underline{0{,}2262}} \end{aligned}$$

b) Es handelt sich jeweils um Bernoulli-Ketten.

Ereignis D
Sei X die Anzahl der Personen, die gelegentlich Bücher im Internet kaufen. X sei binomialverteilt mit $n = 20$ und $p = 0{,}3$.

$$P(D) = P(X = 6) = \binom{20}{6} \cdot 0{,}3^6 \cdot 0{,}7^{14} \approx \underline{\underline{0{,}1916}}$$

Ereignis E

$$P(E) = P(X \le 5) = \underline{\underline{0{,}4164}}$$

Der Wert $P(X \le 5)$ kann aus der Tabelle für summierte Binomialverteilungen abgelesen werden.

Ereignis F
Sei Y die Anzahl der Personen, die nie Bücher im Internet kaufen. Y sei binomialverteilt mit $n = 20$ und $p = 0{,}2$.

$$P(F) = P(Y \ge 3) = 1 - P(Y \le 2) = 1 - 0{,}2061 = \underline{\underline{0{,}7939}}$$

Der Wert $P(Y \le 2)$ kann aus der Tabelle für summierte Binomialverteilungen abgelesen werden.

c) Z sei die Anzahl der Personen, die regelmäßig Computer kaufen. Z sei binomialverteilt mit $p=0{,}33$ und unbekanntem n.
Der Text entspricht der mathematischen Ungleichung:

$$P(Z \geq 1) \geq 0{,}99$$

$P(Z \geq 1)$ wird über das Gegenereignis $P(Z=0)$ formuliert.

$$1 - P(Z=0) \geq 0{,}99$$

$$1 - \binom{n}{0} \cdot 0{,}33^0 \cdot 0{,}67^n \geq 0{,}99$$

$$1 - 0{,}67^n \geq 0{,}99 \quad \Big| + 0{,}67^n - 0{,}99$$

$$0{,}01 \geq 0{,}67^n \quad \Big| \ln\ldots$$

Unter Beachtung des logarithmischen Rechengesetzes $\ln a^b = b \cdot \ln a$ ergibt sich:

$$\ln 0{,}01 \geq n \cdot \ln 0{,}67 \quad \Big| : \ln 0{,}67$$

Da $\ln 0{,}67$ negativ ist, muss das Ungleichheitszeichen $\geq$ in $\leq$ umgewandelt werden (Inversionsgesetz).

$$\frac{\ln 0{,}01}{\ln 0{,}67} \leq n$$

$$11{,}499 \leq n$$

Es müssen mindestens 12 Personen befragt werden.

d) **Wahrscheinlichkeit für alle vier Befragten**
1. Möglichkeit: Lottomodell
Es handelt sich um ein Laplace-Experiment. Daher kann die Wahrscheinlichkeit über $\frac{\text{Anzahl der günstigen Auswahlen}}{\text{Anzahl der möglichen Auswahlen}}$ berechnet werden.

$$P(\text{alle vier Befragten kaufen Waren im Internet}) = \frac{\binom{15}{4} \cdot \binom{5}{0}}{\binom{20}{4}} \approx 0{,}2817$$

2. Möglichkeit: Baumdiagramm
I: Befragte Person kauft Waren im Internet
Ast des Baumdiagramms: I – I – I – I

$$P(\text{alle vier Befragten kaufen Waren im Internet}) = \frac{15}{20} \cdot \frac{14}{19} \cdot \frac{13}{18} \cdot \frac{12}{17} \approx 0{,}2817$$

Wahrscheinlichkeit für mindestens eine Person
Mindestens eine Person bedeutet in diesem Fall eine, zwei, drei oder vier Personen. Daher ist es einfacher, wenn man das Gegenereignis betrachtet, also dass keine Person Waren im Internet kauft.

$$P(\text{mindestens eine Person}) = 1 - P(\text{keine Person})$$

1. Möglichkeit: Lottomodell

$$P(\text{mindestens eine Person}) = 1 - P(\text{keine Person}) = 1 - \frac{\binom{15}{0} \cdot \binom{5}{4}}{\binom{20}{4}}$$

$$\approx 1 - 0{,}0010$$

$$= \underline{\underline{0{,}9990}}$$

2. Möglichkeit: Baumdiagramm

$\overline{I}$: Befragte Person kauft keine Waren im Internet

Ast des Baumdiagramms: $\overline{I} - \overline{I} - \overline{I} - \overline{I}$

$$P(\text{mindestens eine Person}) = 1 - P(\text{keine Person}) = 1 - \frac{5}{20} \cdot \frac{4}{19} \cdot \frac{3}{18} \cdot \frac{2}{17}$$

$$\approx 1 - 0{,}0010$$

$$= \underline{\underline{0{,}9990}}$$

Oktaeder BE

Neben dem klassischen Würfel hat ein Spielzeughersteller auch ein Oktaeder als Spielgerät in seinem Angebot (siehe Abbildung). Bei diesem sind die acht gleich großen Seiten mit den Ziffern 1 bis 8 beschriftet.

Die Wahrscheinlichkeit beträgt beim Würfeln für jede der Ziffern $p = \frac{1}{8}$.

a) Mit dem Oktaeder werden zunächst 5 Würfe durchgeführt.
Berechnen Sie die Wahrscheinlichkeit der folgenden Ereignisse:
A_1: In jedem der 5 Würfe fällt eine gerade Zahl.
A_2: In keinem der 5 Würfe fällt eine 7.
A_3: Im ersten Wurf fällt eine 2, danach nicht mehr. 10

b) Nun werden 20 Würfe durchgeführt.
Berechnen Sie die Wahrscheinlichkeit der folgenden Ereignisse:
B_1: Die 7 fällt genau zweimal.
B_2: Mindestens 10-mal fällt eine ungerade Zahl. 7

c) Nina und Tim haben beide ein solches Oktaeder als Werbegeschenk erhalten und führen damit Würfelversuche durch.
Beide würfeln einmal.
Betrachtet wird das Ereignis C_1: Nina würfelt höchstens eine 6, Tim eine Zahl größer 6.
Berechnen Sie die Wahrscheinlichkeit für das Ereignis C_1.

In einer neuen Runde wirft jeder genau 5-mal.
Berechnen Sie die Wahrscheinlichkeit für das Ereignis
C_2: Jeder von beiden hat genau einmal eine Zahl größer 6. 9

d) Tims Freund besitzt ein Oktaeder, das nicht mit Ziffern beschriftet ist, sondern jede seiner Seiten ist entweder rot, grün oder gelb eingefärbt.
Der Freund hat ermittelt, wie häufig bei 10 Würfen die Farbe gelb mehr als 5-mal fällt.
Die Wahrscheinlichkeit dafür beträgt nur zwei Prozent.
Untersuchen Sie, wie viele Seiten des Oktaeders gelb gefärbt sein könnten. 4

30

Summierte Binomialverteilungen

Gerundet auf vier Nachkommastellen, weggelassen ist „0,“, alle freien Plätze enthalten 1,0000.
Wird die Tabelle „von unten“ gelesen (p > 0,5), ist der richtige Wert 1 – (abgelesener Wert).

n	k	p										k	n
		0,05	0,10	$\frac{1}{6}$	0,20	0,25	0,30	$\frac{1}{3}$	0,40	0,45	0,50		
5	0	7738	5905	4019	3277	2373	1681	1317	0778	0503	0313	4	5
	1	9774	9185	8038	7373	6328	5282	4609	3370	2562	1875	3	
	2	9988	9914	9645	9421	8965	8369	7901	6826	5931	5000	2	
	3		9995	9967	9933	9844	9692	9547	9130	8688	8125	1	
	4			9999	9997	9990	9976	9959	9898	9815	9688	0	
10	0	5987	3487	1615	1074	0563	0282	0173	0060	0025	0010	9	10
	1	9139	7361	4845	3758	2440	1493	1040	0464	0233	0107	8	
	2	9885	9298	7752	6778	5256	3828	2991	1673	0996	0547	7	
	3	9990	9872	9303	8791	7759	6496	5593	3823	2660	1719	6	
	4	9999	9984	9845	9672	9219	8497	7869	6331	5044	3770	5	
	5		9999	9976	9936	9803	9527	9234	8338	7384	6230	4	
	6			9997	9991	9965	9894	9803	9452	8980	8281	3	
	7				9999	9996	9984	9966	9877	9726	9453	2	
	8						9999	9996	9983	9955	9893	1	
	9								9999	9997	9990	0	
15	0	4633	2059	0649	0352	0134	0047	0023	0005	0001	0000	14	15
	1	8290	5490	2596	1671	0802	0353	0194	0052	0017	0005	13	
	2	9638	8159	5322	3980	2361	1268	0794	0271	0107	0037	12	
	3	9945	9444	7685	6482	4613	2969	2092	0905	0424	0176	11	
	4	9994	9873	9102	8358	6865	5155	4041	2173	1204	0592	10	
	5	9999	9978	9726	9389	8516	7216	6184	4032	2608	1509	9	
	6		9997	9934	9819	9434	8689	7970	6098	4522	3036	8	
	7			9987	9958	9827	9500	9118	7869	6535	5000	7	
	8			9998	9992	9958	9848	9692	9050	8182	6964	6	
	9				9999	9992	9963	9915	9662	9231	8491	5	
	10					9999	9993	9982	9907	9745	9408	4	
	11						9999	9997	9981	9937	9824	3	
	12								9997	9989	9963	2	
	13									9999	9995	1	
20	0	3585	1216	0261	0115	0032	0008	0003	0000	0000	0000	19	20
	1	7358	3917	1304	0692	0243	0076	0033	0005	0001	0000	18	
	2	9245	6769	3287	2061	0913	0355	0176	0036	0009	0002	17	
	3	9841	8670	5665	4114	2252	1071	0604	0160	0049	0013	16	
	4	9974	9568	7687	6296	4148	2375	1515	0510	0189	0059	15	
	5	9997	9887	8982	8042	6172	4164	2972	1256	0553	0207	14	
	6		9976	9629	9133	7858	6080	4793	2500	1299	0577	13	
	7		9996	9887	9679	8982	7723	6615	4159	2520	1316	12	
	8		9999	9972	9887	9591	8867	8095	5956	4143	2517	11	
	9			9994	9972	9861	9520	9081	7553	5914	4119	10	
	10			9999	9994	9961	9829	9624	8725	7507	5881	9	
	11				9999	9991	9949	9870	9435	8692	7483	8	
	12					9998	9987	9963	9790	9420	8684	7	
	13						9997	9991	9935	9786	9423	6	
	14							9998	9984	9936	9793	5	
	15								9997	9985	9941	4	
	16									9997	9987	3	
	17										9998	2	
n	k	0,95	0,90	$\frac{5}{6}$	0,80	0,75	0,70	$\frac{2}{3}$	0,60	0,55	0,50	k	n
		p											

Tipps und Hinweise zur Lösung von Aufgabe 3.2

Tipps zu Teilaufgabe a

- Als „gewürfelt“ gilt die Zahl, auf der das Oktaeder liegt.
- Es handelt sich jeweils um eine Stichprobe der Länge 5 mit Zurücklegen.
- Überlegen Sie sich die Wahrscheinlichkeit für eine gerade Zahl, keine 7, eine 2 bzw. keine 2.

Tipps zu Teilaufgabe b

- Welche Verteilung liegt zugrunde? Welche Formel können Sie daher zur Berechnung verwenden?
- Benutzen Sie für B_2 die beigefügte Tabelle der summierten Binomialverteilungen.

Tipps zu Teilaufgabe c

- C_1 ist ein zweistufiger Zufallsversuch.
- Berechnen Sie die Wahrscheinlichkeit für höchstens 6 und für größer als 6.
- C_2 ist eine Bernoulli-Kette.
- Berechnen Sie die Wahrscheinlichkeit, bei 5 Würfen genau einmal eine Zahl größer als 6 zu werfen.
- Beachten Sie, dass die Würfe von Nina und Tim unabhängig voneinander sind.

Tipps zu Teilaufgabe d

- Übersetzen Sie die Aufgabenstellung in eine mathematische Gleichung.
- Nutzen Sie die Tabelle der summierten Binomialverteilungen für $n = 10$.
- Prüfen Sie, für welches p die Gleichung erfüllt ist.
- Ermitteln Sie daraus die Anzahl der gelben Seiten.

Lösungen zu Aufgabe 3.2

a) Es handelt sich jeweils um eine Stichprobe der Länge 5 mit Zurücklegen.

Ereignis A_1

$$P(\text{gerade Zahl}) = \frac{1}{2}$$

$$P(A_1) = \left(\frac{1}{2}\right)^5 \approx \underline{\underline{0{,}0313}}$$

Ereignis A_2

Das Ereignis ist gleichbedeutend zu „In jedem der 5 Würfe fällt keine 7“.

$$P(\text{keine } 7) = \frac{7}{8}$$

$$P(A_2) = \left(\frac{7}{8}\right)^5 \approx \underline{\underline{0{,}5129}}$$

Ereignis A_3

$$P(2) = \frac{1}{8} \qquad P(\text{keine } 2) = \frac{7}{8}$$

$$P(A_3) = \frac{1}{8} \cdot \left(\frac{7}{8}\right)^4 \approx \underline{\underline{0{,}0733}}$$

b) Es handelt sich um Bernoulli-Ketten der Länge 20.

Ereignis B_1

X ist die Anzahl der gewürfelten 7er. X ist binomialverteilt mit $n = 20$ und $p = \frac{1}{8}$.

$$P(X = 2) = \binom{20}{2} \cdot \left(\frac{1}{8}\right)^2 \cdot \left(\frac{7}{8}\right)^{18} \approx \underline{\underline{0{,}2684}}$$

Ereignis B_2

Y ist die Anzahl der gewürfelten ungeraden Zahlen. Y ist binomialverteilt mit $n = 20$ und $p = \frac{1}{2}$.

$$P(Y \geq 10) = 1 - P(Y \leq 9)$$

Die Verwendung des Gegenereignisses ist notwendig, um die beigefügte Tabelle nutzen zu können.

$$P(Y \geq 10) = 1 - P(Y \leq 9) = 1 - 0{,}4119 = \underline{\underline{0{,}5881}}$$

c) **Ereignis C_1**

Es handelt sich um einen 2-stufigen Zufallsversuch. Beide Stufen sind unabhängig voneinander.

$$P(\text{höchstens } 6) = \frac{6}{8}$$

$$P(\text{Zahl größer } 6) = \frac{2}{8}$$

Damit gilt:

$$P(C_1) = \frac{6}{8} \cdot \frac{2}{8} = \underline{\underline{\frac{3}{16}}}$$

Ereignis C_2
Es handelt sich jeweils um eine Bernoulli-Kette der Länge 5.

$$P(\text{genau einmal eine Zahl größer 6}) = \binom{5}{1} \cdot \frac{2}{8} \cdot \left(\frac{6}{8}\right)^4 \approx 0{,}3955$$

Nina und Tim erfüllen beide diese Bedingung. Da die Würfe von Nina und Tim unabhängig voneinander sind, erhält man das Ergebnis durch Multiplikation:

$$P(C_2) = 0{,}3955 \cdot 0{,}3955 \approx \underline{\underline{0{,}1564}}$$

d) Der Text aus der Aufgabenstellung bedeutet mathematisch übersetzt:

$$P(Z > 5) = 0{,}02,$$

wobei Z die Anzahl der gelben Treffer angibt.
Es handelt sich um eine Bernoulli-Kette der Länge $n = 10$ und der unbekannten Wahrscheinlichkeit p für das Würfeln einer gelben Seite.

Die Verwendung des Gegenereignisses ist notwendig, um die beigefügte Tabelle nutzen zu können.

$$\begin{aligned} P(Z > 5) &= 0{,}02 \\ 1 - P(Z \leq 5) &= 0{,}02 \qquad \big| -0{,}02 + P(X \leq 5) \\ 0{,}98 &= P(Z \leq 5) \end{aligned}$$

In der Tabelle der summierten Binomialverteilungen findet man für $n = 10$ und $Z \leq 5$ die Angabe 0,9803 in der Spalte für $p = 0{,}25$.

Für die Anzahl der gelben Seiten muss demnach Folgendes gelten:

$$p_{gelb} = \frac{\text{Anzahl der gelben Seiten}}{8} = 0{,}25$$

$$\text{Anzahl der gelben Seiten} = 0{,}25 \cdot 8 = 2$$

Das eingefärbte Oktaeder könnte $\underline{\underline{\text{2 gelbe Seiten}}}$ haben.